¿Quién anda ahí?

¿Quién anda ahí?

Quino

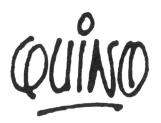

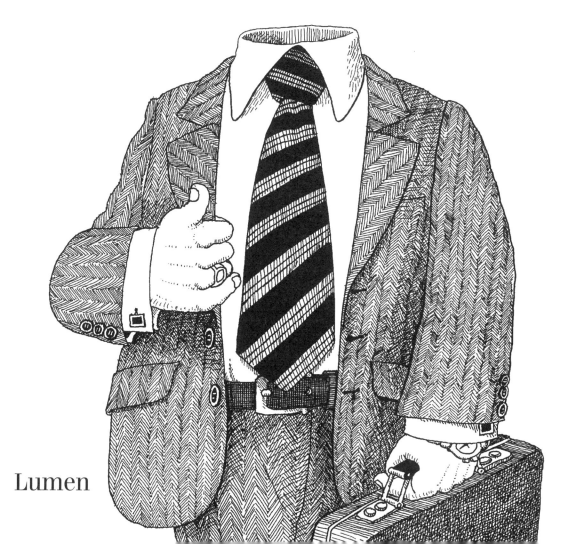

Lumen

Papel certificado por el Forest Stewardship Council®

MIXTO
Papel | Apoyando la silvicultura responsable
FSC® C117695
FSC
www.fsc.org

Penguin Random House Grupo Editorial

Primera edición con este formato: julio de 2024

Printed in Spain – Impreso en España

ISBN: 978-84-264-3113-4
Depósito legal: B-9172-2024

Compuesto en M. I. Maquetación, S. L.
Impreso en Índice, S. L., Barcelona

H 4 3 1 1 3 4

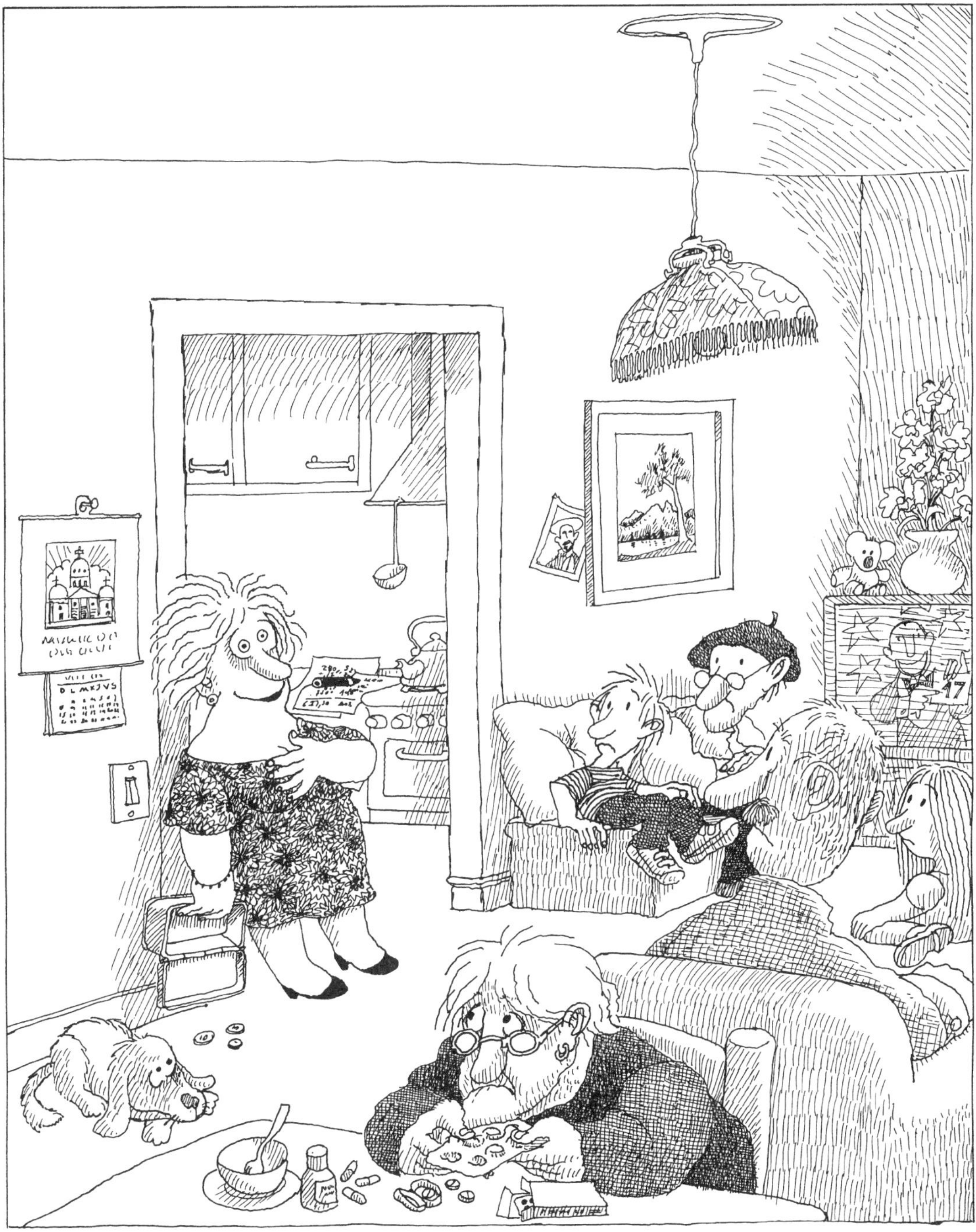

–¡¡BUÉH!!.¡ESTE MES NO VAMOS A PAGAR TANTAS CUENTAS COMO EL MES PASADO, PORQUE EL DINERO SE NOS HA TERMINADO MUCHO ANTES!!

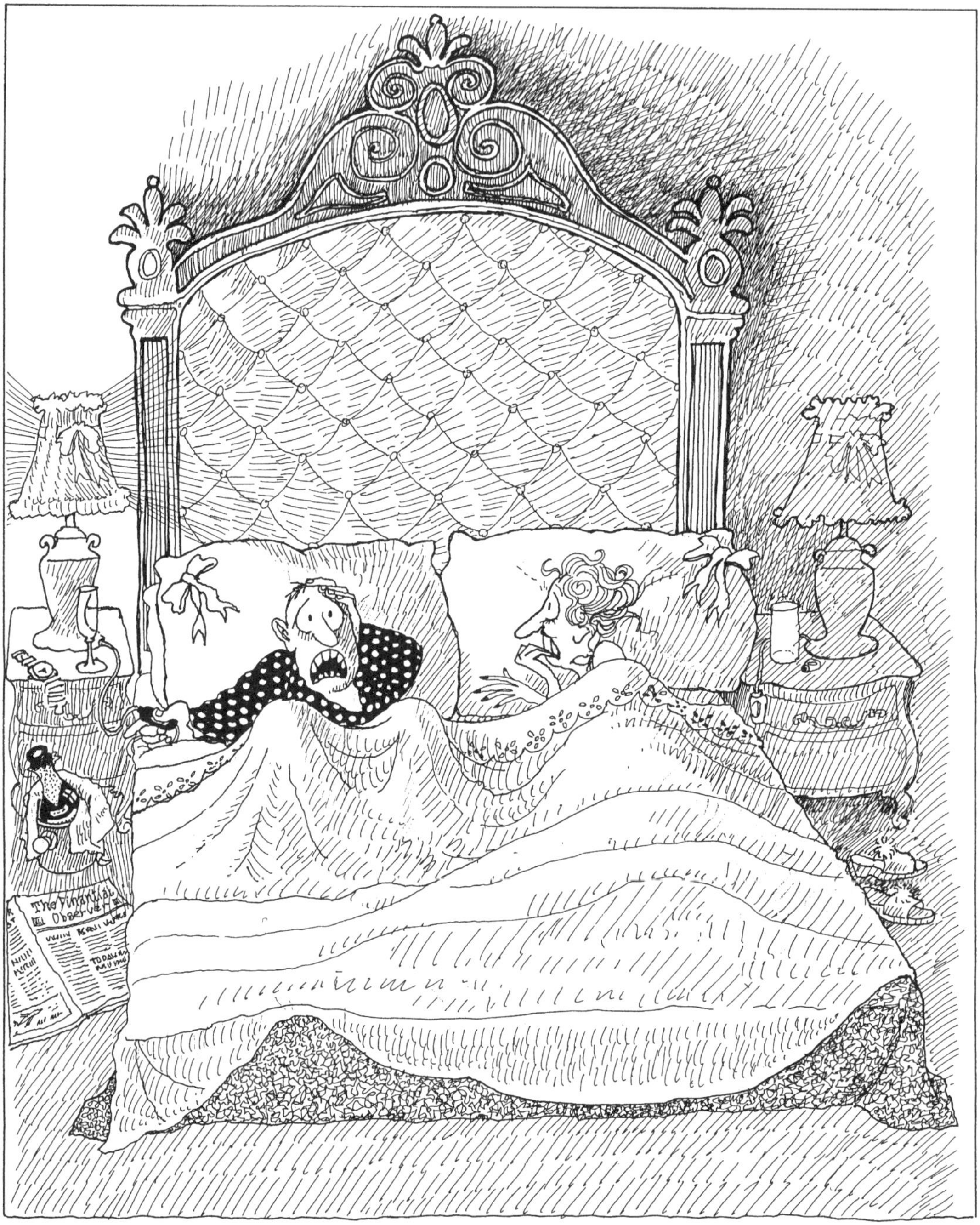

—¡¡QUÉ HORROR!!... ¡SOÑÉ QUE TODOS LOS POBRES DEL MUNDO SE HABÍAN EXTINGUIDO Y QUE PARA SOBREVIVIR NO TENÍAMOS OTRA SOLUCIÓN QUE EMPEZAR A EXPLOTARNOS UNOS A OTROS ENTRE TODA GENTE COMO NOSOTROS!

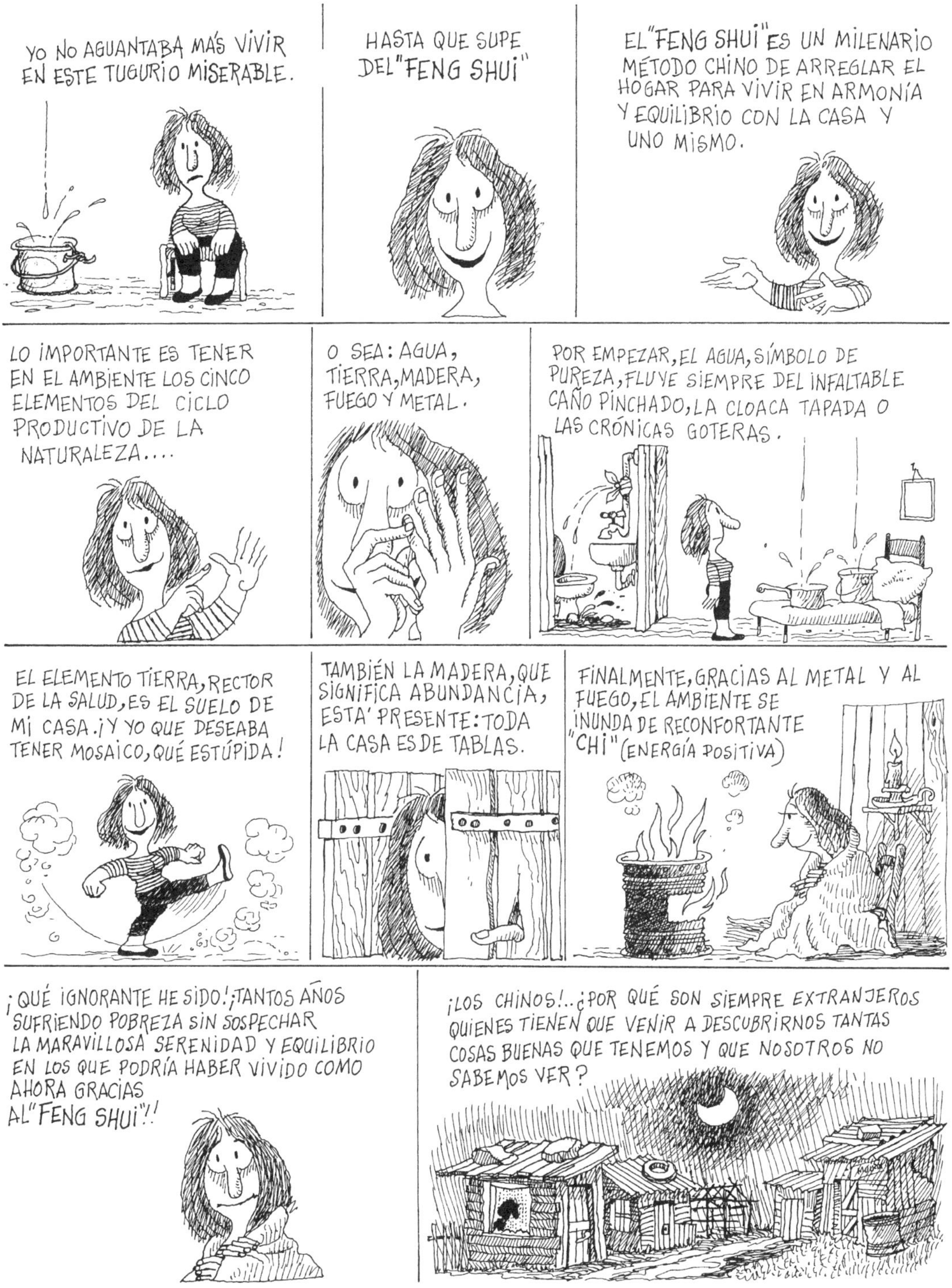
YO NO AGUANTABA MÁS VIVIR EN ESTE TUGURIO MISERABLE.
HASTA QUE SUPE DEL "FENG SHUI"
EL "FENG SHUI" ES UN MILENARIO MÉTODO CHINO DE ARREGLAR EL HOGAR PARA VIVIR EN ARMONÍA Y EQUILIBRIO CON LA CASA Y UNO MISMO.
LO IMPORTANTE ES TENER EN EL AMBIENTE LOS CINCO ELEMENTOS DEL CICLO PRODUCTIVO DE LA NATURALEZA....
O SEA: AGUA, TIERRA, MADERA, FUEGO Y METAL.
POR EMPEZAR, EL AGUA, SÍMBOLO DE PUREZA, FLUYE SIEMPRE DEL INFALTABLE CAÑO PINCHADO, LA CLOACA TAPADA O LAS CRÓNICAS GOTERAS.
EL ELEMENTO TIERRA, RECTOR DE LA SALUD, ES EL SUELO DE MI CASA. ¡Y YO QUE DESEABA TENER MOSAICO, QUÉ ESTÚPIDA!
TAMBIÉN LA MADERA, QUE SIGNIFICA ABUNDANCIA, ESTÁ PRESENTE: TODA LA CASA ES DE TABLAS.
FINALMENTE, GRACIAS AL METAL Y AL FUEGO, EL AMBIENTE SE INUNDA DE RECONFORTANTE "CHI" (ENERGÍA POSITIVA)
¡QUÉ IGNORANTE HE SIDO! ¡TANTOS AÑOS SUFRIENDO POBREZA SIN SOSPECHAR LA MARAVILLOSA SERENIDAD Y EQUILIBRIO EN LOS QUE PODRÍA HABER VIVIDO COMO AHORA GRACIAS AL "FENG SHUI"!
¡LOS CHINOS!.. ¿POR QUÉ SON SIEMPRE EXTRANJEROS QUIENES TIENEN QUE VENIR A DESCUBRIRNOS TANTAS COSAS BUENAS QUE TENEMOS Y QUE NOSOTROS NO SABEMOS VER?

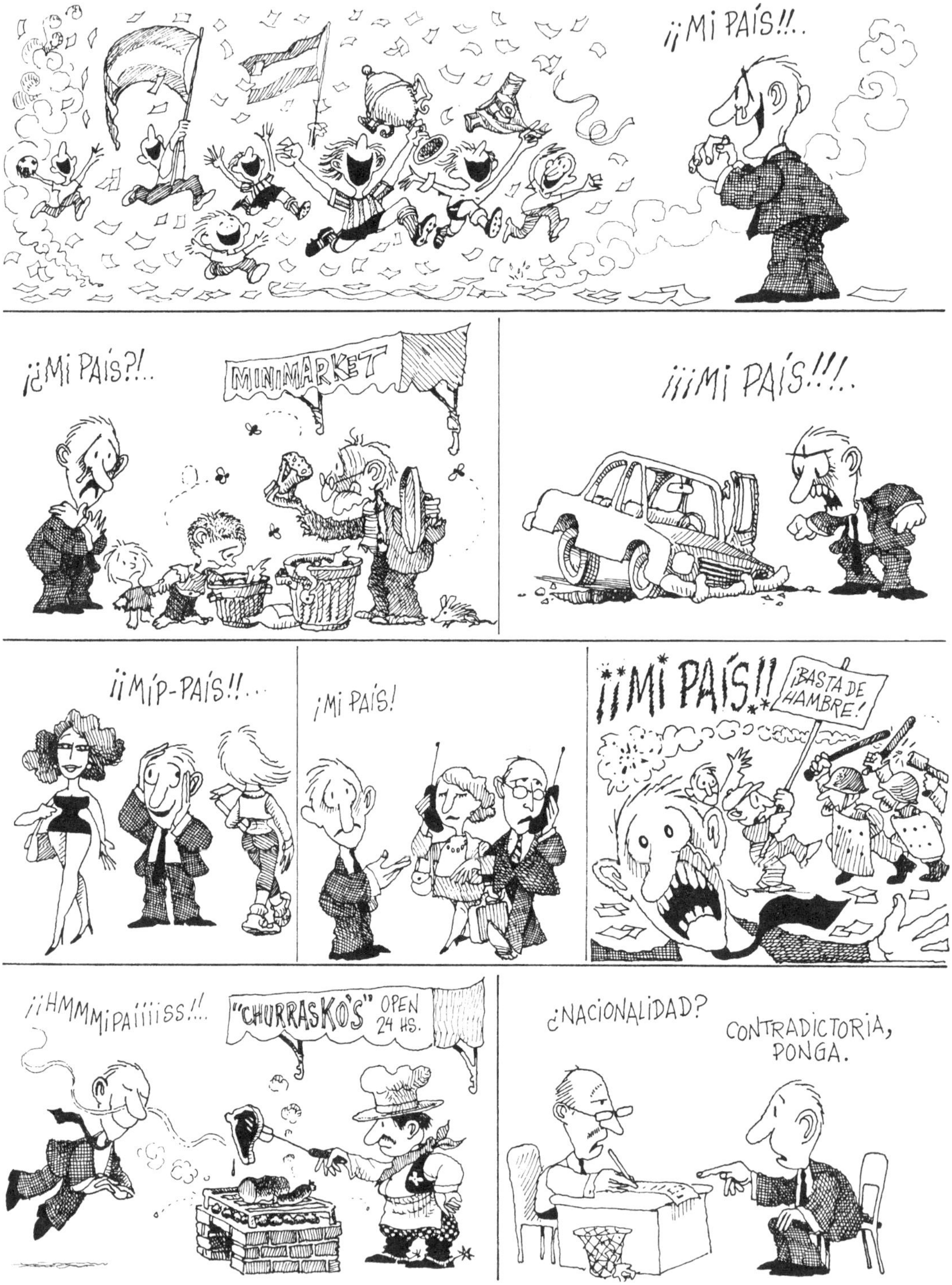
¡¡MI PAÍS!!..
¡¿MI PAÍS?!..
MINIMARKET
¡¡¡MI PAÍS!!!..
¡¡MÍP-PAÍS!!...
¡MI PAÍS!
¡¡MI PAÍS!!
¡BASTA DE HAMBRE!
¡¡HMMMIPAÍÍÍÍSS!!.
"CHURRASKO'S" OPEN 24 HS.
¿NACIONALIDAD?
CONTRADICTORIA, PONGA.

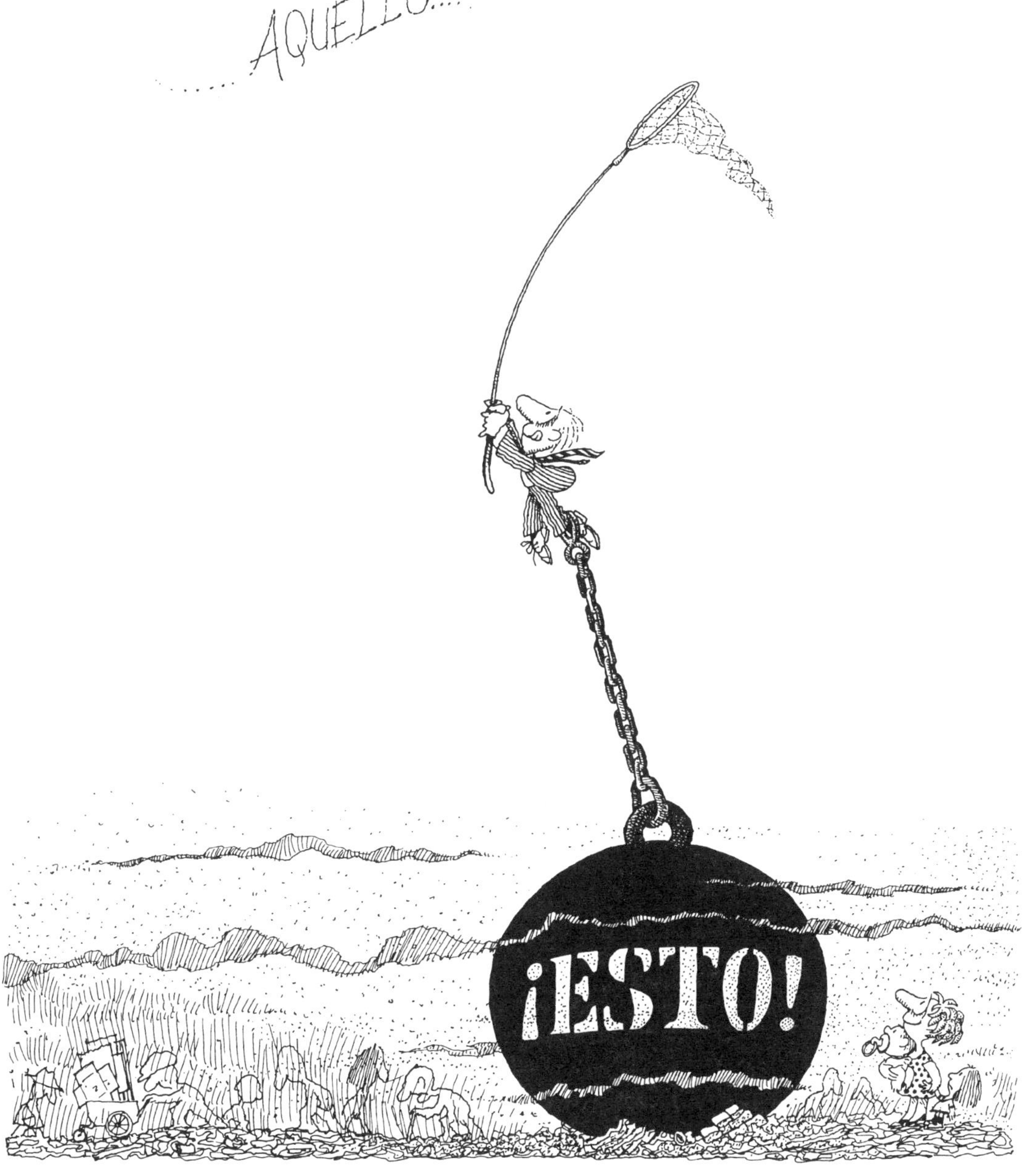
......AQUELLO....
¡ESTO!

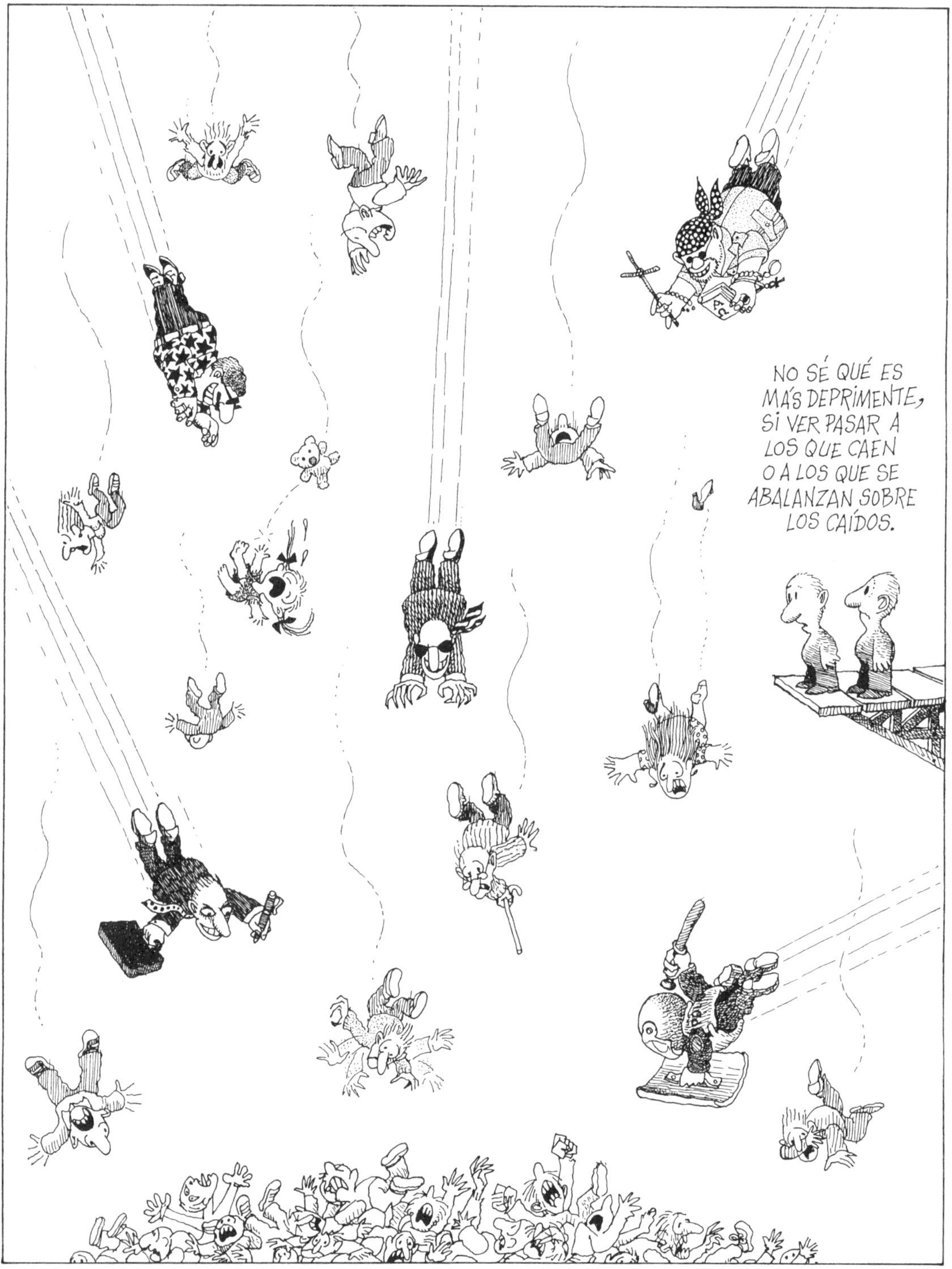
NO SÉ QUÉ ES MÁS DEPRIMENTE, SI VER PASAR A LOS QUE CAEN O A LOS QUE SE ABALANZAN SOBRE LOS CAÍDOS.

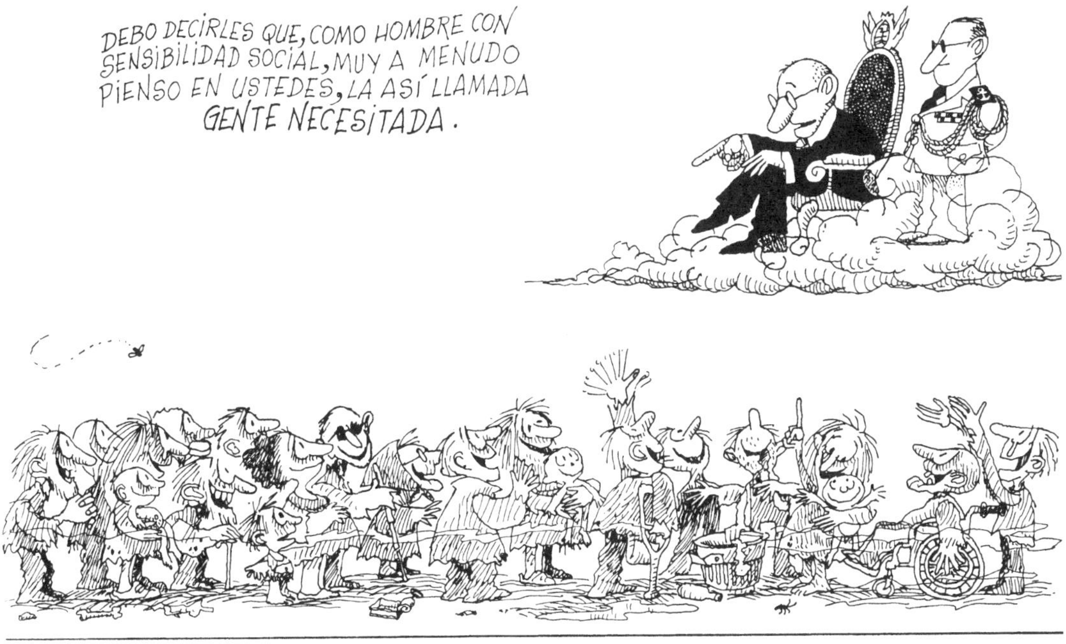
DEBO DECIRLES QUE, COMO HOMBRE CON SENSIBILIDAD SOCIAL, MUY A MENUDO PIENSO EN USTEDES, LA ASÍ LLAMADA GENTE NECESITADA.

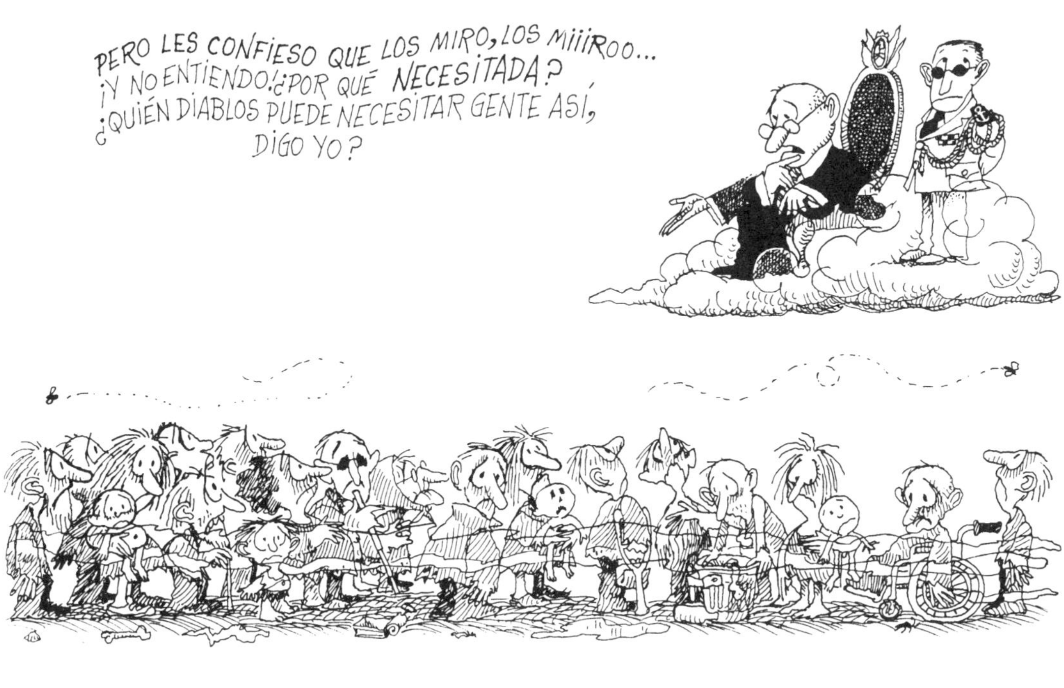
PERO LES CONFIESO QUE LOS MIRO, LOS MIIIROO... ¡Y NO ENTIENDO! ¿POR QUÉ NECESITADA? ¿QUIÉN DIABLOS PUEDE NECESITAR GENTE ASÍ, DIGO YO?

¿QUÉ DIABLOS DIGO AL PAÍS EN MI DISCURSO?

TODOS QUISIERAN OÍR MI PROMESA DE QUE VOLVEREMOS A SER LA GRAN NACIÓN QUE FUIMOS.

¿CÓMO EXPLICARLES QUE, SI SIGUEN ESTANCADOS EN ESA IDEA, LA CRISIS QUE NOS DEVORA PARECERÁ CADA VEZ MÁS PESADA, LARGA Y ABURRIDA DE SOBRELLEVAR?

UNA FRASE. NECESITO RESUMIR TODO ESO EN UNA FRASE, DIRECTA, POPULAR PERO SOLEMNE, PARA QUE PAREZCA CERTERA Y CONTUNDENTE.

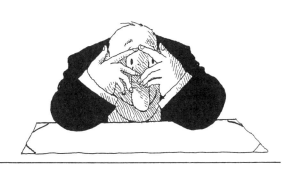

QUERIDOS COMPATRIOTAS: ANTES QUE NADA QUIERO INVITAR A TODOS A MEDITAR SOBRE ESTA INCONTRASTABLE VERDAD: "UN PUEBLO QUE VIVE SUSPIRANDO SU PASADO ESTÁ CONDENADO A BOSTEZAR SU FUTURO." · · · · · · ·

15

...CRISIS...VIOLENCIA... DESOCUPACIÓN...

...GLOBALIZACIÓN...AJUSTE ECONÓMICO... INSEGURIDAD...

...ORFANDAD SOCIAL... MISERIA...

VEA, AMIGO...

USTED NO PUEDE VIVIR CONTINUAMENTE ANGUSTIADO POR LOS MIEDOS QUE GENERA ESTE MUNDO DE HOY.

¿POR QUÉ NO PRUEBA, CADA TANTO, DARSE UNA VUELTA POR LOS ESPANTOS QUE PROMETE EL PORVENIR? ¡¡VERÁ QUÉ ALIVIO, EL PRESENTE!!

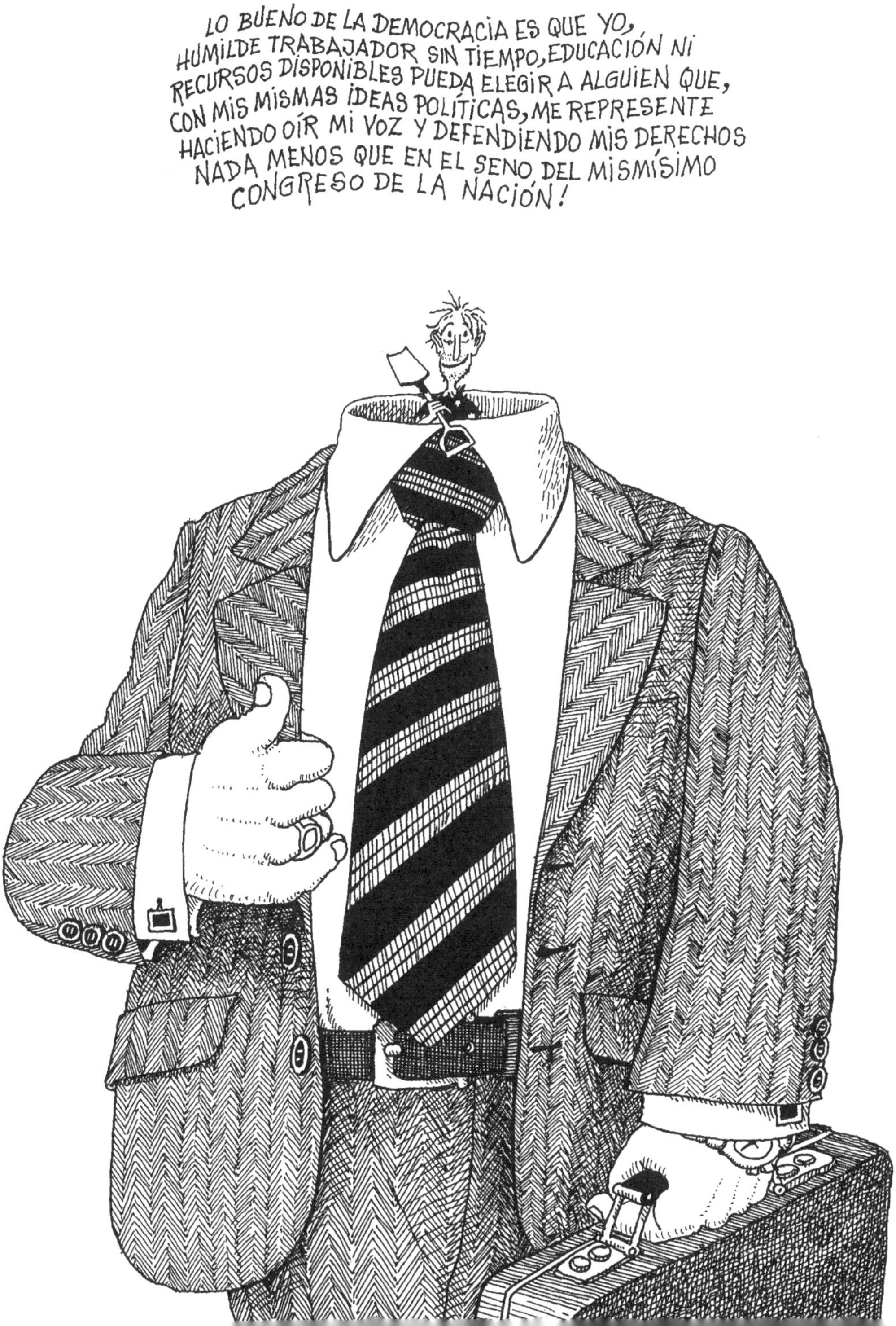
LO BUENO DE LA DEMOCRACIA ES QUE YO, HUMILDE TRABAJADOR SIN TIEMPO, EDUCACIÓN NI RECURSOS DISPONIBLES PUEDA ELEGIR A ALGUIEN QUE, CON MIS MISMAS IDEAS POLÍTICAS, ME REPRESENTE HACIENDO OÍR MI VOZ Y DEFENDIENDO MIS DERECHOS NADA MENOS QUE EN EL SENO DEL MISMÍSIMO CONGRESO DE LA NACIÓN!

MIEMBROS DE LA **FAO** REUNIDOS EN ROMA PARA TRATAR DE RESOLVER EL PROBLEMA DEL HAMBRE EN EL MUNDO.

MIEMBROS DEL CONSEJO DE SEGURIDAD DE LA **ONU** REUNIDOS EN NUEVA YORK PARA TRATAR DE RESOLVER EL PROBLEMA DE LA ACTUAL INSEGURIDAD GLOBAL.

MIEMBROS DE LA **OIT** REUNIDOS EN GINEBRA PARA TRATAR DE RESOLVER EL PROBLEMA DE LA DESOCUPACIÓN MUNDIAL.

MIEMBROS DE **UNICEF** Y DE LA **OMS** REUNIDOS EN PARÍS PARA TRATAR DE RESOLVER PROBLEMAS COMO: LA NIÑEZ SIN EDUCACIÓN, EL DESAMPARO SANITARIO Y LA CRECIENTE ESCASEZ DE AGUA QUE AFECTA YA A VARIAS ZONAS DEL PLANETA.

MIEMBROS DE LA FAMILIA ROSALES REUNIDOS EN VILLA TACHITO PARA TRATAR DE RESOLVER SUS PROBLEMAS DE: HAMBRE, INSEGURIDAD, DESOCUPACIÓN, IMPOSIBILIDAD DE MANDAR LOS NIÑOS A LA ESCUELA, NO CONTAR CON ASISTENCIA MÉDICA, NO TENER AGUA CORRIENTE EN LA CASA, NI......

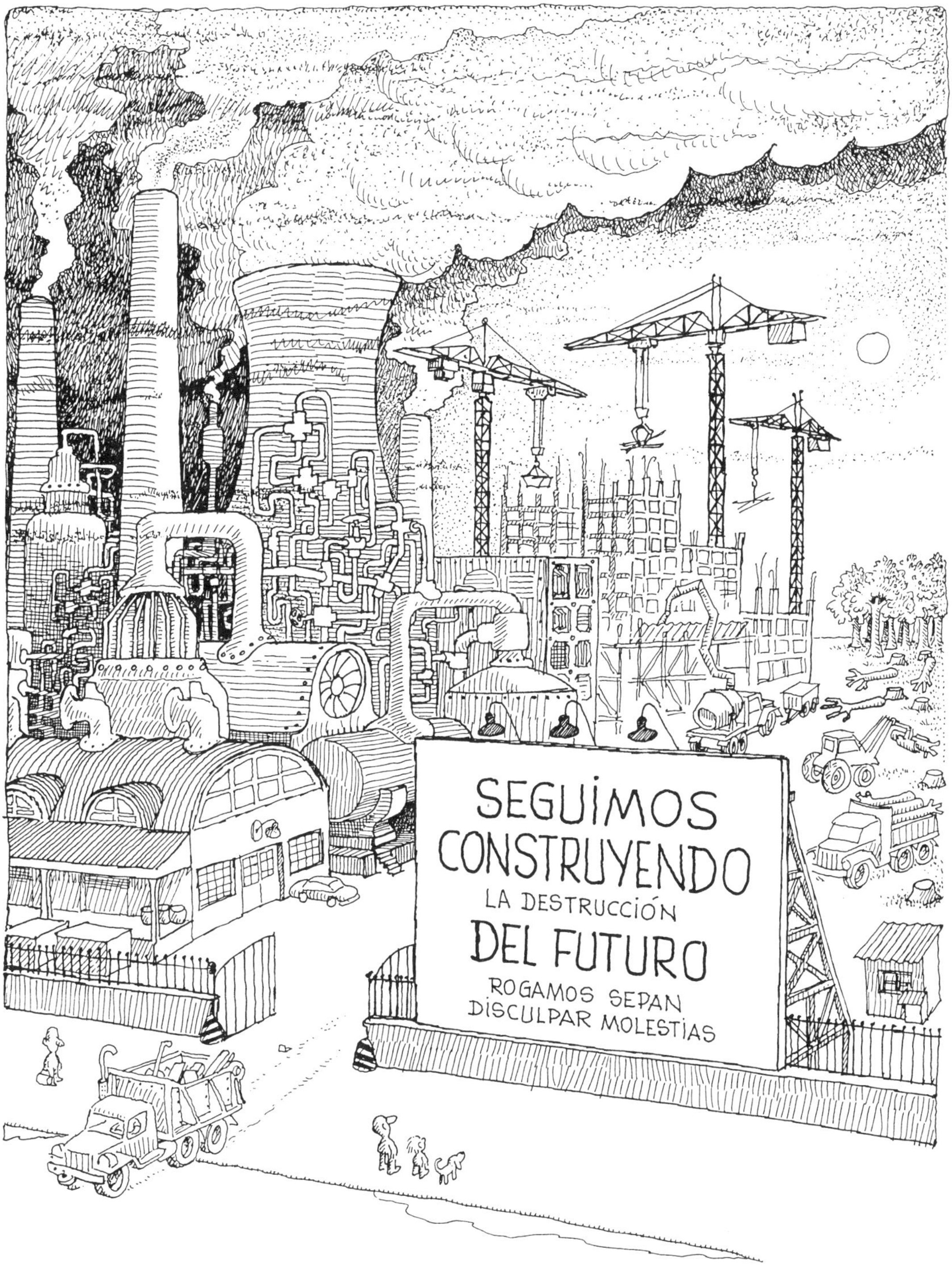
SEGUIMOS
CONSTRUYENDO
LA DESTRUCCIÓN
DEL FUTURO
ROGAMOS SEPAN
DISCULPAR MOLESTIAS

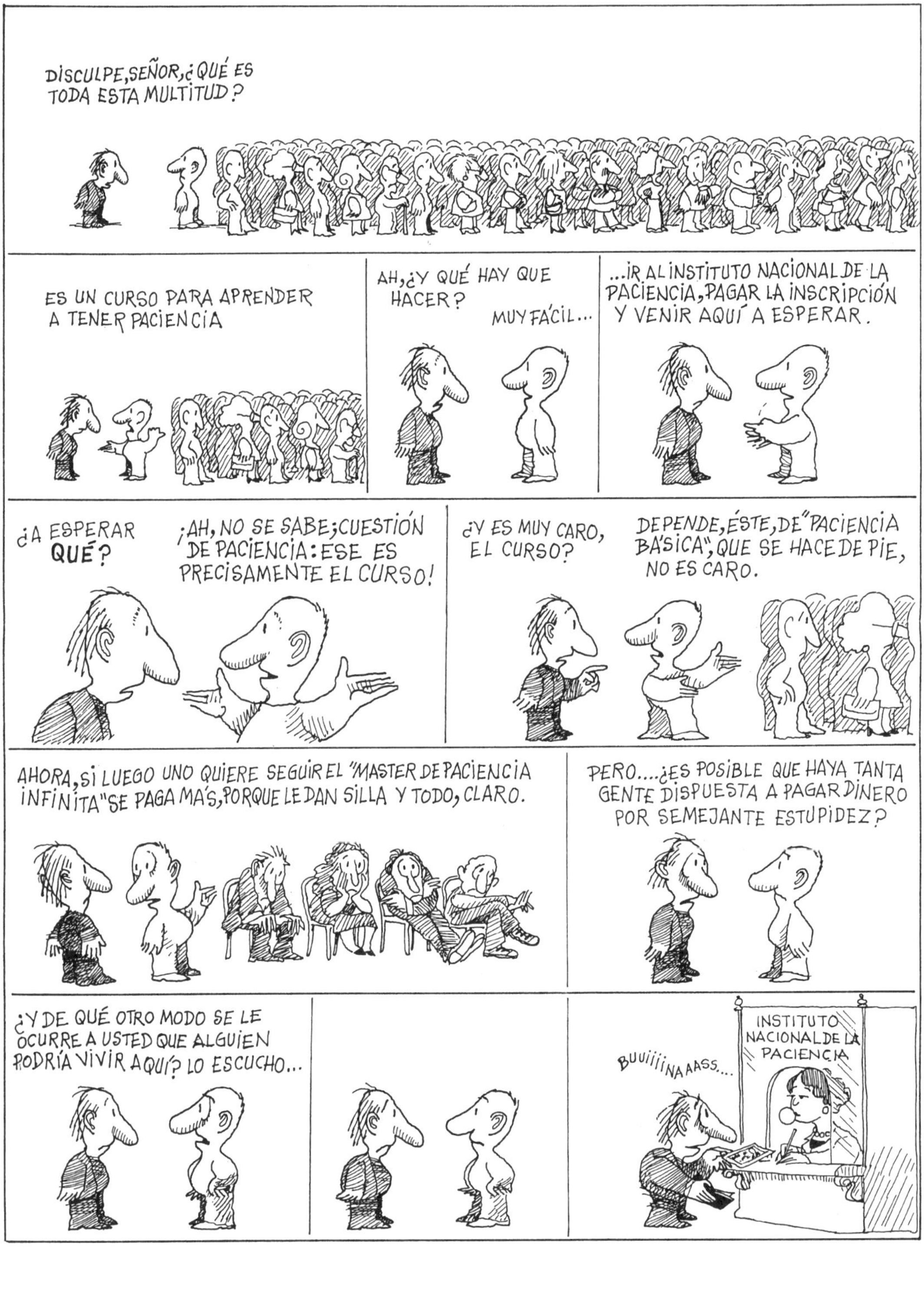
DISCULPE, SEÑOR, ¿QUÉ ES TODA ESTA MULTITUD?
ES UN CURSO PARA APRENDER A TENER PACIENCIA
AH, ¿Y QUÉ HAY QUE HACER?
MUY FÁCIL...
...IR AL INSTITUTO NACIONAL DE LA PACIENCIA, PAGAR LA INSCRIPCIÓN Y VENIR AQUÍ A ESPERAR.
¿A ESPERAR **QUÉ**?
¡AH, NO SE SABE; CUESTIÓN DE PACIENCIA: ESE ES PRECISAMENTE EL CURSO!
¿Y ES MUY CARO, EL CURSO?
DEPENDE, ÉSTE, DE "PACIENCIA BÁSICA", QUE SE HACE DE PIE, NO ES CARO.
AHORA, SI LUEGO UNO QUIERE SEGUIR EL "MASTER DE PACIENCIA INFINITA" SE PAGA MÁS, PORQUE LE DAN SILLA Y TODO, CLARO.
PERO....¿ES POSIBLE QUE HAYA TANTA GENTE DISPUESTA A PAGAR DINERO POR SEMEJANTE ESTUPIDEZ?
¿Y DE QUÉ OTRO MODO SE LE OCURRE A USTED QUE ALGUIEN PODRÍA VIVIR AQUÍ? LO ESCUCHO...
INSTITUTO NACIONAL DE LA PACIENCIA
BUUIIIINAAASS...

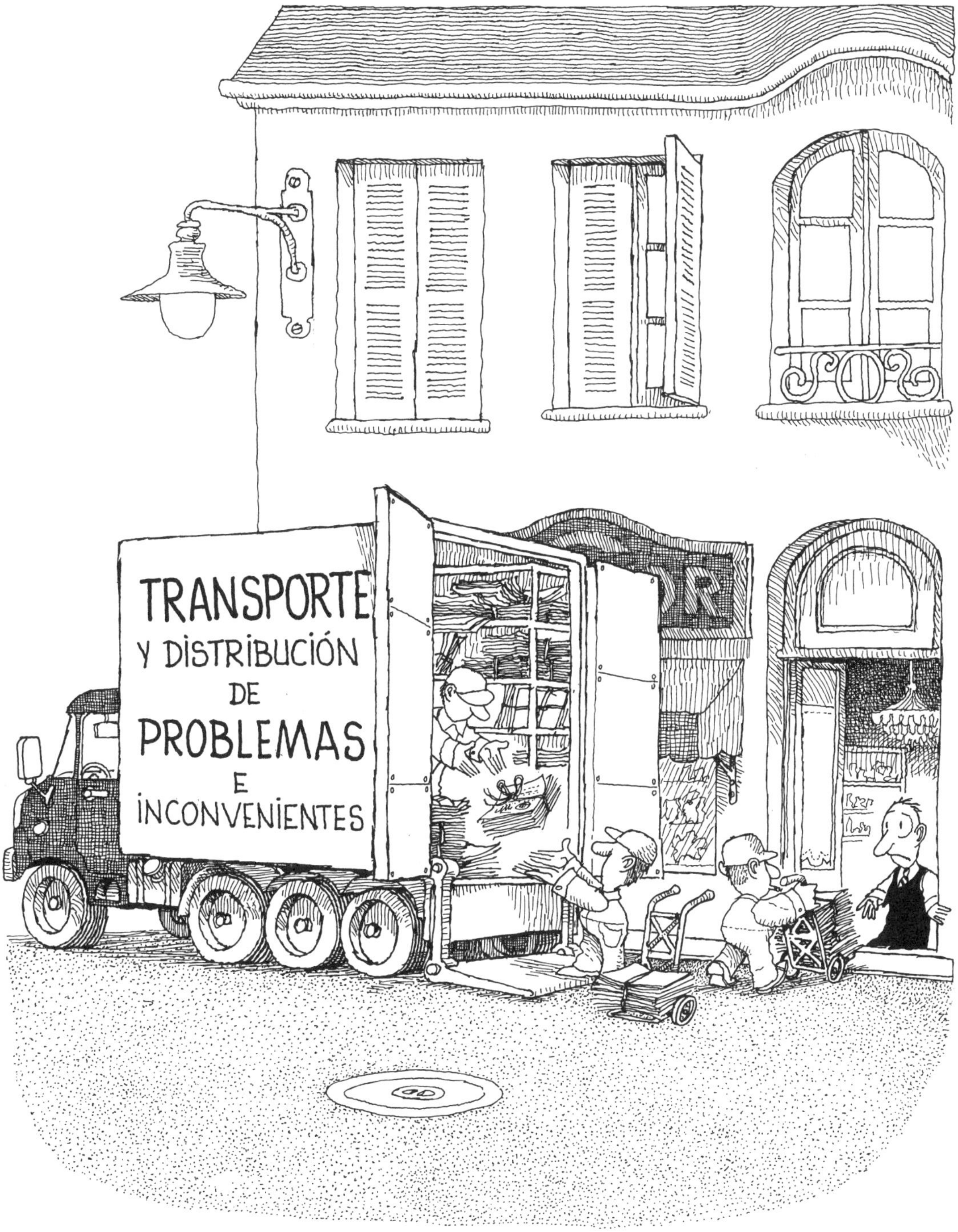
TRANSPORTE
Y DISTRIBUCIÓN
DE
PROBLEMAS
E
INCONVENIENTES

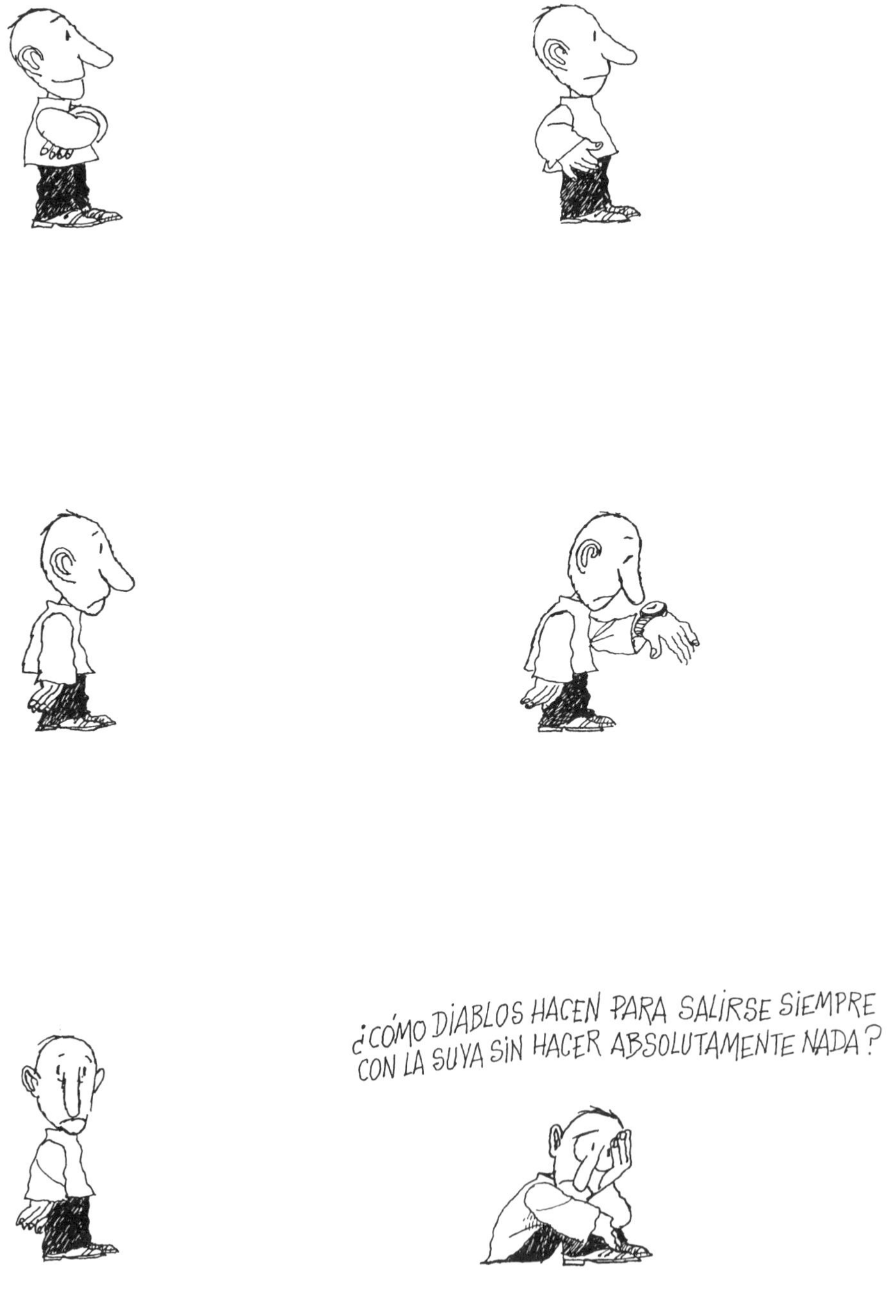
¿CÓMO DIABLOS HACEN PARA SALIRSE SIEMPRE CON LA SUYA SIN HACER ABSOLUTAMENTE NADA?

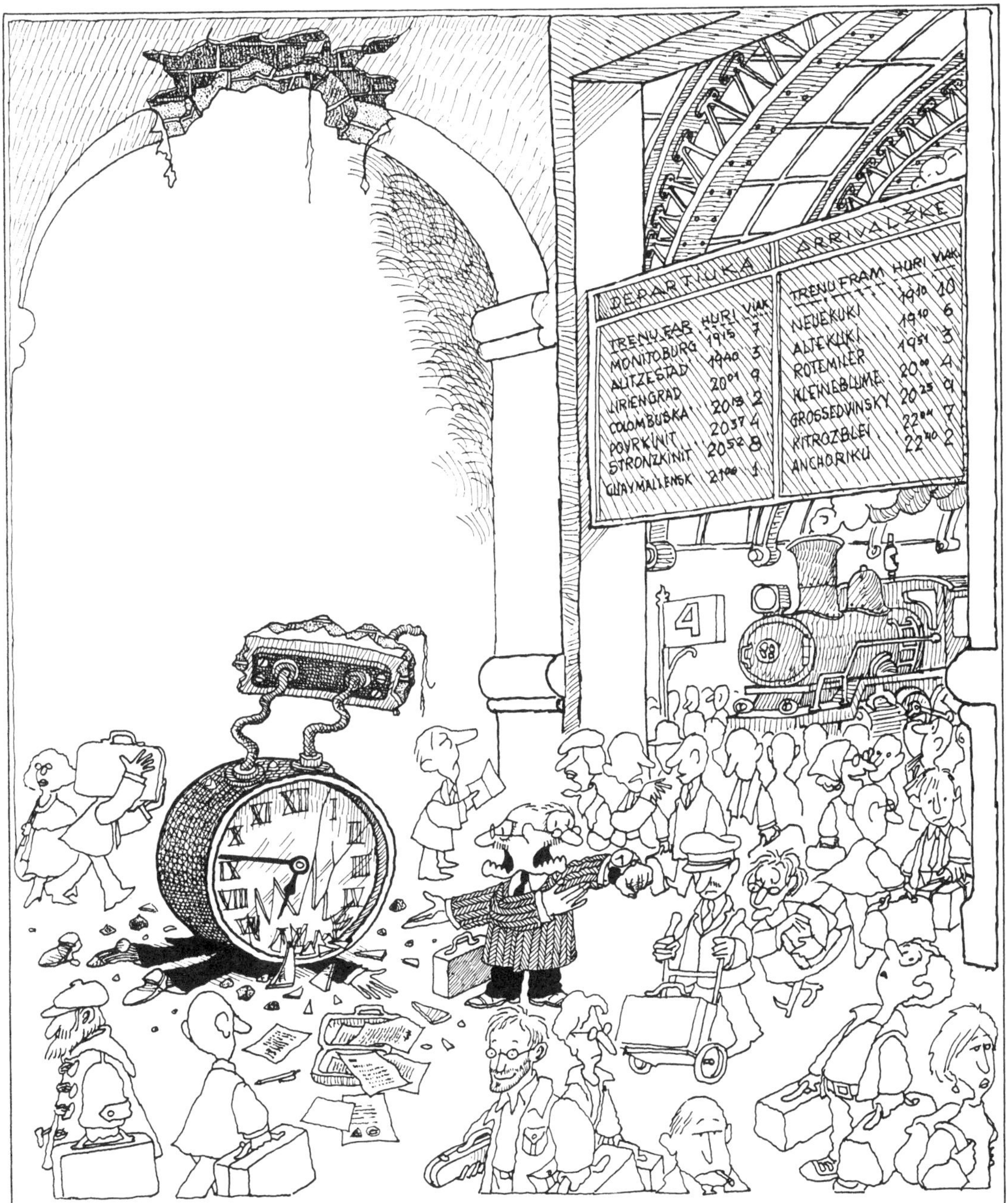
DEPARTIUKA
TRENU FAB HURI VIAK
MONITOBURG 1915 7
AUTZESTAD 1940 3
LIRIENGRAD 2001 9
COLOMBUSKA 2013 2
POVRKINIT 2037 4
STRONZKINIT 2052 8
GUAYMALLENSK 2100 1
ARRIVALZKE
TRENU FRAM HURI VIAK
NEUEKUKI 1910 10
ALJEKUKI 1910 6
ROTEMILER 1951 3
KLEINEBLUME 2000 4
GROSSEDVINSKY 2025 9
KITROZBLEI 2204 7
ANCHORIKU 2240 2
4

—¡¡ESTO ES INCONCEBIBLE!!...¿Y NADIE HACE NADA??...¡¡PERO..!! ¿¿EN QUÉ PAÍS VIVIMOS??..¡¡EL RELOJ DE LA ESTACIÓN CENTRAL ATRASA!!...**¿¿Y NADIE HACE NADA??**

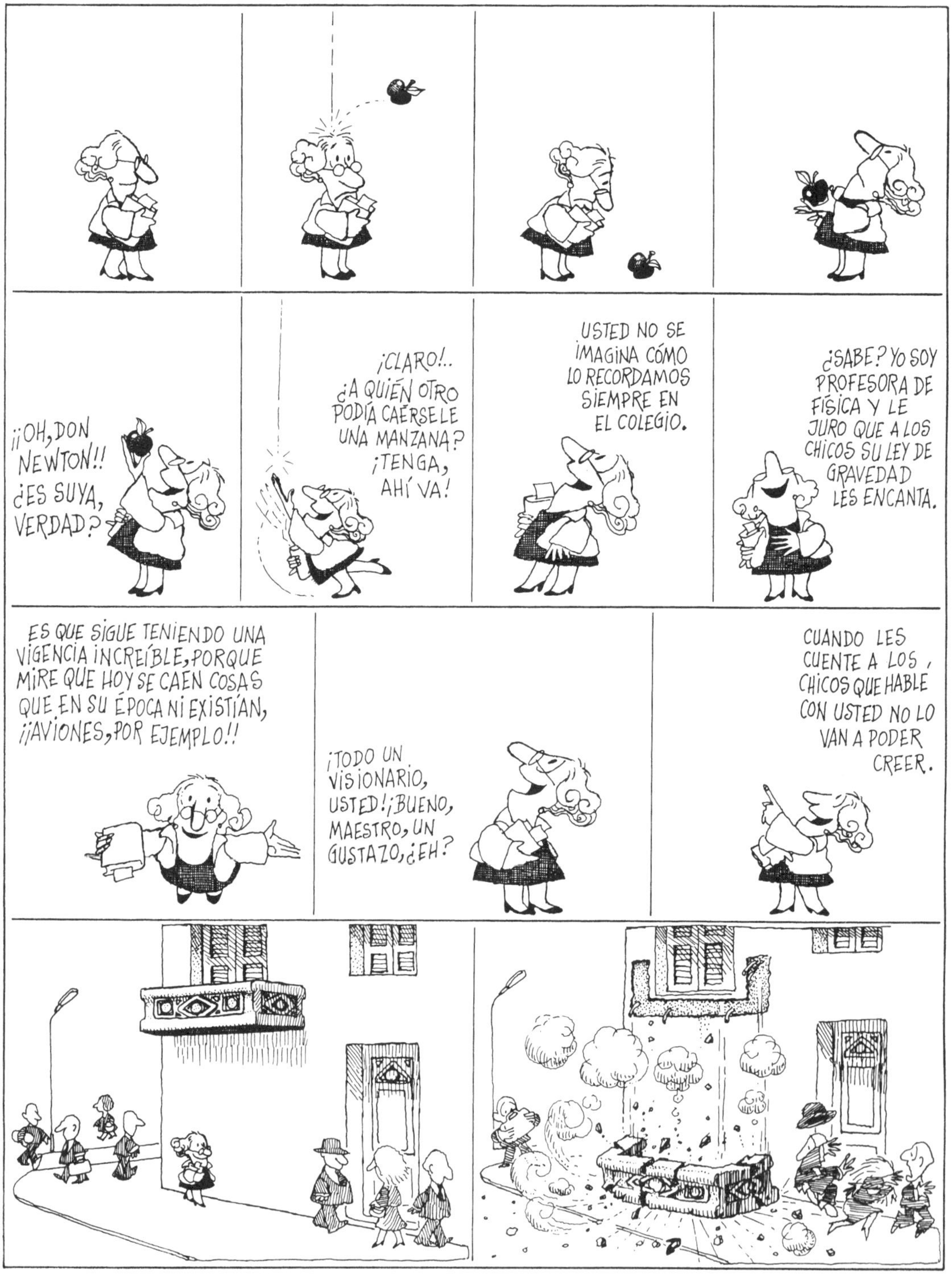

¡¡OH, DON NEWTON!! ¿ES SUYA, VERDAD?
¡CLARO!.. ¿A QUIÉN OTRO PODÍA CAÉRSELE UNA MANZANA? ¡TENGA, AHÍ VA!
USTED NO SE IMAGINA CÓMO LO RECORDAMOS SIEMPRE EN EL COLEGIO.
¿SABE? YO SOY PROFESORA DE FÍSICA Y LE JURO QUE A LOS CHICOS SU LEY DE GRAVEDAD LES ENCANTA.
ES QUE SIGUE TENIENDO UNA VIGENCIA INCREÍBLE, PORQUE MIRE QUE HOY SE CAEN COSAS QUE EN SU ÉPOCA NI EXISTÍAN, ¡¡AVIONES, POR EJEMPLO!!
¡TODO UN VISIONARIO, USTED! ¡BUENO, MAESTRO, UN GUSTAZO, ¿EH?
CUANDO LES CUENTE A LOS CHICOS QUE HABLÉ CON USTED NO LO VAN A PODER CREER.

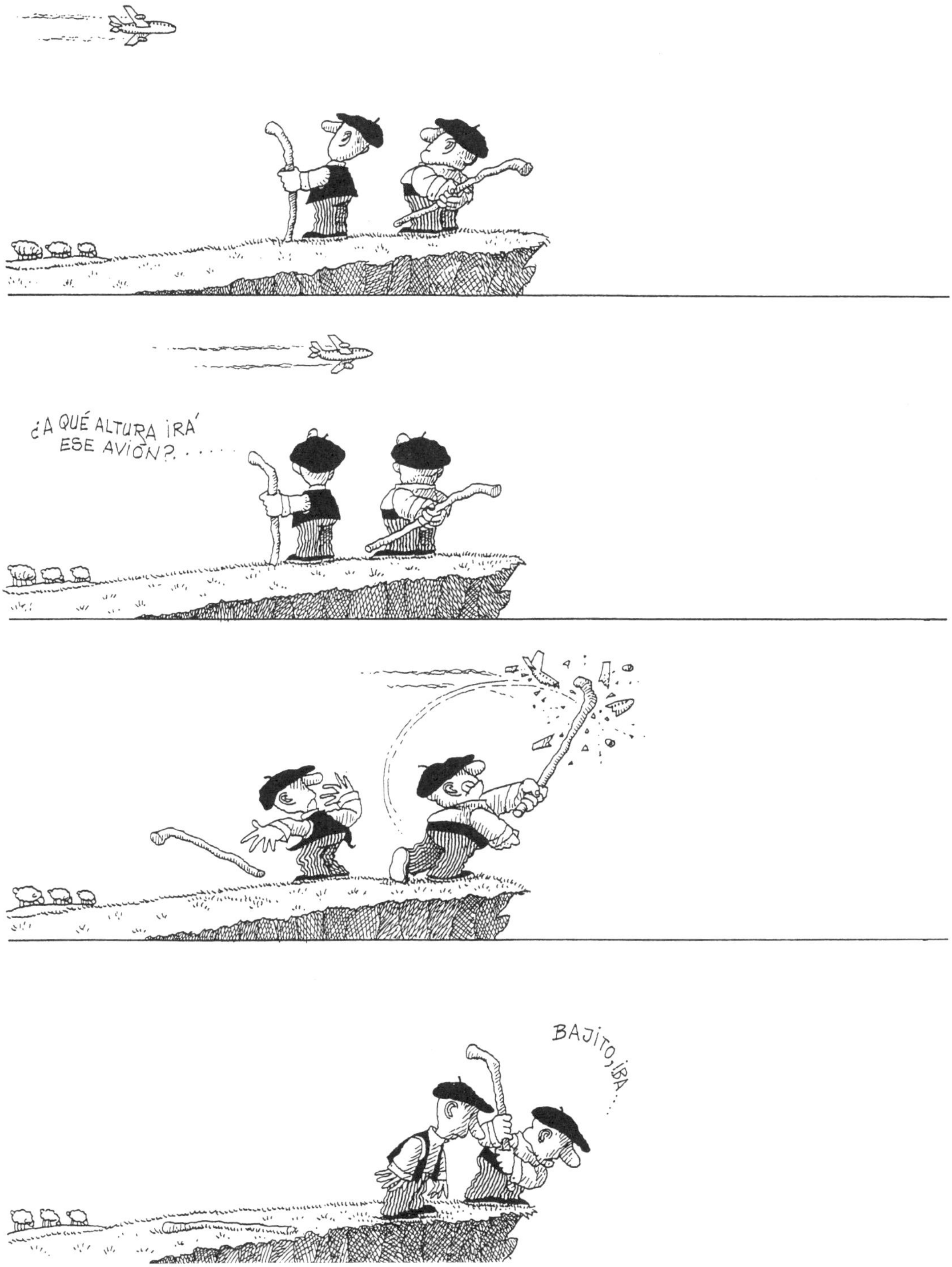
¿A QUÉ ALTURA IRÁ ESE AVIÓN?.....
BAJITO, IBA...

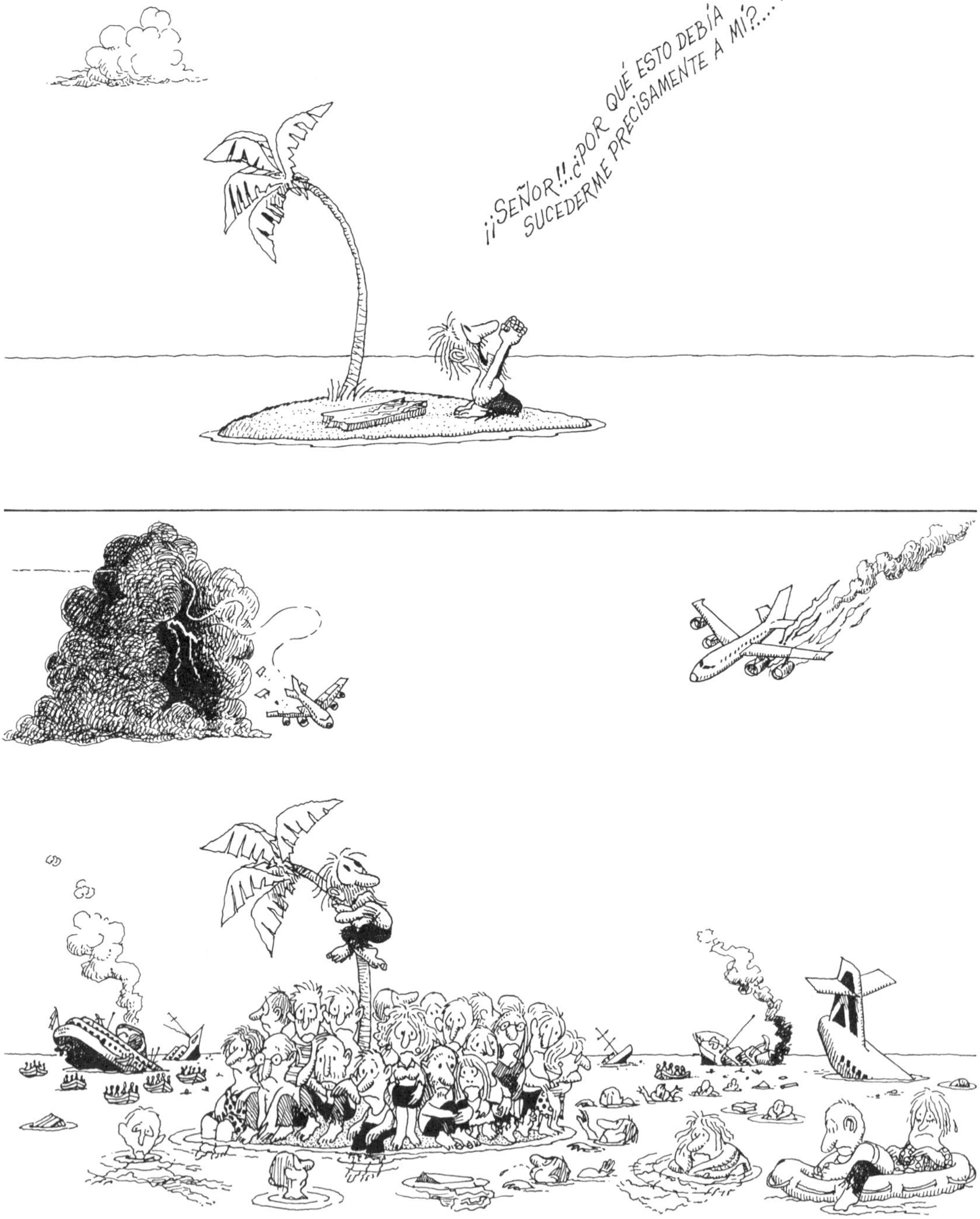
¡¡SEÑOR!!..¿POR QUÉ ESTO DEBÍA SUCEDERME PRECISAMENTE A MÍ?......

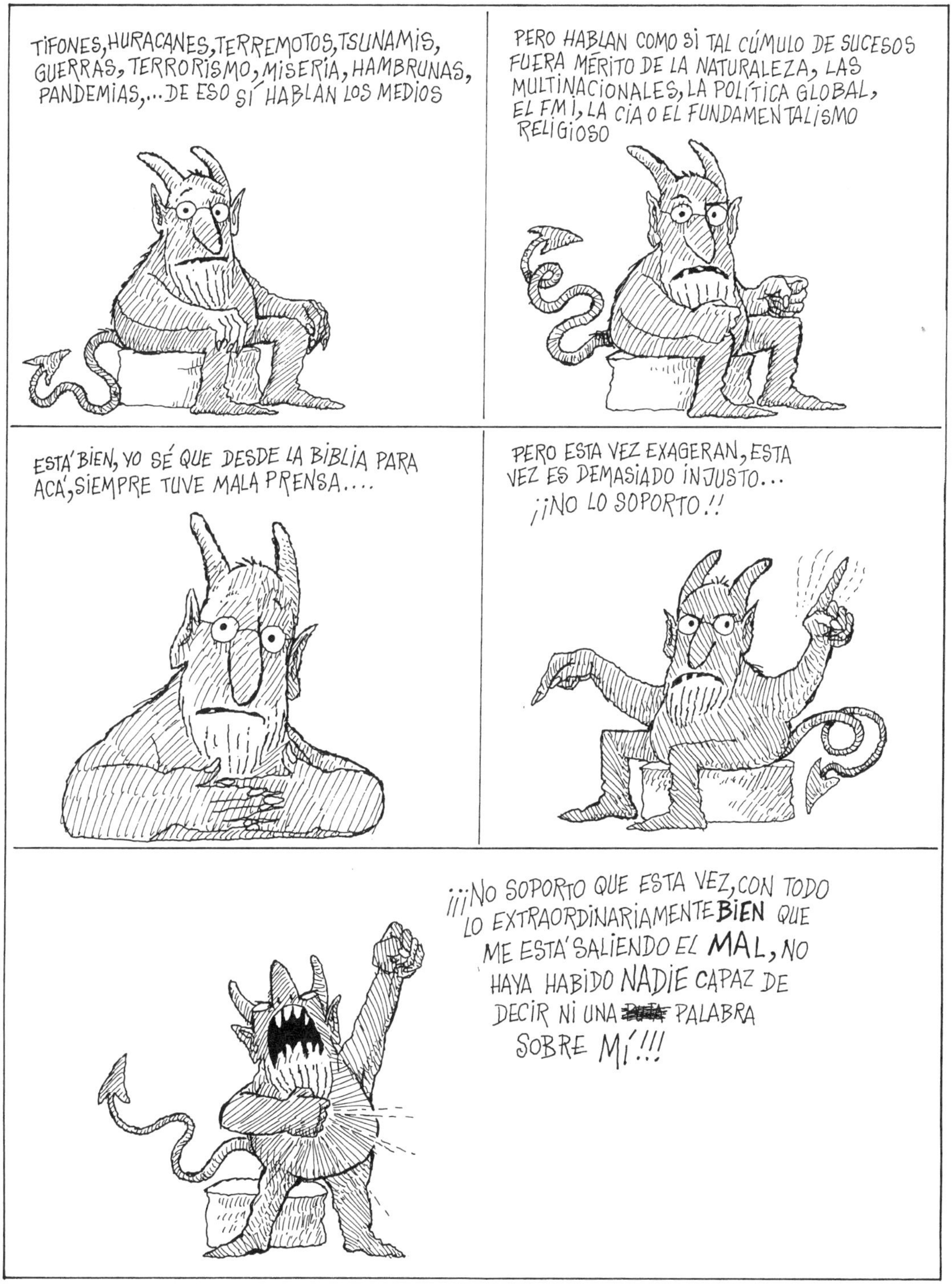
TIFONES, HURACANES, TERREMOTOS, TSUNAMIS, GUERRAS, TERRORISMO, MISERÍA, HAMBRUNAS, PANDEMIAS, ... DE ESO SÍ HABLAN LOS MEDIOS
PERO HABLAN COMO SI TAL CÚMULO DE SUCESOS FUERA MÉRITO DE LA NATURALEZA, LAS MULTINACIONALES, LA POLÍTICA GLOBAL, EL FMI, LA CIA O EL FUNDAMENTALISMO RELIGIOSO
ESTÁ BIEN, YO SÉ QUE DESDE LA BIBLIA PARA ACÁ, SIEMPRE TUVE MALA PRENSA....
PERO ESTA VEZ EXAGERAN, ESTA VEZ ES DEMASIADO INJUSTO... ¡¡NO LO SOPORTO!!
¡¡¡NO SOPORTO QUE ESTA VEZ, CON TODO LO EXTRAORDINARIAMENTE BIEN QUE ME ESTÁ SALIENDO EL MAL, NO HAYA HABIDO NADIE CAPAZ DE DECIR NI UNA [redacted] PALABRA SOBRE MÍ!!!

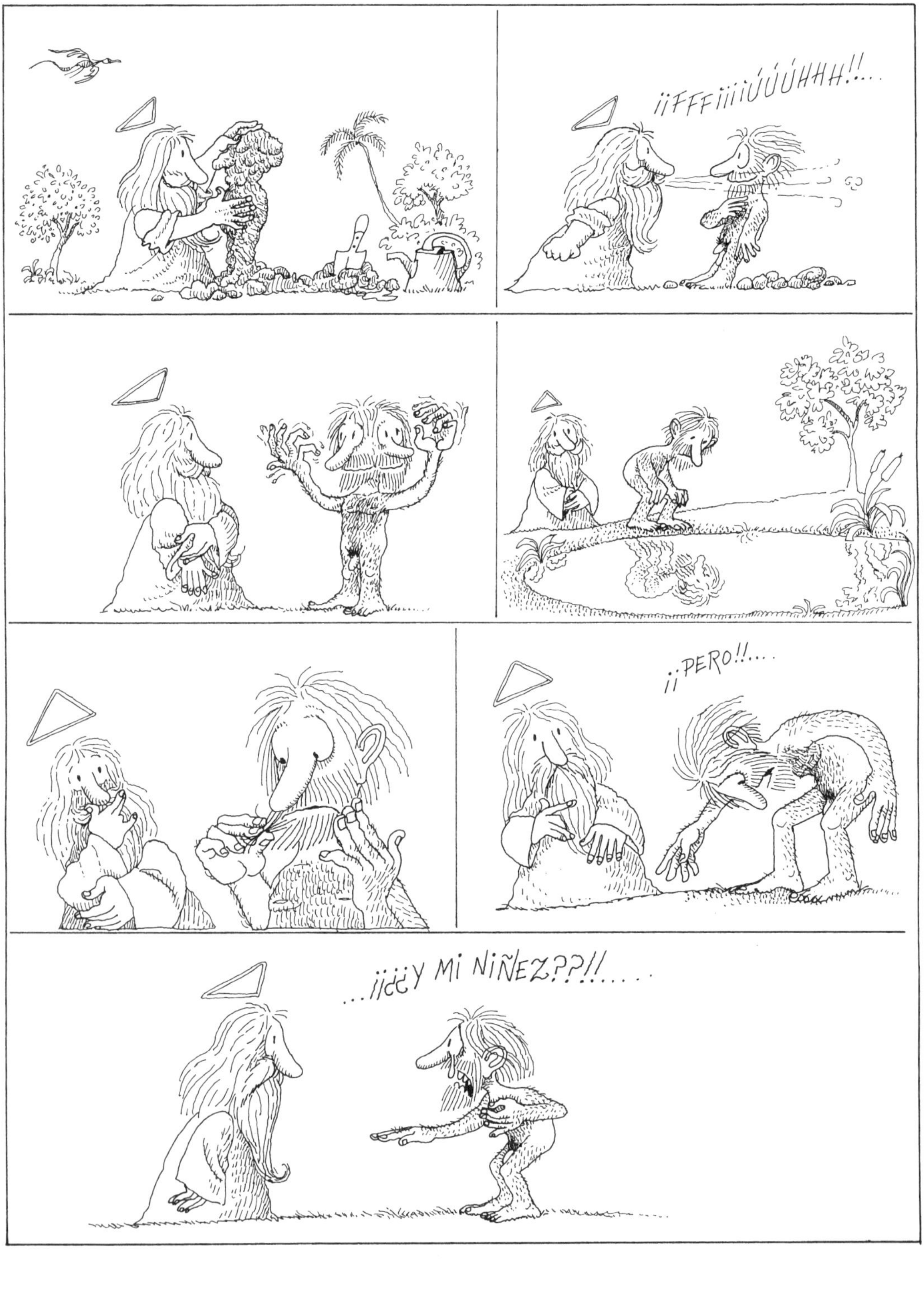
¡¡FFFiiiiÚÚÚHHH!!...
¡¡PERO!!...
...¡¡¿¿Y MI NIÑEZ??!!.....

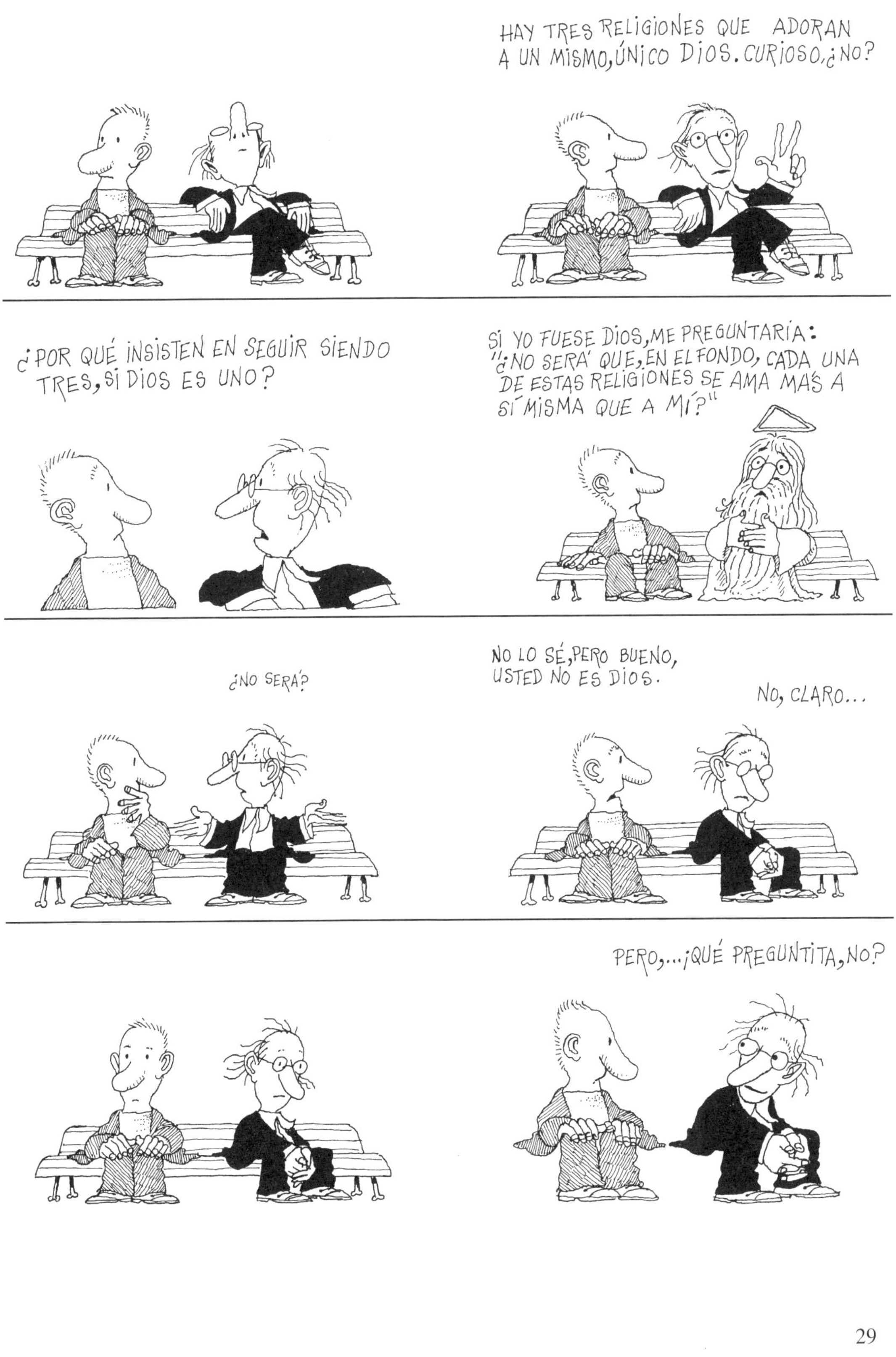
HAY TRES RELIGIONES QUE ADORAN A UN MISMO, ÚNICO DIOS. CURIOSO, ¿NO?
¿POR QUÉ INSISTEN EN SEGUIR SIENDO TRES, SI DIOS ES UNO?
SI YO FUESE DIOS, ME PREGUNTARÍA: "¿NO SERÁ QUE, EN EL FONDO, CADA UNA DE ESTAS RELIGIONES SE AMA MÁS A SÍ MISMA QUE A MÍ?"
¿NO SERÁ?
NO LO SÉ, PERO BUENO, USTED NO ES DIOS.
NO, CLARO...
PERO,...¡QUÉ PREGUNTITA, NO?

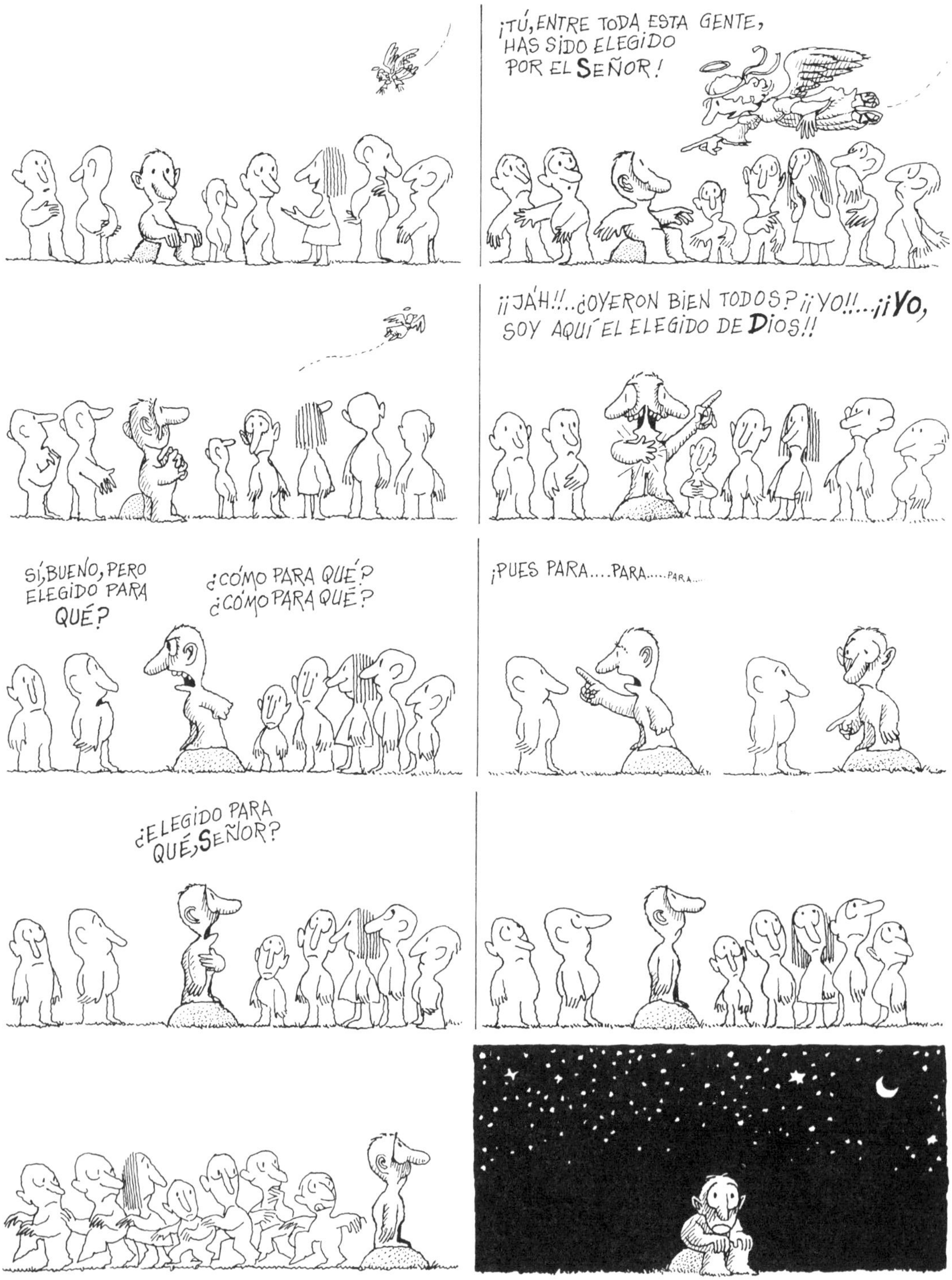

¡TÚ, ENTRE TODA ESTA GENTE, HAS SIDO ELEGIDO POR EL SEÑOR!
¡¡JÁH!!..¿OYERON BIEN TODOS? ¡¡YO!!...¡¡YO, SOY AQUÍ EL ELEGIDO DE DIOS!!
SÍ, BUENO, PERO ELEGIDO PARA QUÉ?
¿CÓMO PARA QUÉ? ¿CÓMO PARA QUÉ?
¡PUES PARA....PARA.....PARA....
¿ELEGIDO PARA QUÉ, SEÑOR?

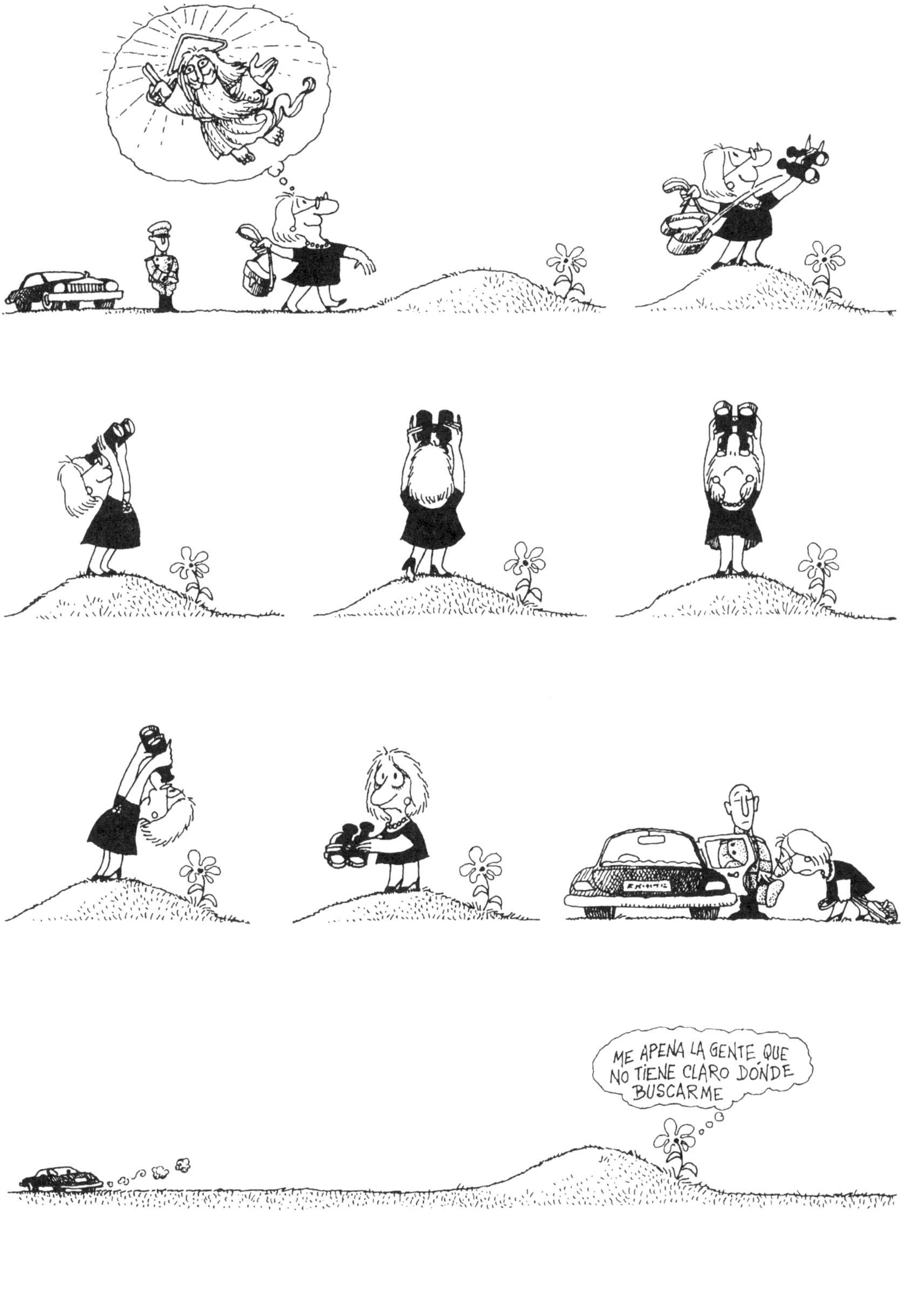
ME APENA LA GENTE QUE NO TIENE CLARO DÓNDE BUSCARME

ASÍ COMO LO VE, Y LE RUEGO CREA EN
MI PALABRA, SU ÚNICA DUEÑA ERA UNA
SEÑORA MAYOR QUE SÓLO LO SACABA LOS
DOMINGOS PARA IR A LA IGLESIA A IMPLORAR
A DIOS QUE LA AYUDARA A CONDUCIR.

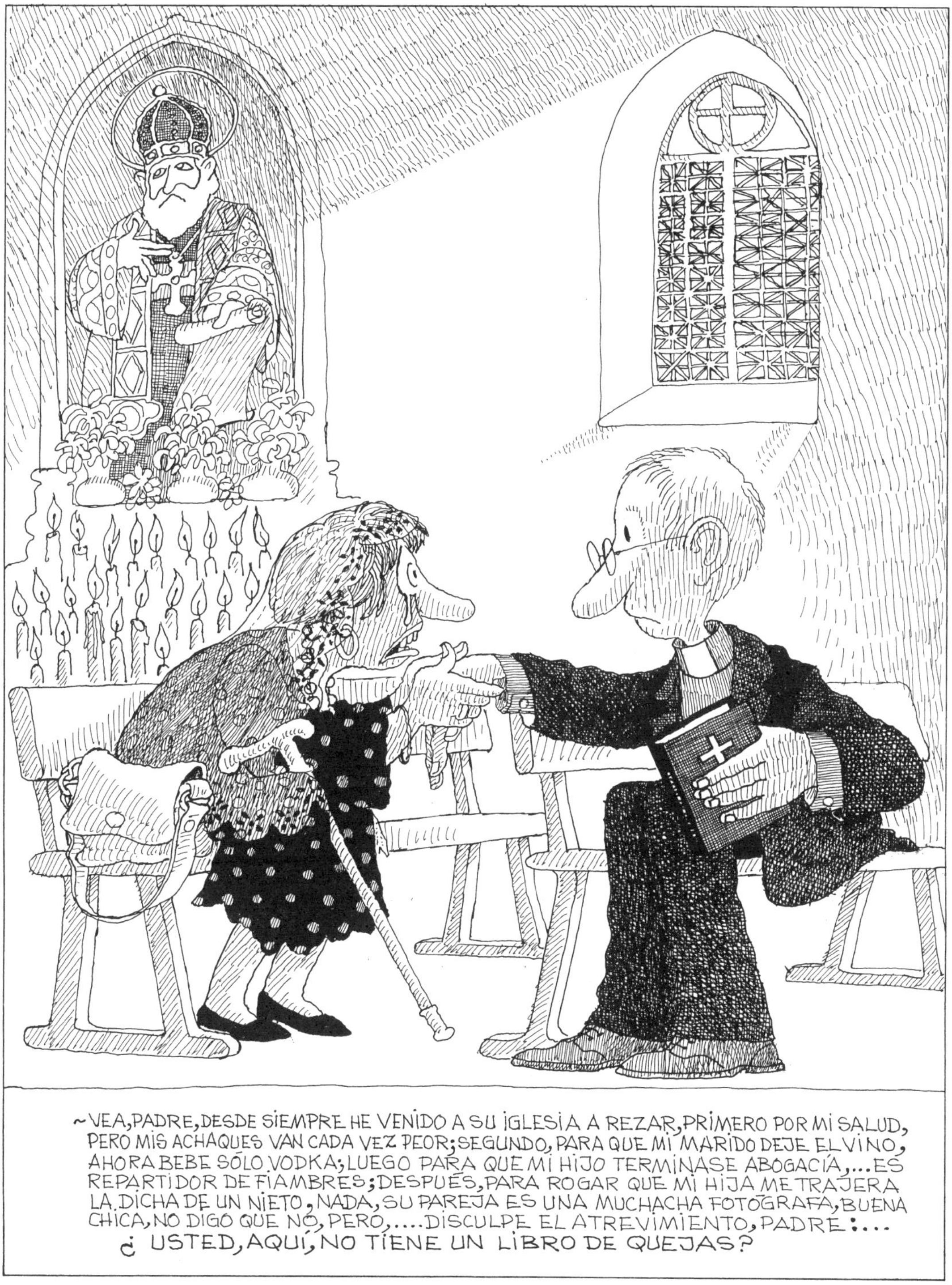

~VEA, PADRE, DESDE SIEMPRE HE VENIDO A SU IGLESIA A REZAR, PRIMERO POR MI SALUD, PERO MIS ACHAQUES VAN CADA VEZ PEOR; SEGUNDO, PARA QUE MI MARIDO DEJE EL VINO, AHORA BEBE SÓLO VODKA; LUEGO PARA QUE MI HIJO TERMINASE ABOGACÍA, ... ES REPARTIDOR DE FIAMBRES; DESPUÉS, PARA ROGAR QUE MI HIJA ME TRAJERA LA DICHA DE UN NIETO, NADA, SU PAREJA ES UNA MUCHACHA FOTÓGRAFA, BUENA CHICA, NO DIGO QUE NO, PERO, ... DISCULPE EL ATREVIMIENTO, PADRE: ...
¿ USTED, AQUÍ, NO TIENE UN LIBRO DE QUEJAS?

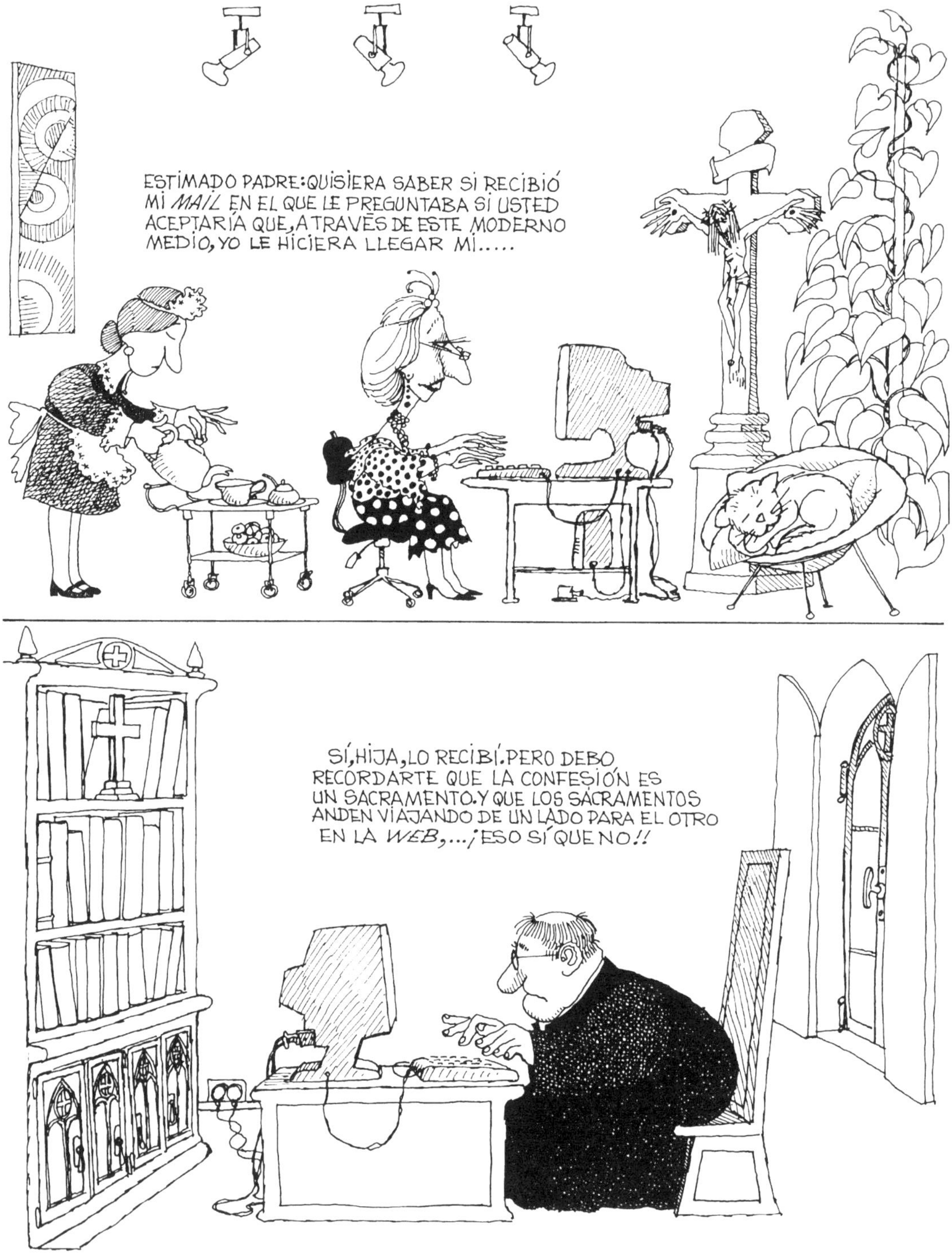
ESTIMADO PADRE: QUISIERA SABER SI RECIBIÓ MI *MAIL* EN EL QUE LE PREGUNTABA SI USTED ACEPTARÍA QUE, A TRAVÉS DE ESTE MODERNO MEDIO, YO LE HICIERA LLEGAR MI.....
SÍ, HIJA, LO RECIBÍ. PERO DEBO RECORDARTE QUE LA CONFESIÓN ES UN SACRAMENTO. Y QUE LOS SACRAMENTOS ANDEN VIAJANDO DE UN LADO PARA EL OTRO EN LA *WEB*,...¡ESO SÍ QUE NO!!

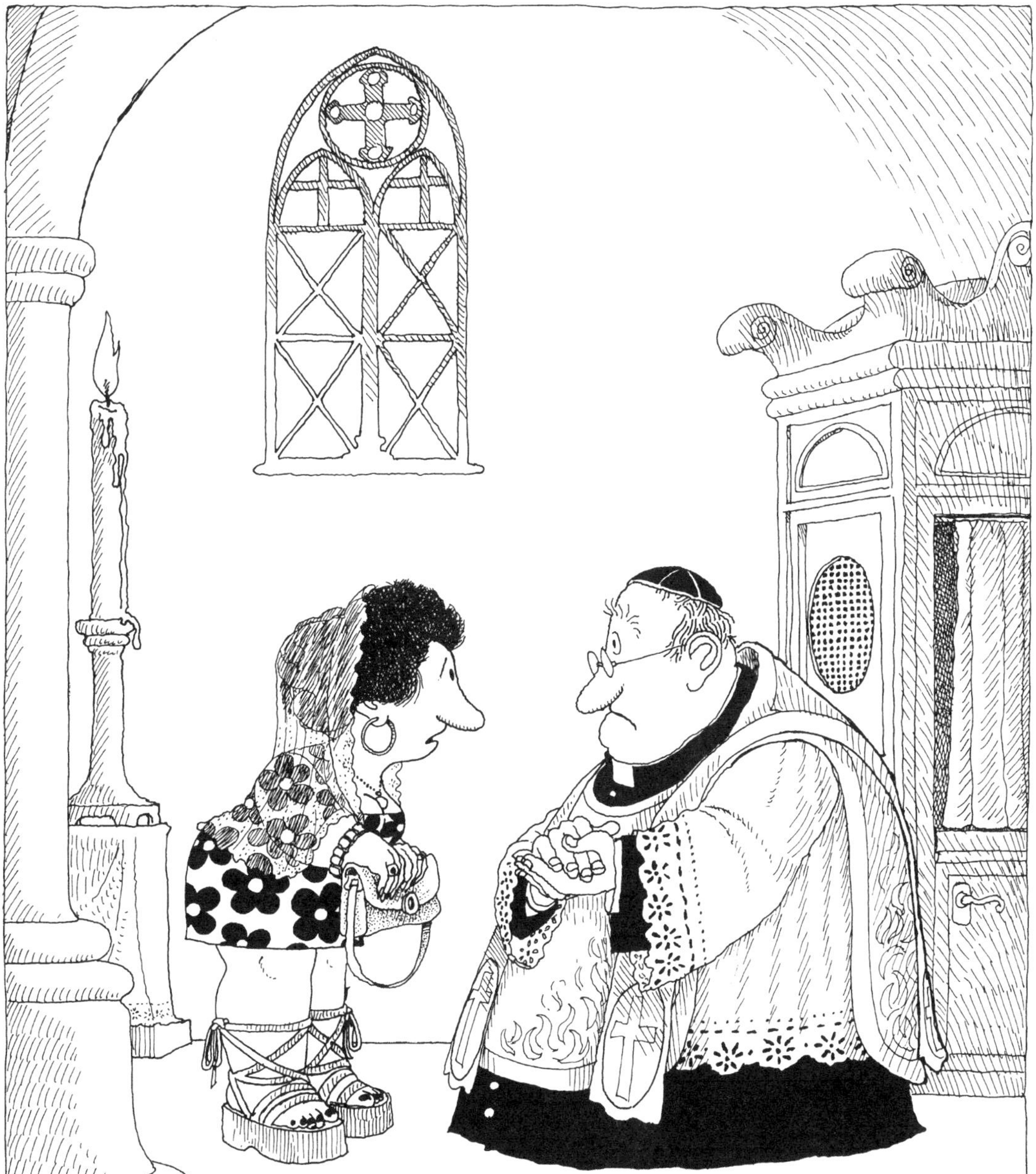

–VEA, PADRE, YO TENGO ALGUNAS DUDAS SOBRE EL TEMA DEL PECADO Y EL SEXO. ESTO, ¿CON QUIÉN TENDRÍA QUE HABLARLO: CON USTED O CON MI GINECÓLOGO?

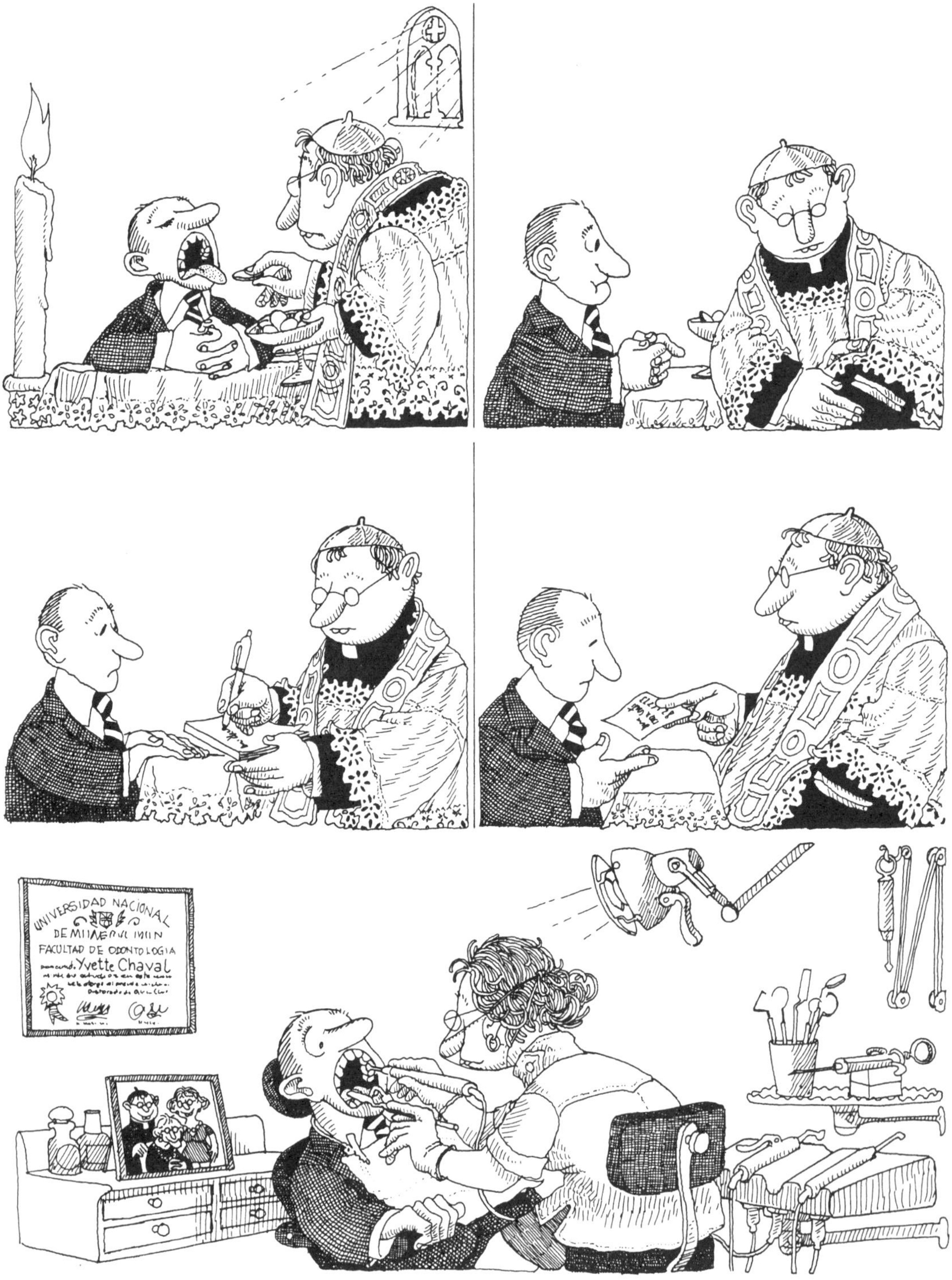
UNIVERSIDAD NACIONAL
FACULTAD DE ODONTOLOGIA
Yvette Chaval

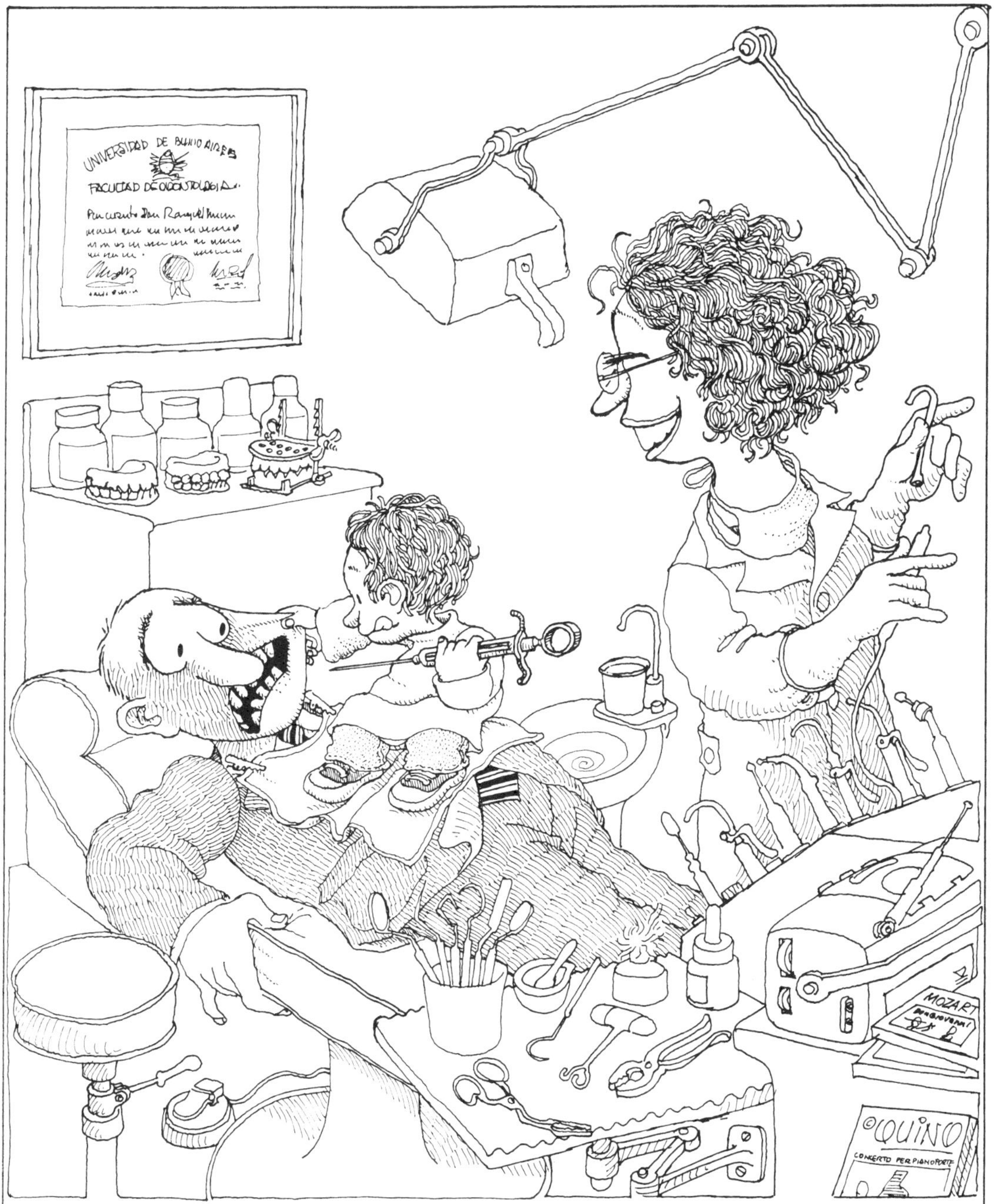
FACULTAD DE ODONTOLOGIA
MOZART
©QUINO
CONCERTO PER PIANOFORTE

–¿NO ES UN AMOR, TAN CHIQUITO Y YA AYUDANDO A SU MAMÁ?

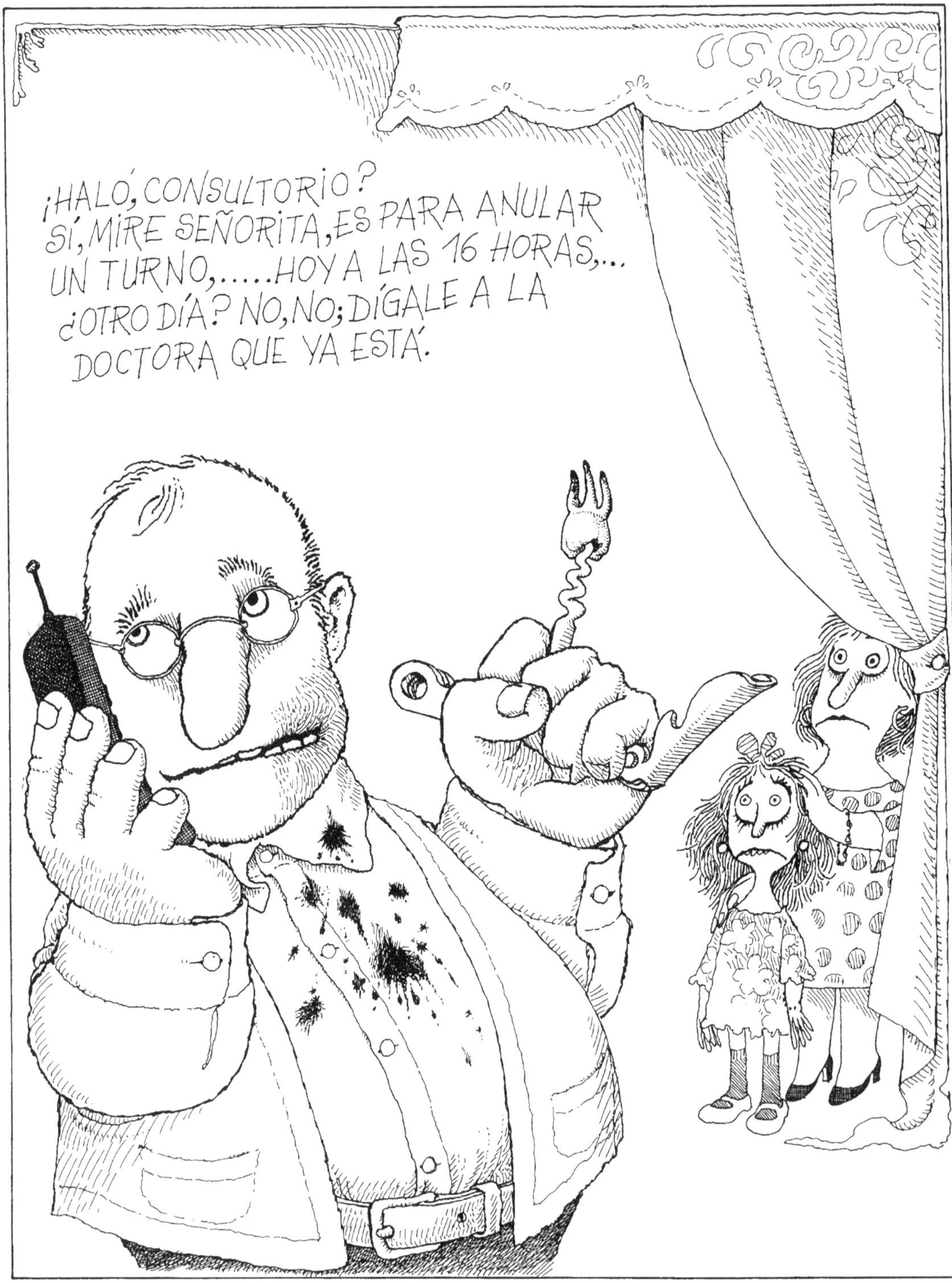
¡HALÓ, CONSULTORIO?
SÍ, MIRE SEÑORITA, ES PARA ANULAR
UN TURNO,.....HOY A LAS 16 HORAS,...
¿OTRO DÍA? NO, NO; DÍGALE A LA
DOCTORA QUE YA ESTÁ.

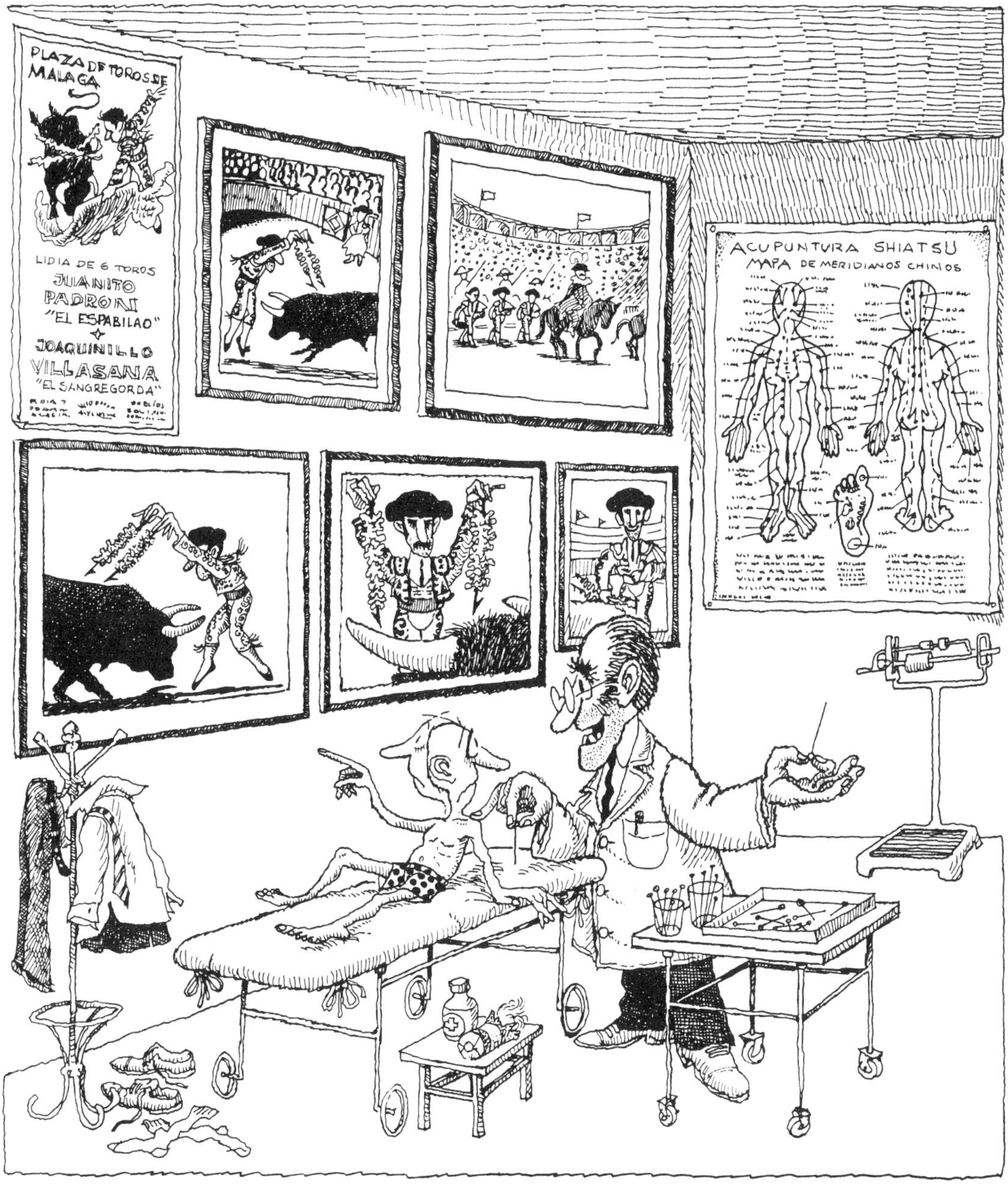
PLAZA DE TOROS DE MALAGA
LIDIA DE 6 TOROS
JUANITO PADRONI
"EL ESPABILAO"
JOAQUINILLO VILLASANA
"EL SANGREGORDA"
ACUPUNTURA SHIATSU
MAPA DE MERIDIANOS CHINOS

–YO MISMO SOY, SÍ SEÑOR. QUE POR AÑOS, DE ESO VIVÍ, HASTA QUE ME RECETARON GAFAS. Y AHÍ FUE QUE ME DIJE YO: *"TRANQUILO, CHAVAL, AUNQUE VEAS MENOS, TÚ, A SEGUIR PINCHANDO, QUE ES LO TUYO"*. ENTONCES ME MONTÉ ESTO DE LA ACUPUNTURA, QUE ES LO MISMO, ¿QUE CLAVAS COSAS MÁS PEQUEÑAS? ¡PERO TÍO, SI DA IGUAL!! Y HASTA GANAS BUEN DINERO. ¿PUEDE USTED ACOSTARSE CON EL TESTUZ HACIA ABAJO, POR FAVOR?

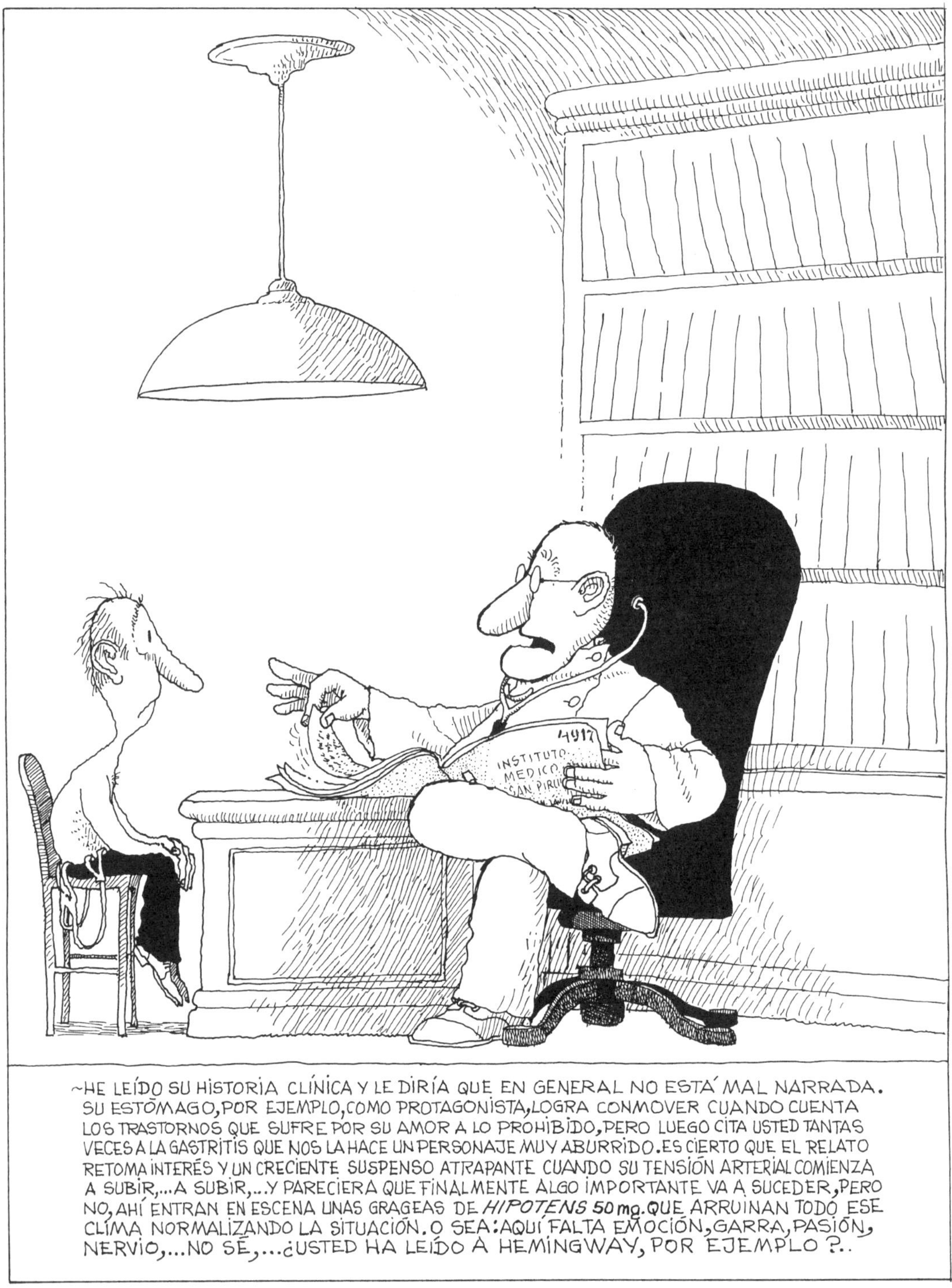
4917
INSTITUTO
MEDICO
SAN PIRU

~HE LEÍDO SU HISTORIA CLÍNICA Y LE DIRÍA QUE EN GENERAL NO ESTÁ MAL NARRADA. SU ESTÓMAGO, POR EJEMPLO, COMO PROTAGONISTA, LOGRA CONMOVER CUANDO CUENTA LOS TRASTORNOS QUE SUFRE POR SU AMOR A LO PROHIBIDO, PERO LUEGO CITA USTED TANTAS VECES A LA GASTRITIS QUE NOS LA HACE UN PERSONAJE MUY ABURRIDO. ES CIERTO QUE EL RELATO RETOMA INTERÉS Y UN CRECIENTE SUSPENSO ATRAPANTE CUANDO SU TENSIÓN ARTERIAL COMIENZA A SUBIR,... A SUBIR,... Y PARECIERA QUE FINALMENTE ALGO IMPORTANTE VA A SUCEDER, PERO NO, AHÍ ENTRAN EN ESCENA UNAS GRAGEAS DE *HIPOTENS* **50 mg.** QUE ARRUINAN TODO ESE CLIMA NORMALIZANDO LA SITUACIÓN. O SEA: AQUÍ FALTA EMOCIÓN, GARRA, PASIÓN, NERVIO,... NO SÉ,... ¿USTED HA LEÍDO A HEMINGWAY, POR EJEMPLO?..

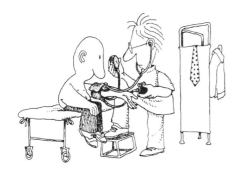

BIEN, AMIGO, GRACIAS A LA EXACTA PRECISIÓN DE MI TENSIÓMETRO "SINCROFLUX" SABEMOS QUE SU PRESIÓN ARTERIAL ESTÁ UN POQUITÍN ELEVADA.

PERO, TRANQUILO, QUE ESO SE REGULARIZA CON "NORMATENS" EL EXCELENTE FÁRMACO ELABORADO POR LABORATORIOS "TERAPYÓN"

LABORATORIOS "TERAPYÓN", SERIEDAD EN MEDICAMENTOS, QUE YO PRESCRIBO SIEMPRE ESCRIBIENDO LAS RECETAS CON MI LAPICERA "NOBELPEN", ¡EL PLACER DE ESCRIBIR BIEN!...

41

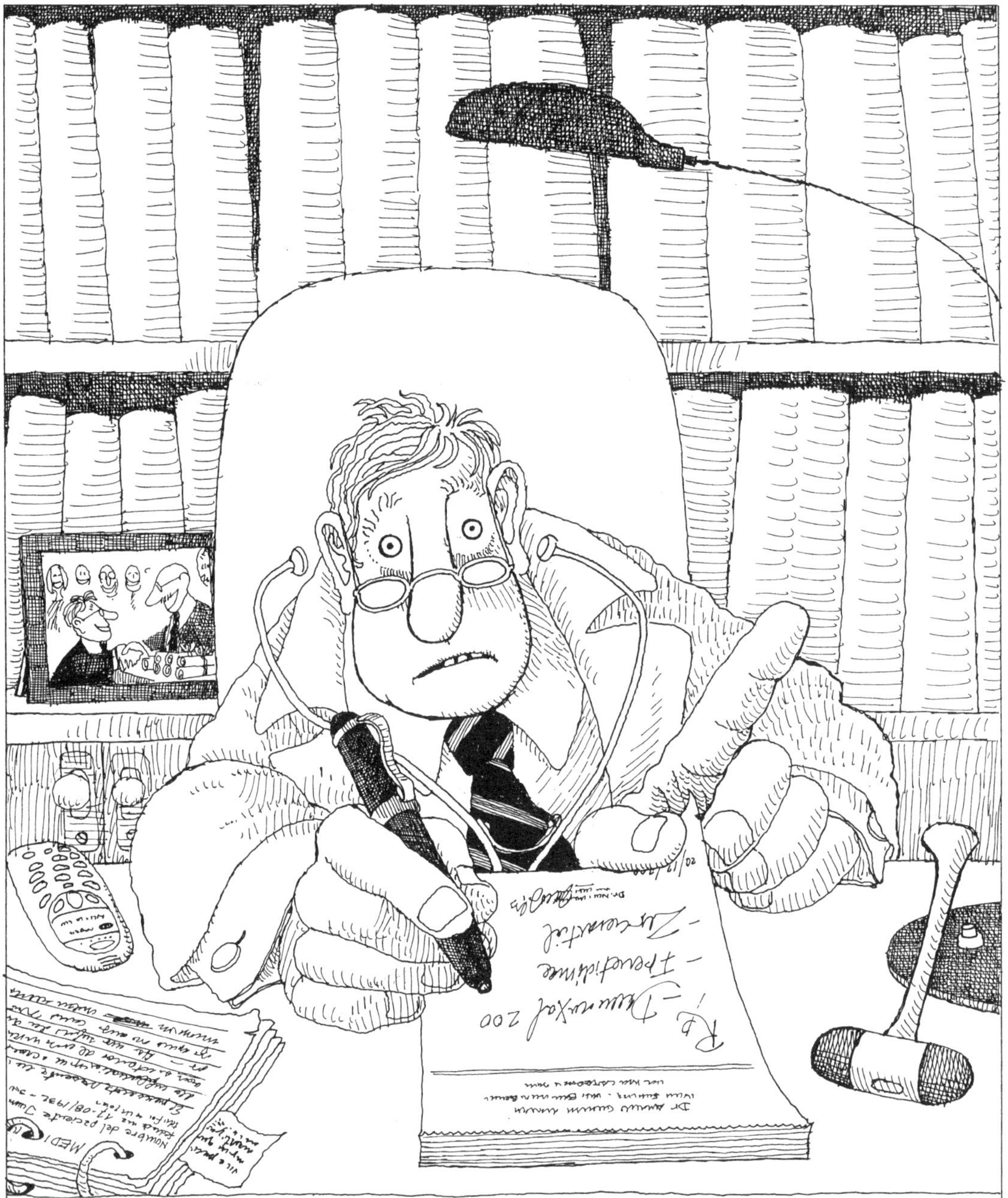

–DEBO ADVERTIRLE QUE EL FÁRMACO QUE LE PRESCRIBO PARA SU DOLENCIA NO ES BARATO, PERO NO SE PREOCUPE, LE RECETO ADEMÁS UN REGULADOR DE SU TENSIÓN ARTERIAL PARA CUANDO ESCUCHE EL PRECIO Y LE AGREGO TAMBIÉN UN ANSIOLÍTICO PARA CUANDO PIENSE CÓMO VA A PAGAR TODO ESTO, PERO BUEH,... LA SALUD ANTE TODO.

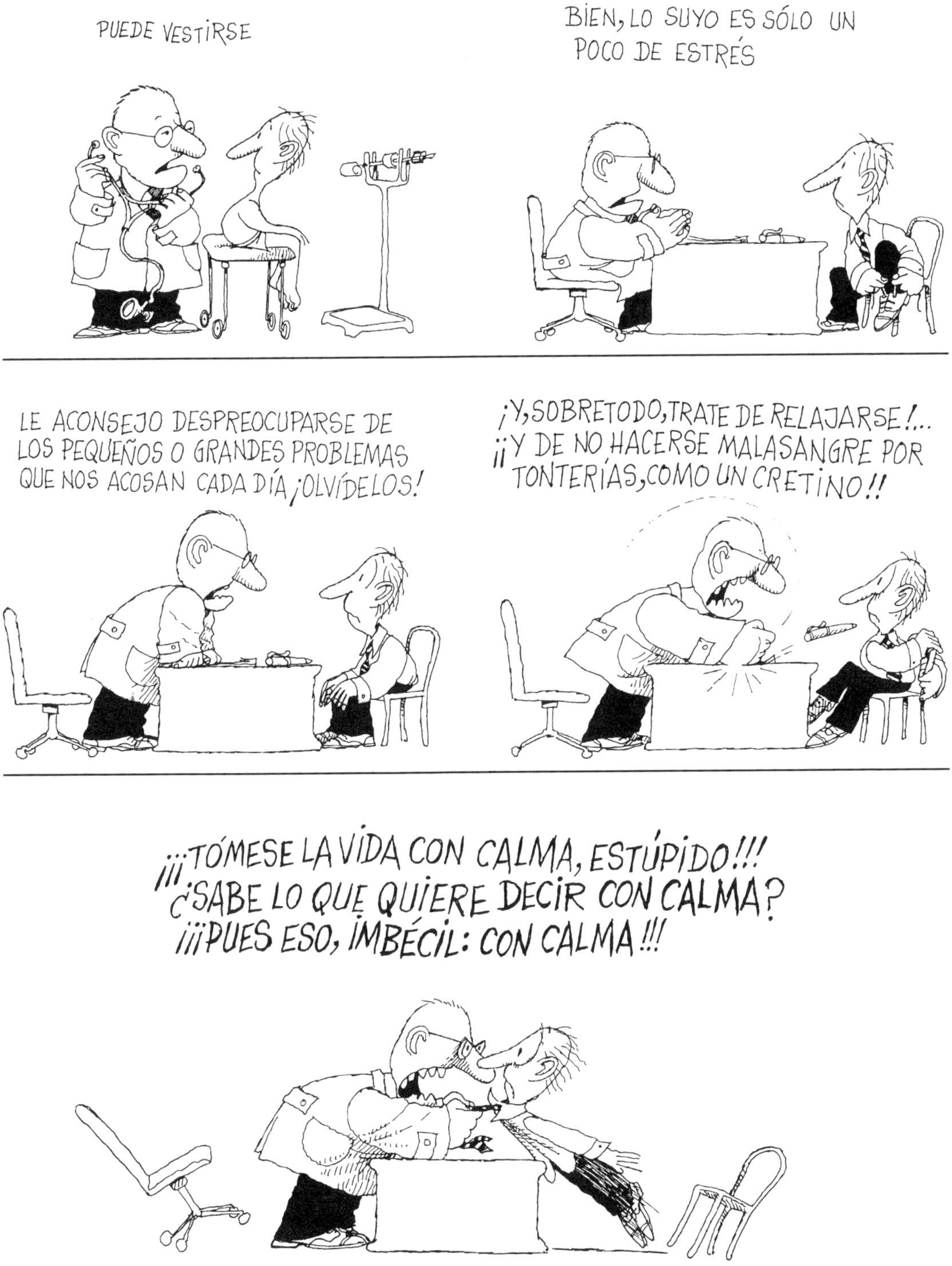
PUEDE VESTIRSE
BIEN, LO SUYO ES SÓLO UN POCO DE ESTRÉS
LE ACONSEJO DESPREOCUPARSE DE LOS PEQUEÑOS O GRANDES PROBLEMAS QUE NOS ACOSAN CADA DÍA ¡OLVÍDELOS!
¡Y, SOBRETODO, TRATE DE RELAJARSE!... ¡¡Y DE NO HACERSE MALASANGRE POR TONTERÍAS, COMO UN CRETINO!!
¡¡¡TÓMESE LA VIDA CON CALMA, ESTÚPIDO!!!
¿SABE LO QUE QUIERE DECIR CON CALMA?
¡¡¡PUES ESO, IMBÉCIL: CON CALMA!!!

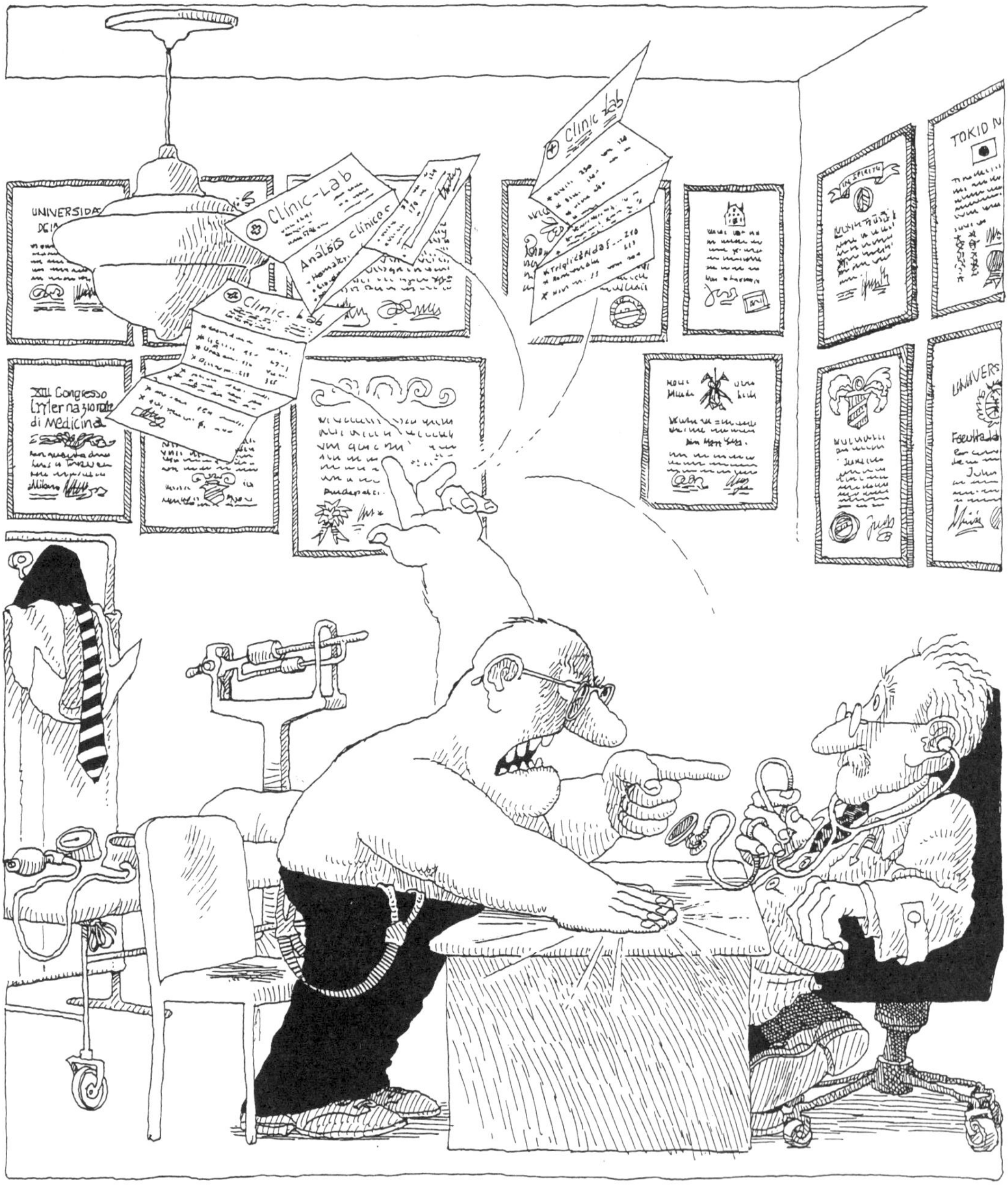
Clínic-Lab
Análisis clínicos
Clinic Lab
XIII Congresso Internazionale di Medicina
TOKIO

—¡¡BASTA, DOCTOR, O CAMBIA USTED MI METABOLISMO, O CAMBIO YO DE MÉDICO!! ¡YO SOY UN MANAGER! ¿ME ENTIENDE? ¡UN MANAGER, Y NO AGUANTO NO SER YO QUIEN DECIDA CUÁNTO COLESTEROL DEBE TENER MI SANGRE, CUÁNTAS TRANSAMINASAS DEBE ALMACENAR MI HÍGADO, QUÉ PRODUCCIÓN DE ENZIMAS O QUÉ NIVEL DE GLUCOSA ME CONVIENEN!... ¿CÓMO ES POSIBLE QUE MI ORGANISMO MANEJE TODO COMO SE LE DA LA GANA?... ¿Y MI CEREBRO? ¿POR QUÉ SABE DE MÍ COSAS QUE YO NO SÉ? ¿QUÉ TIENE MI HIPÓFISIS QUE METERSE A OPINAR SOBRE SI ME FALTAN O SOBRAN HORMONAS, EHE?

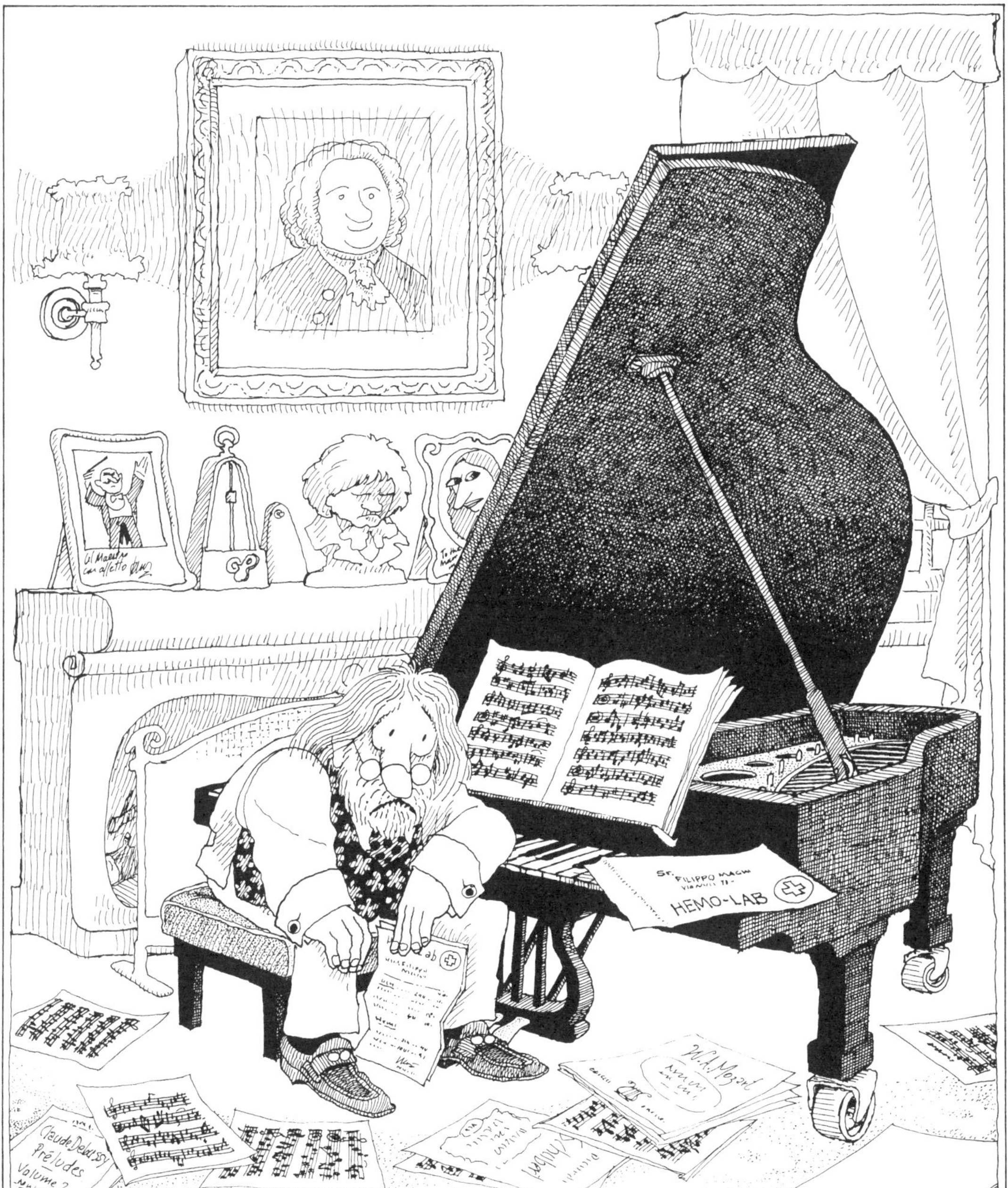
HEMO-LAB
Claude Debussy
Préludes
Volume 2

— ¡¡DIOS!!.. YO QUE SIEMPRE CREÍ LLEVAR LA MÚSICA EN
LA SANGRE,... ¡¡MAQQQUÉ MÚSICA,... COLESTEROL,
GLUCOSA, TRIGLICÉRIDOS,... ESO LLEVO!!

¡40 KILOS!... ¡¡PERFECTO!!

BUENO, SABES QUE
UNA BALANZA PUEDE
FALLAR, ¿NO?

UNA SÍ, PERO, ¿FALLAR
DOS BALANZAS?
¡¡POR FAVOR!!

Sr. Adan Povertuomo
Estimado Señor:
de acuerdo a su
fecha de nacimiento, que obra en
mi poder, y teniendo en cuenta
que ha seguido Ud. un normal y sano
desarrollo biológico...

...me complace comunicarle que ha logrado
superar con salud una importante etapa:
en efecto, su juventud está definitivamente
terminada.

Siendo este un proceso irreversible, tal cual lo dispone la
Ley de La Naturaleza, queda Ud. promovido al período
de existencia inmediato superior.

Sin otro particular lo
saluda muy atte.

La Vida.

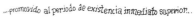

...promovido al periodo de existencia inmediato superior...

¡HURRA!!

47

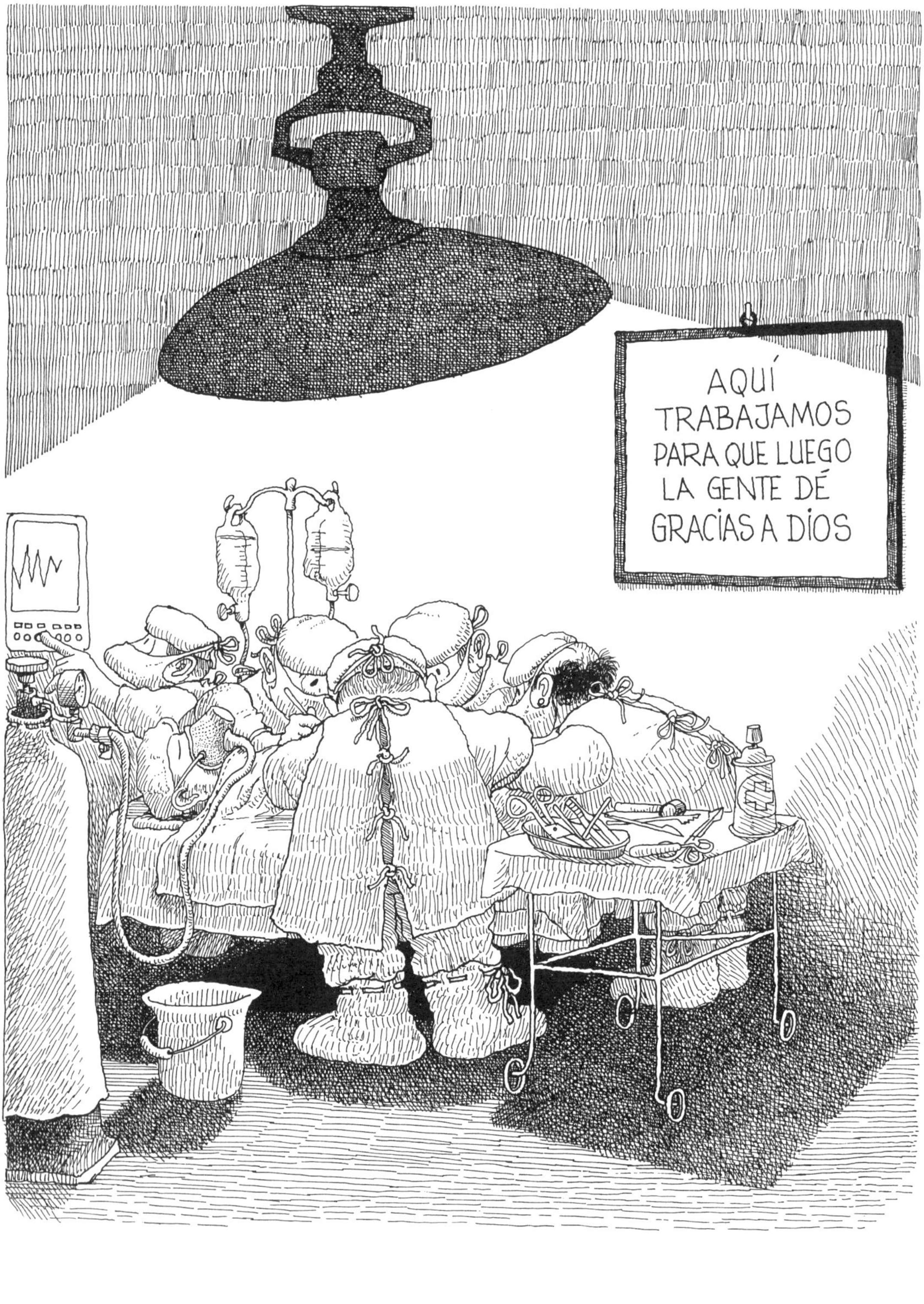
AQUÍ TRABAJAMOS PARA QUE LUEGO LA GENTE DÉ GRACIAS A DÍOS

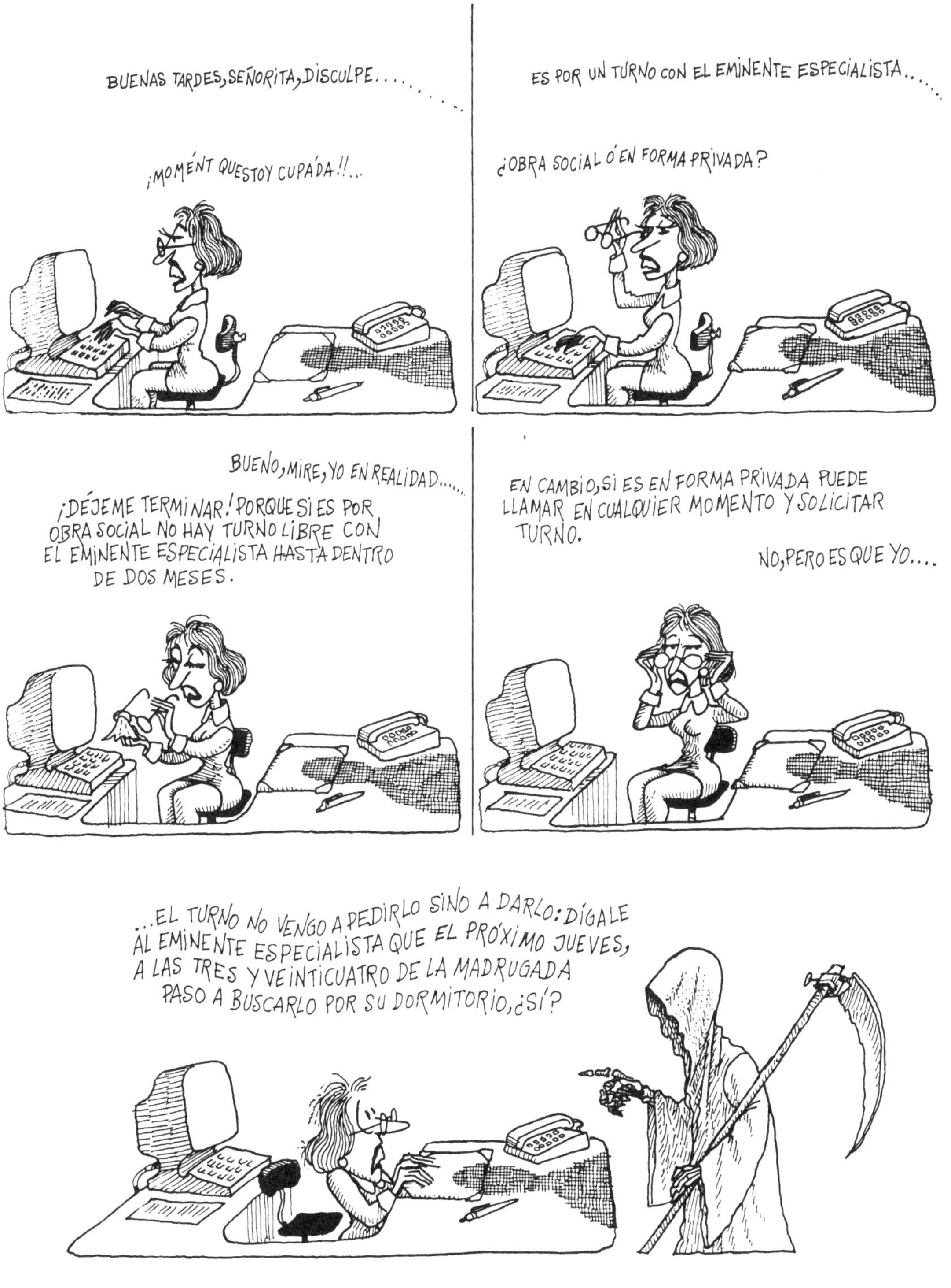
BUENAS TARDES, SEÑORITA, DISCULPE.........
¡MOMÉNT QUESTOY CUPA'DA!!...
ES POR UN TURNO CON EL EMINENTE ESPECIALISTA.......
¿OBRA SOCIAL O EN FORMA PRIVADA?
BUENO, MIRE, YO EN REALIDAD......
¡DÉJEME TERMINAR! PORQUE SI ES POR OBRA SOCIAL NO HAY TURNO LIBRE CON EL EMINENTE ESPECIALISTA HASTA DENTRO DE DOS MESES.
EN CAMBIO, SI ES EN FORMA PRIVADA PUEDE LLAMAR EN CUALQUIER MOMENTO Y SOLICITAR TURNO.
NO, PERO ES QUE YO....
...EL TURNO NO VENGO A PEDIRLO SINO A DARLO: DÍGALE AL EMINENTE ESPECIALISTA QUE EL PRÓXIMO JUEVES, A LAS TRES Y VEINTICUATRO DE LA MADRUGADA PASO A BUSCARLO POR SU DORMITORIO, ¿SÍ?

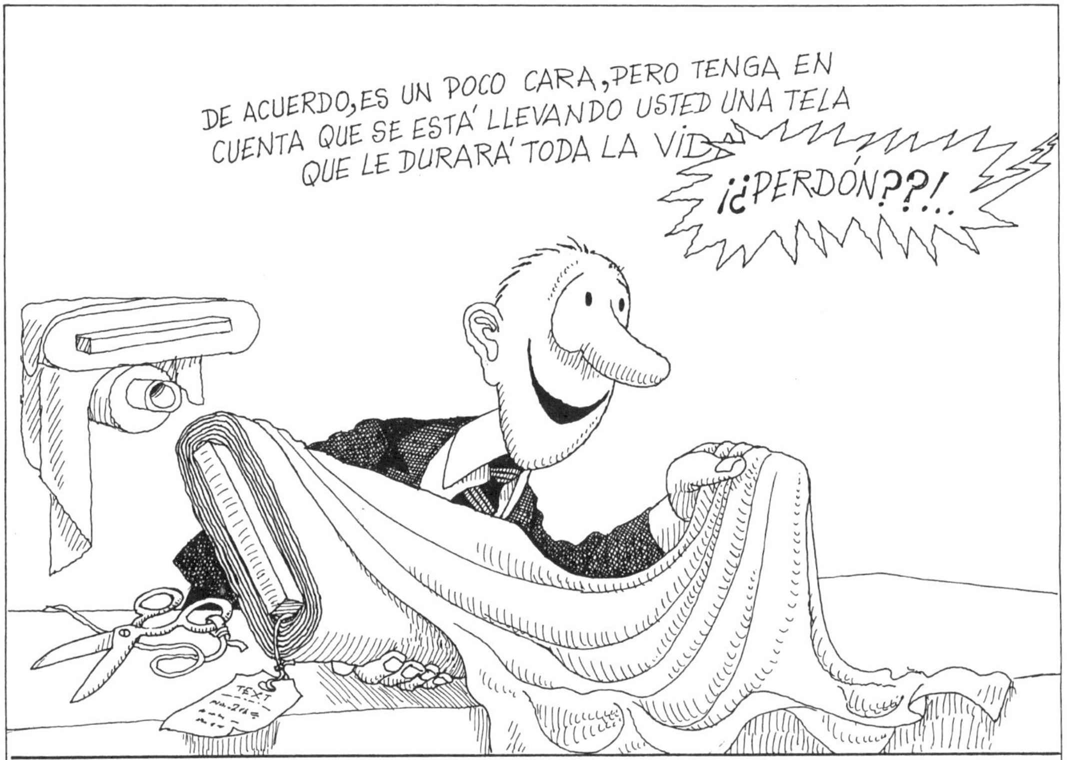
DE ACUERDO, ES UN POCO CARA, PERO TENGA EN CUENTA QUE SE ESTÁ LLEVANDO USTED UNA TELA QUE LE DURARÁ TODA LA VIDA
¡¿PERDÓN??!..

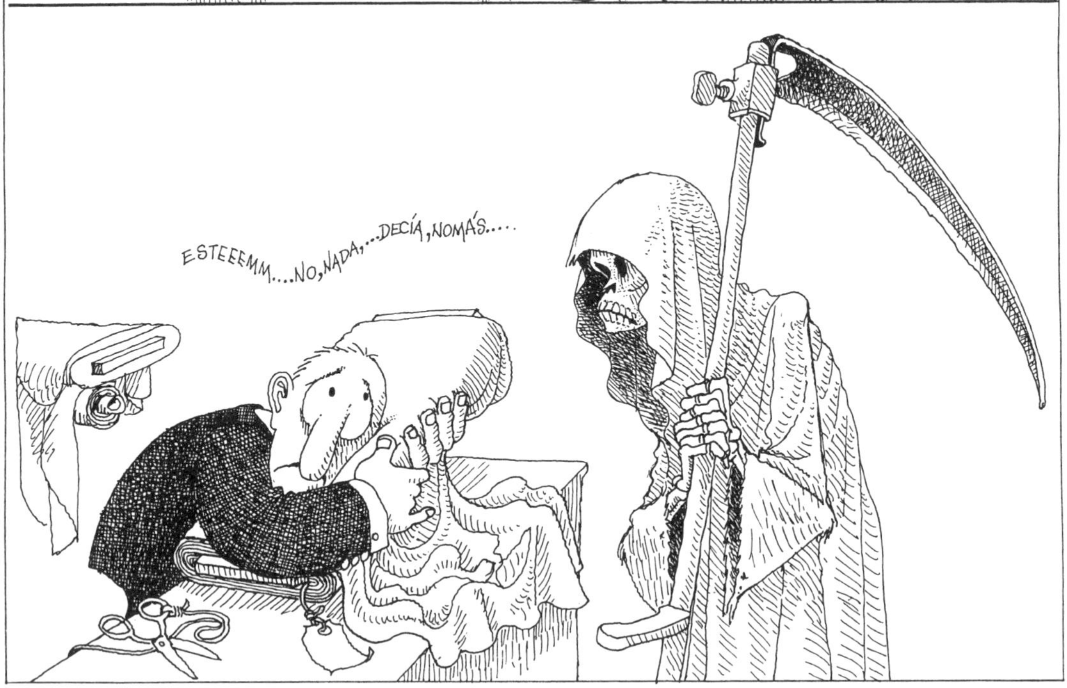
ESTEEEMM....NO, NADA, ...DECÍA, NOMÁS....

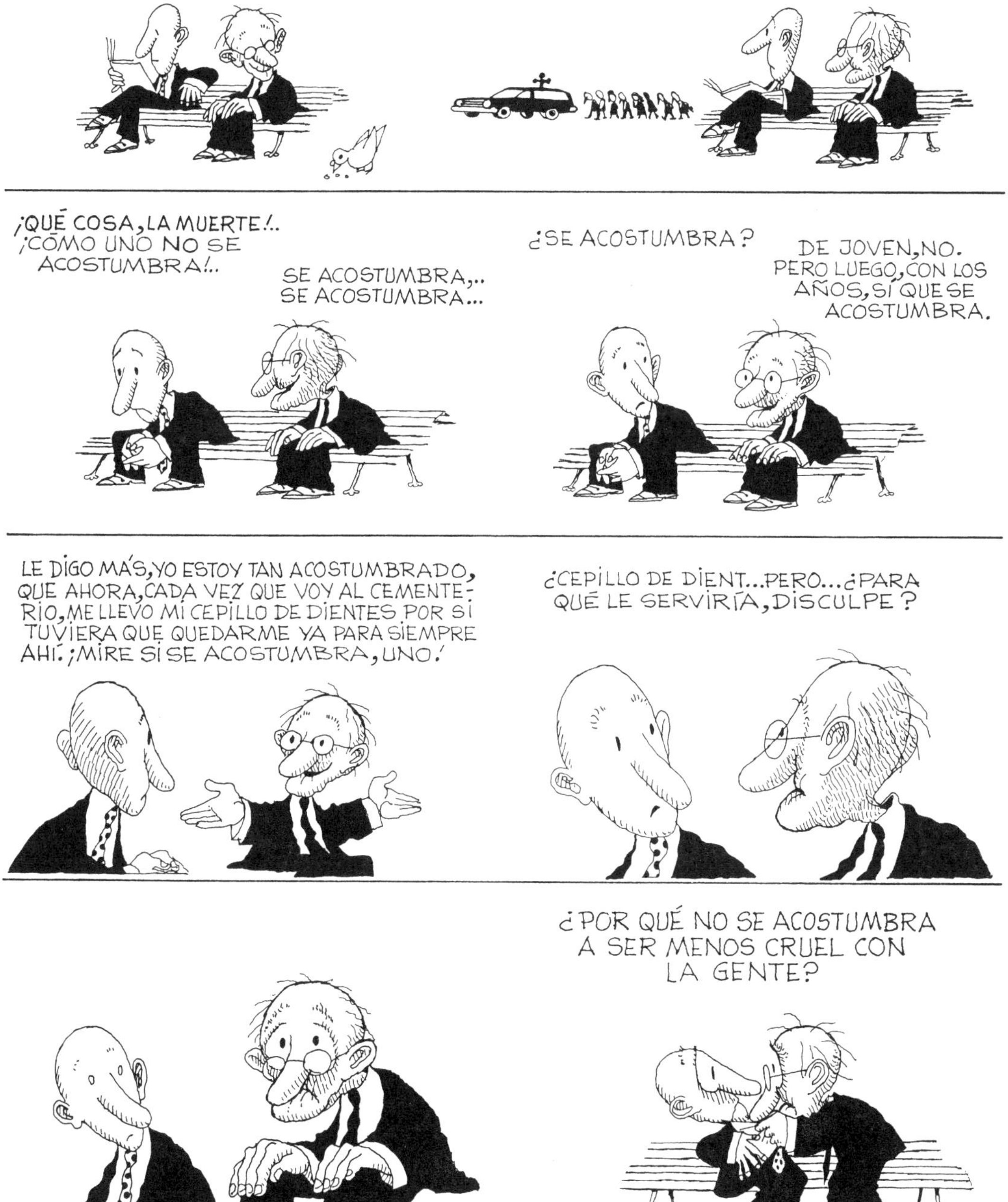
¡QUÉ COSA, LA MUERTE!.. ¡CÓMO UNO NO SE ACOSTUMBRA!..
SE ACOSTUMBRA,.. SE ACOSTUMBRA...
¿SE ACOSTUMBRA?
DE JOVEN, NO. PERO LUEGO, CON LOS AÑOS, SÍ QUE SE ACOSTUMBRA.
LE DIGO MÁS, YO ESTOY TAN ACOSTUMBRADO, QUE AHORA, CADA VEZ QUE VOY AL CEMENTERIO, ME LLEVO MI CEPILLO DE DIENTES POR SI TUVIERA QUE QUEDARME YA PARA SIEMPRE AHÍ. ¡MIRE SI SE ACOSTUMBRA, UNO!
¿CEPILLO DE DIENT... PERO... ¿PARA QUÉ LE SERVIRÍA, DISCULPE?
¿POR QUÉ NO SE ACOSTUMBRA A SER MENOS CRUEL CON LA GENTE?

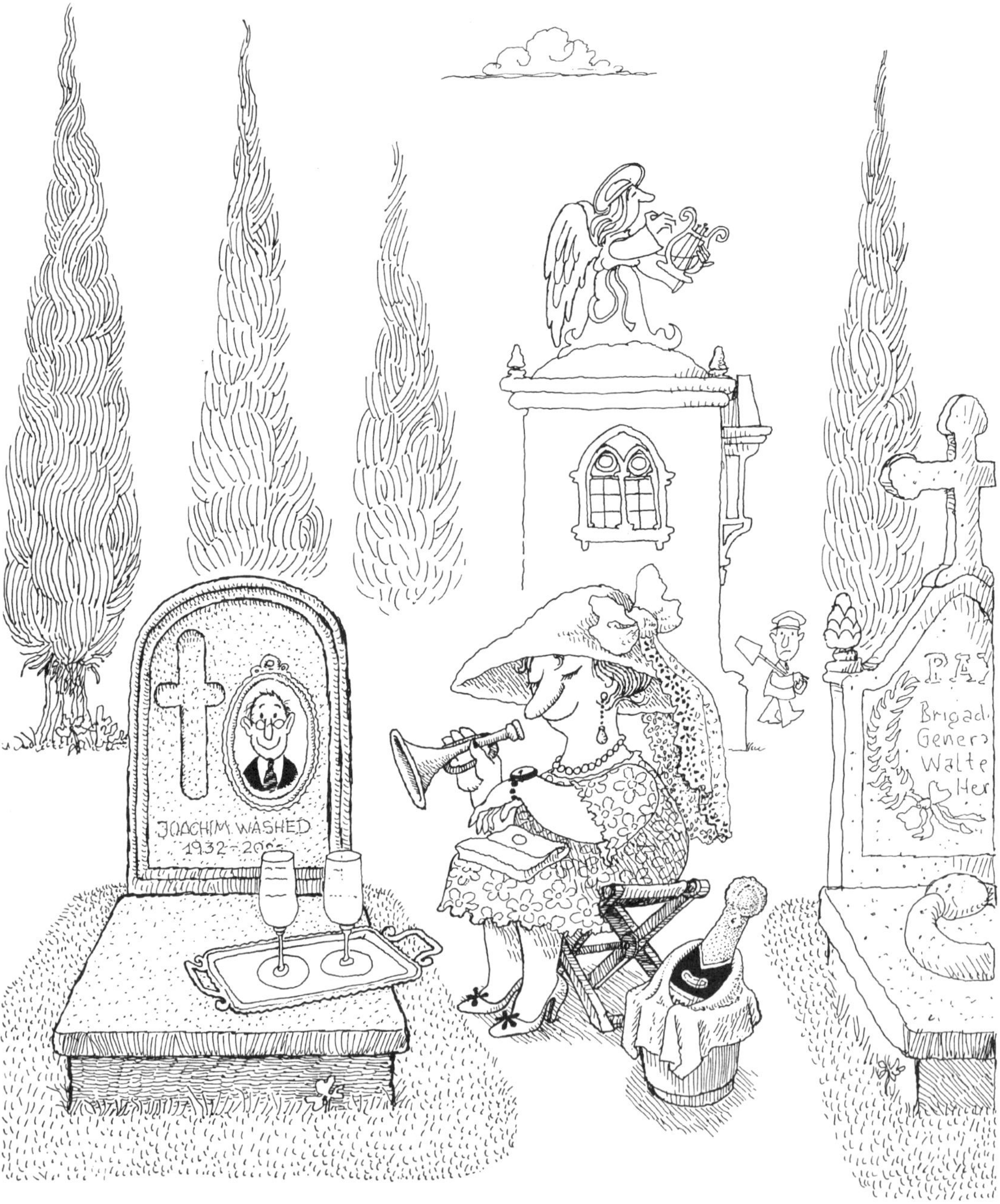
JOACHIM WASHED
1932

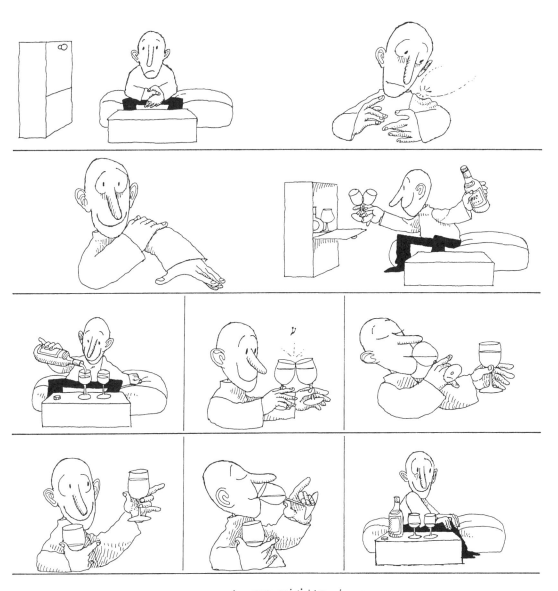

¡¡GRACIAS POR ADIVINAR SIEMPRE CUÁNDO NECESITO QUE VENGAS A HACERME COMPAÑÍA!!

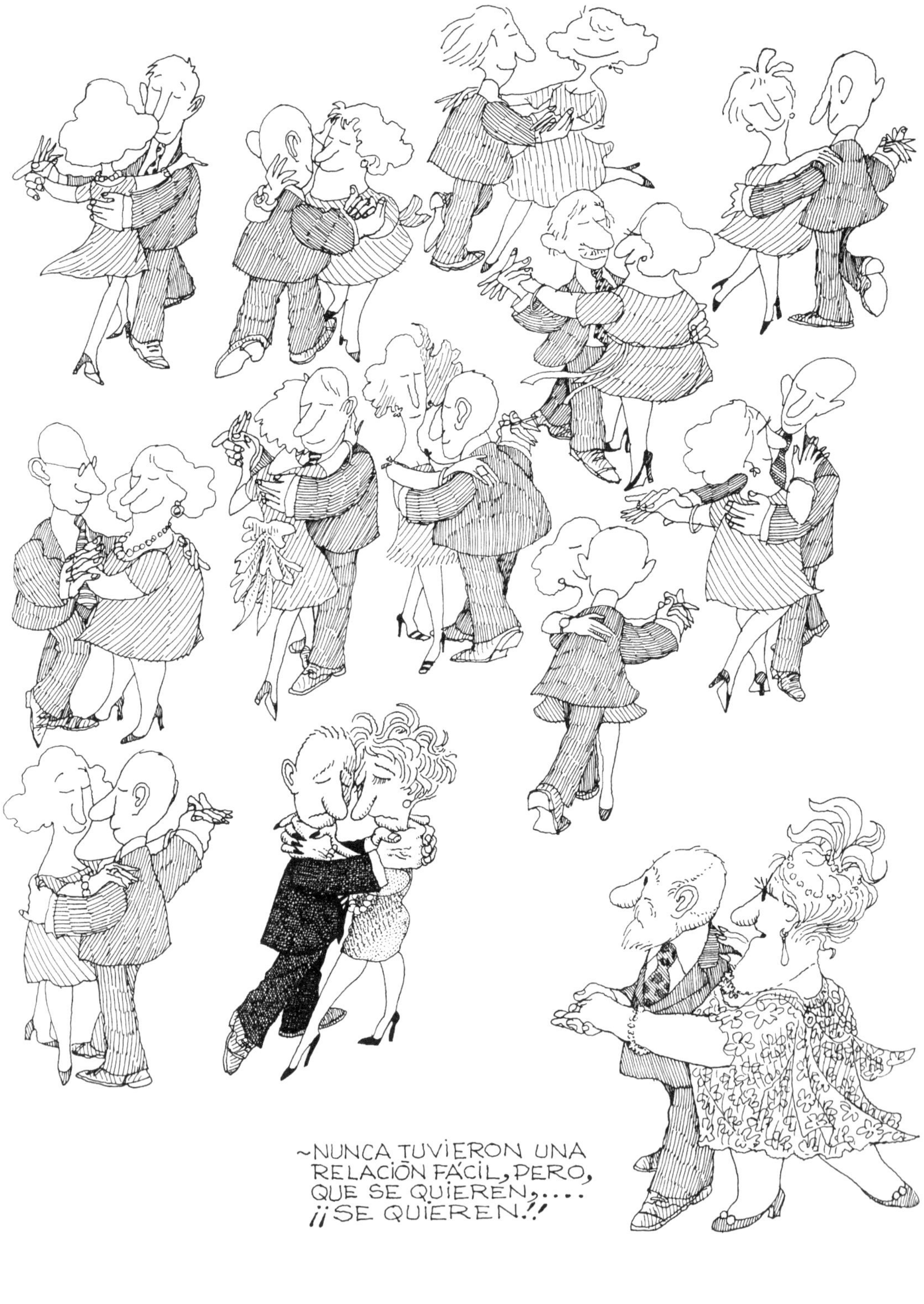

-NUNCA TUVIERON UNA RELACIÓN FÁCIL, PERO, QUE SE QUIEREN,.... ¡¡SE QUIEREN.!!

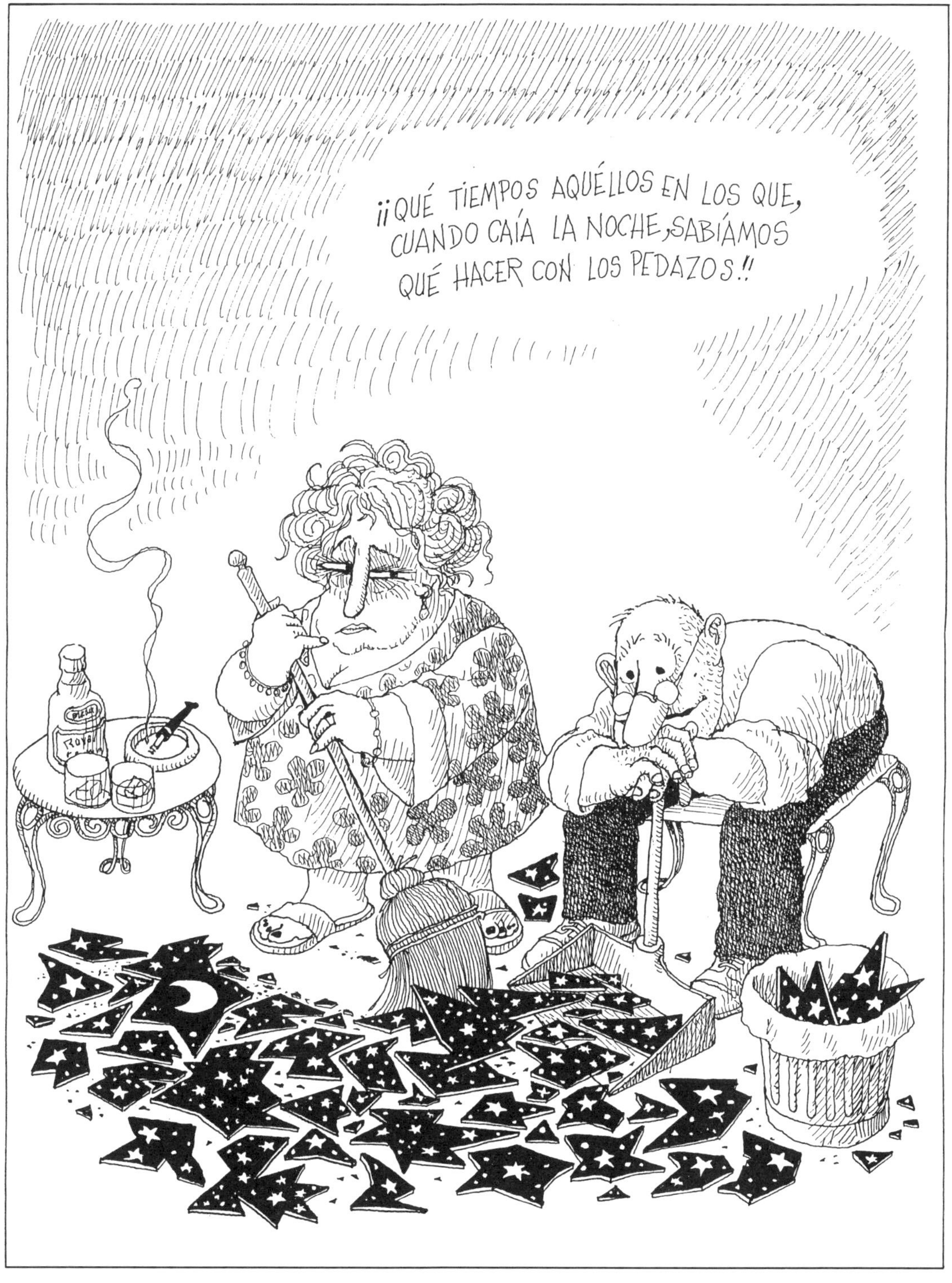
¡¡QUÉ TIEMPOS AQUÉLLOS EN LOS QUE, CUANDO CAÍA LA NOCHE, SABÍAMOS QUÉ HACER CON LOS PEDAZOS!!

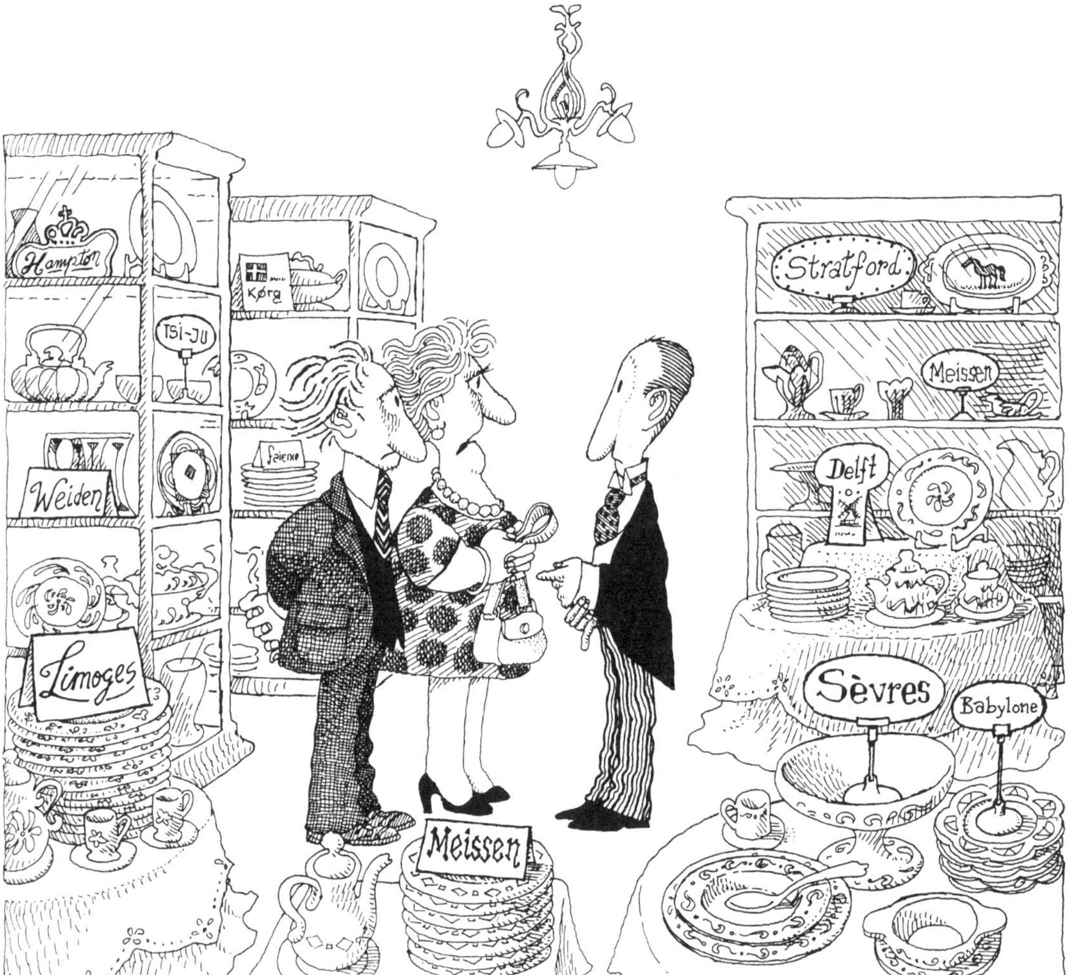
Hampton
Kørg
TSI-JU
faienxo
Weiden
Limoges
Stratford
Meissen
Delft
Sèvres
Babylone
Meissen

—¿Y PLATOS DE PELEA, TIENEN?

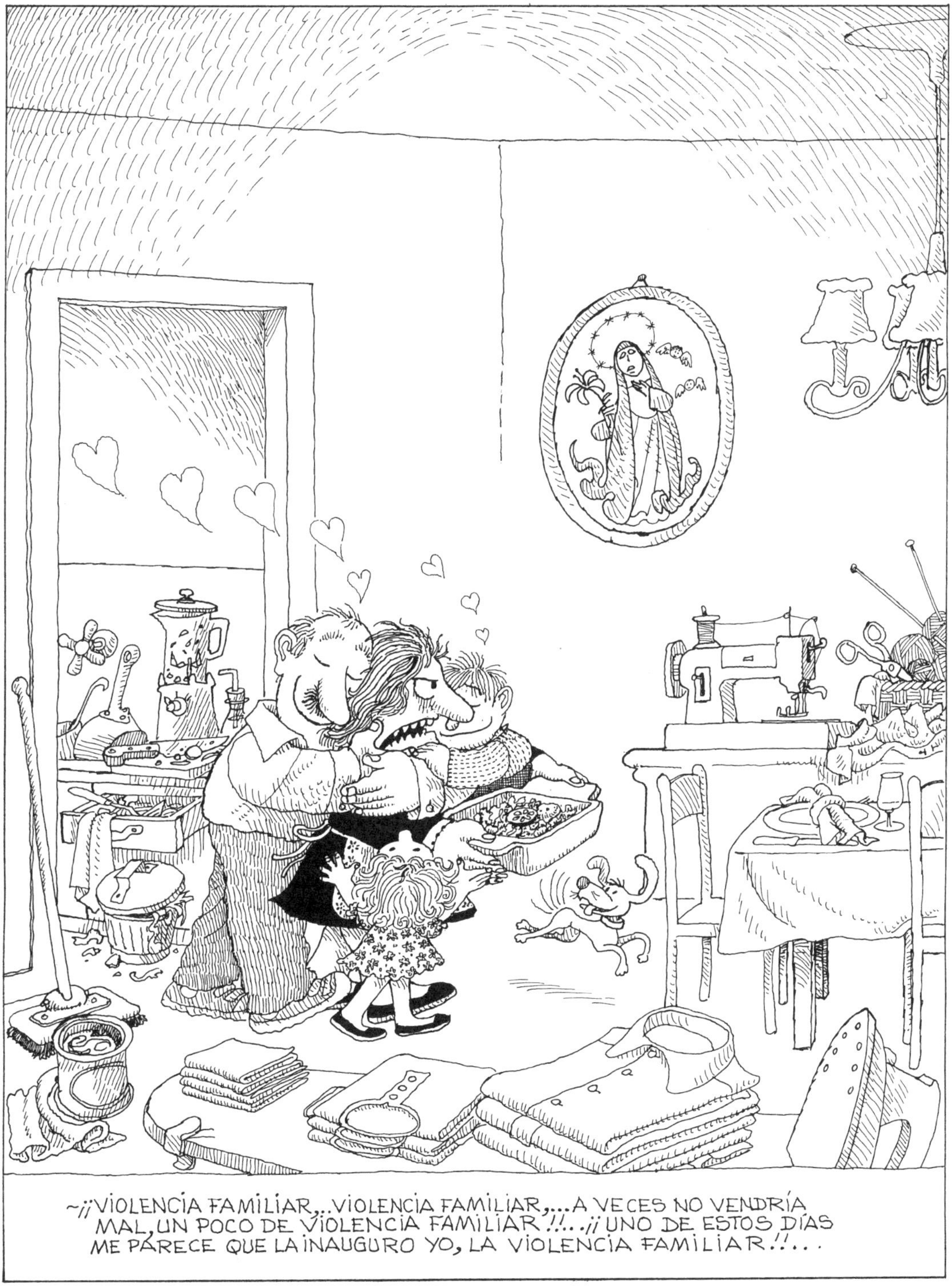
–¡¡VIOLENCIA FAMILIAR,..VIOLENCIA FAMILIAR,...A VECES NO VENDRÍA MAL, UN POCO DE VIOLENCIA FAMILIAR!!..¡¡UNO DE ESTOS DÍAS ME PARECE QUE LA INAUGURO YO, LA VIOLENCIA FAMILIAR!!...

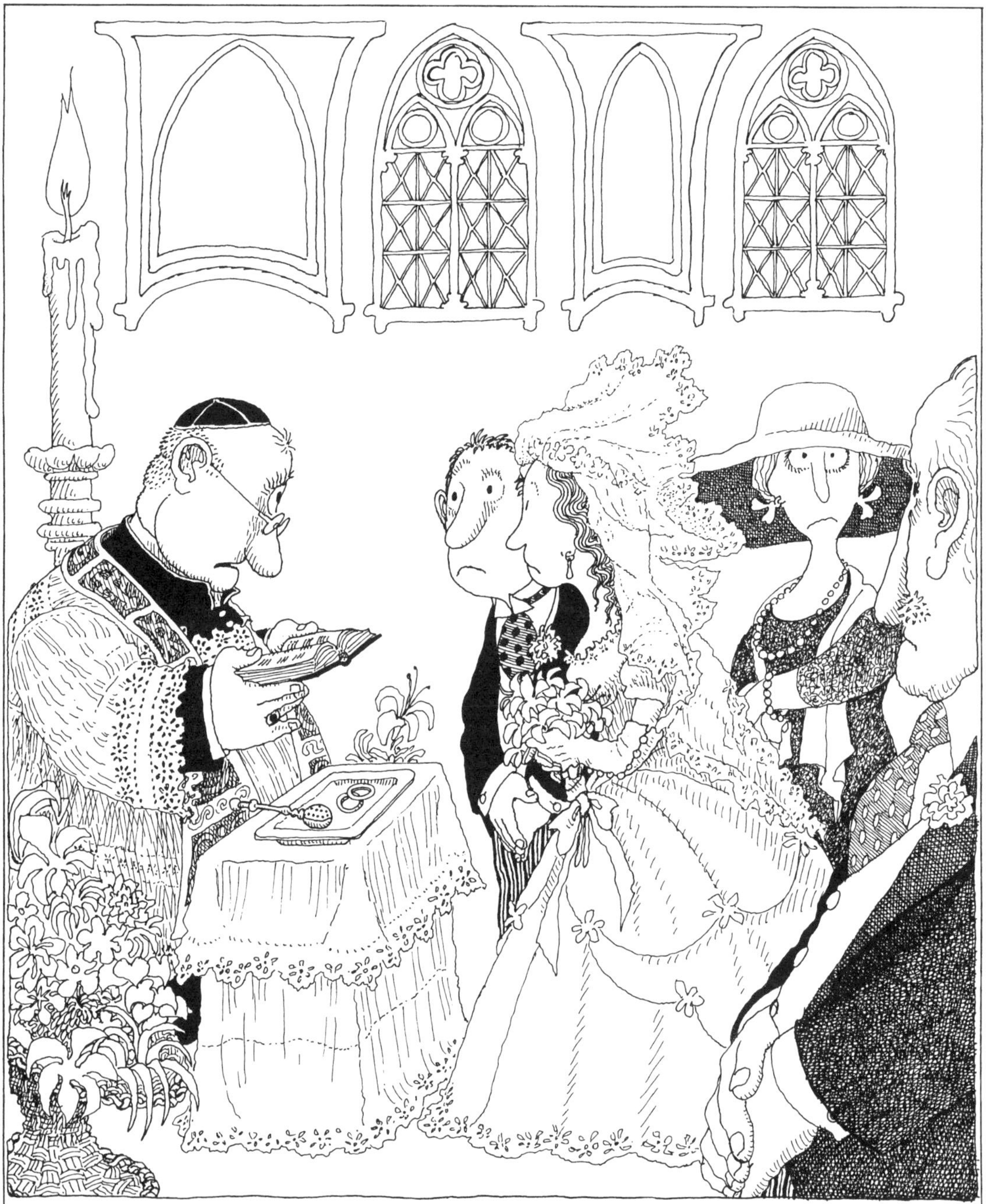

~... ADEMÁS DEL MUTUO RESPETO, EL AMOR, LA FIDELIDAD Y ESAS COSAS QUE YA SABEMOS,...¿JURAN LOS CONTRAYENTES CAERSE SIMPÁTICOS EL UNO AL OTRO DURANTE TODA LA VIDA?

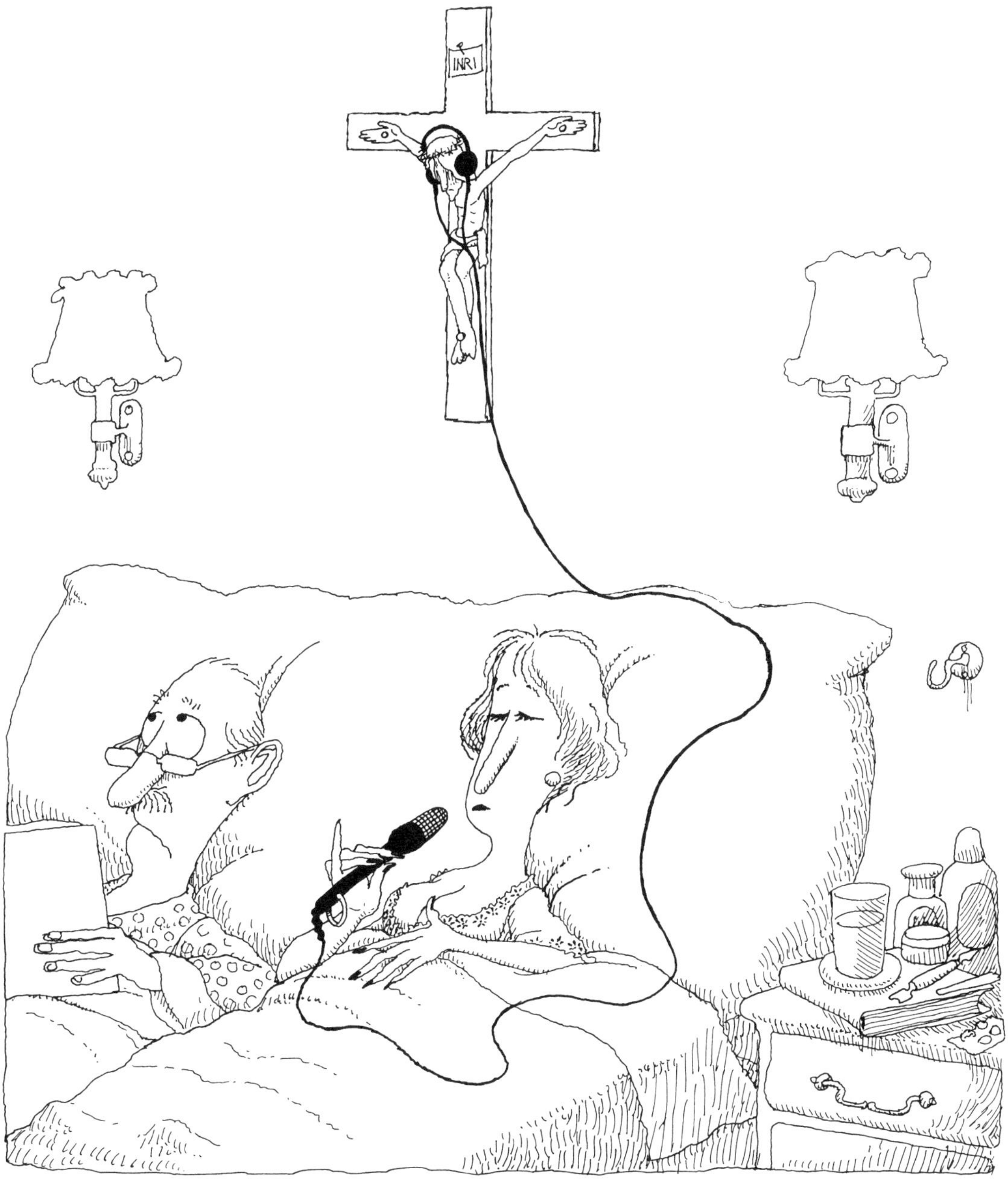
INRI

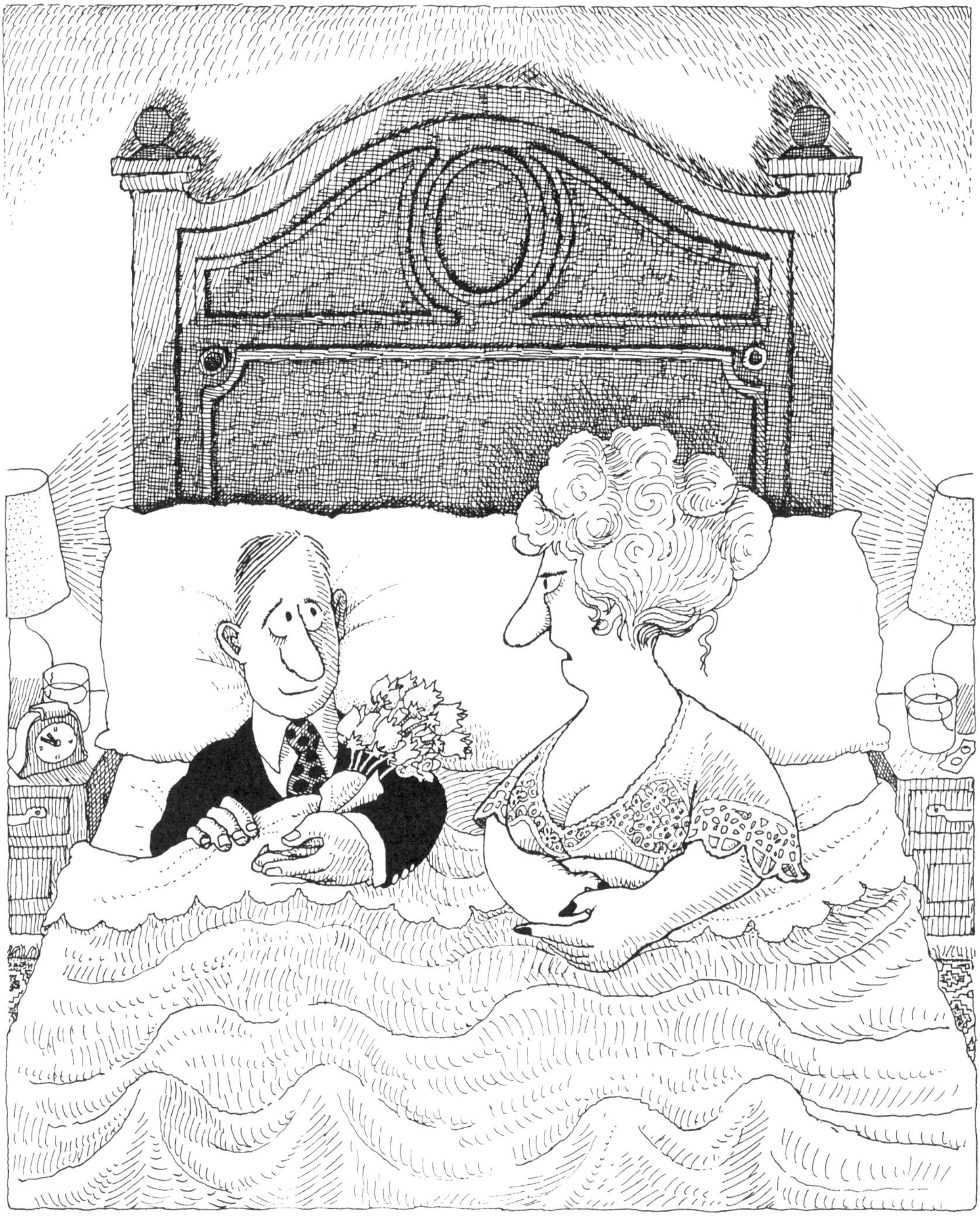

—¿Y PODRÍA SABERSE DÓNDE Y CON QUIÉN ESPERA ENCONTRARSE EL CABALLERO EN EL SUEÑO QUE PIENSA SOÑAR ESTA NOCHE ?

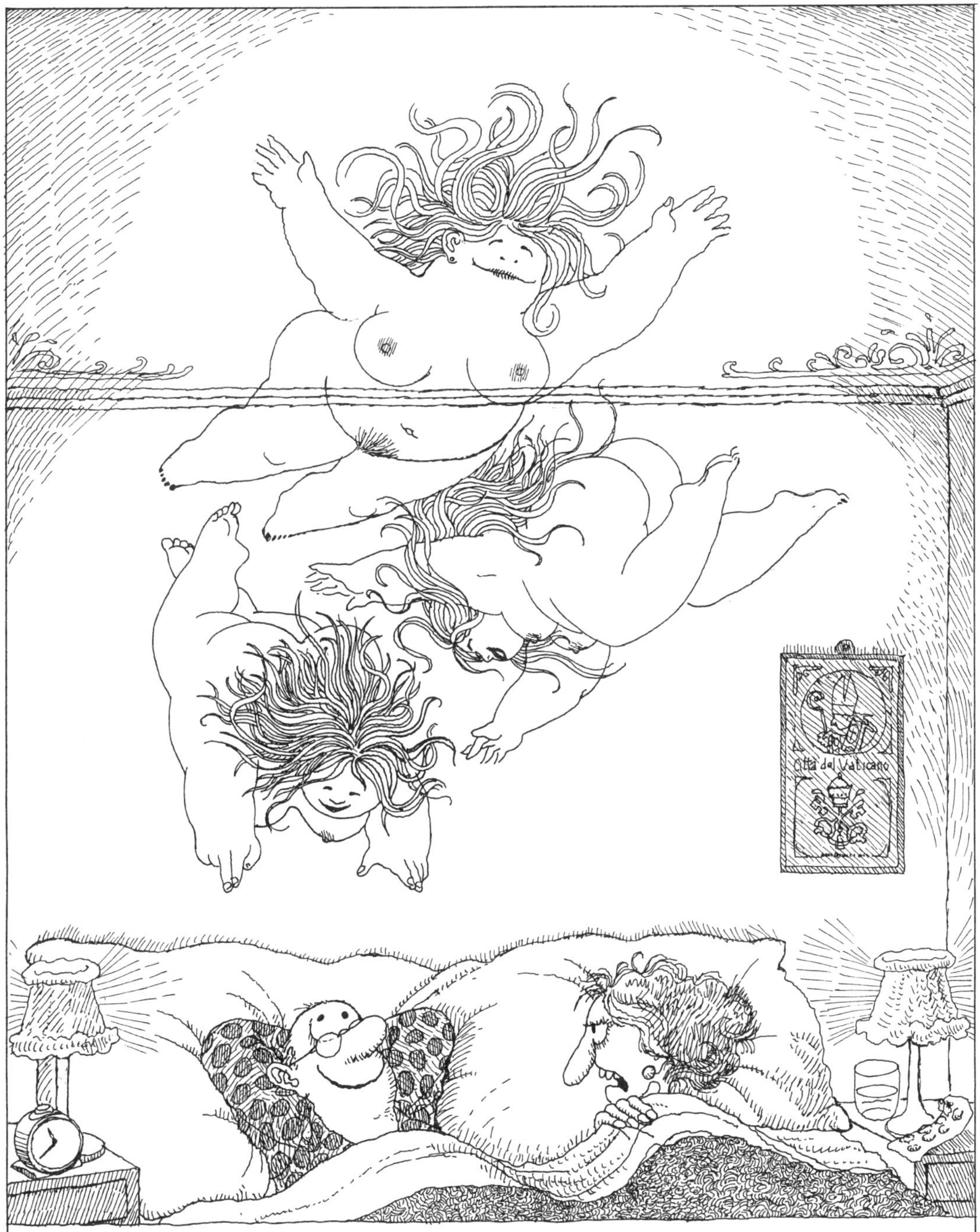
Città del Vaticano

—¡"UN HOBBY, UN HOBBY"!... ¡LA FILATELIA ES UN HOBBY, LA JARDINERÍA ES UN HOBBY!...
¡¡YO NUNCA HABÍA OÍDO ESO DE QUE "IMAGINAR GORDITAS" SEA UN HOBBY!!

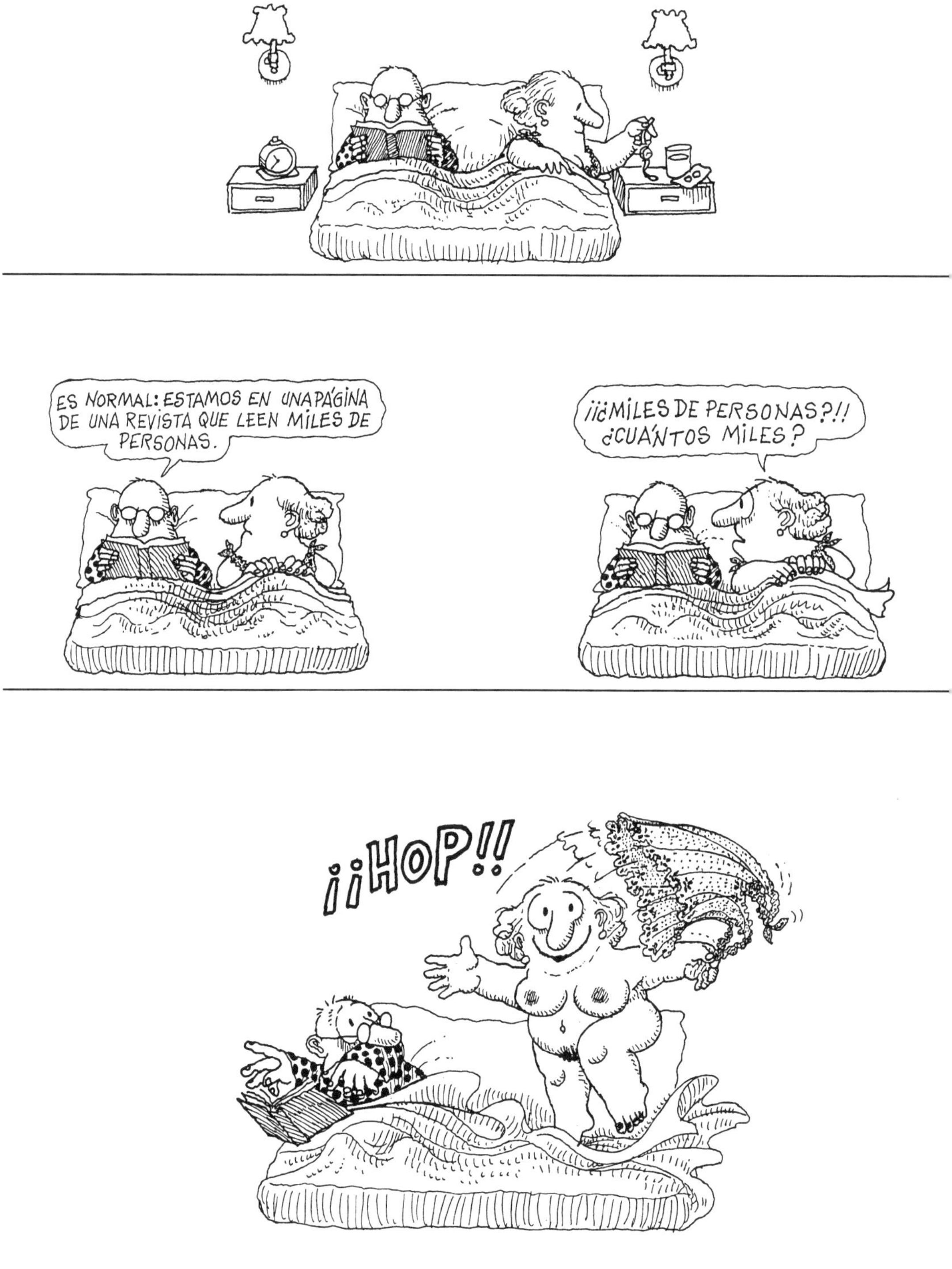
ES NORMAL: ESTAMOS EN UNA PÁGINA DE UNA REVISTA QUE LEEN MILES DE PERSONAS.
¡¡¿MILES DE PERSONAS?!! ¿CUÁNTOS MILES?
¡¡HOP!!

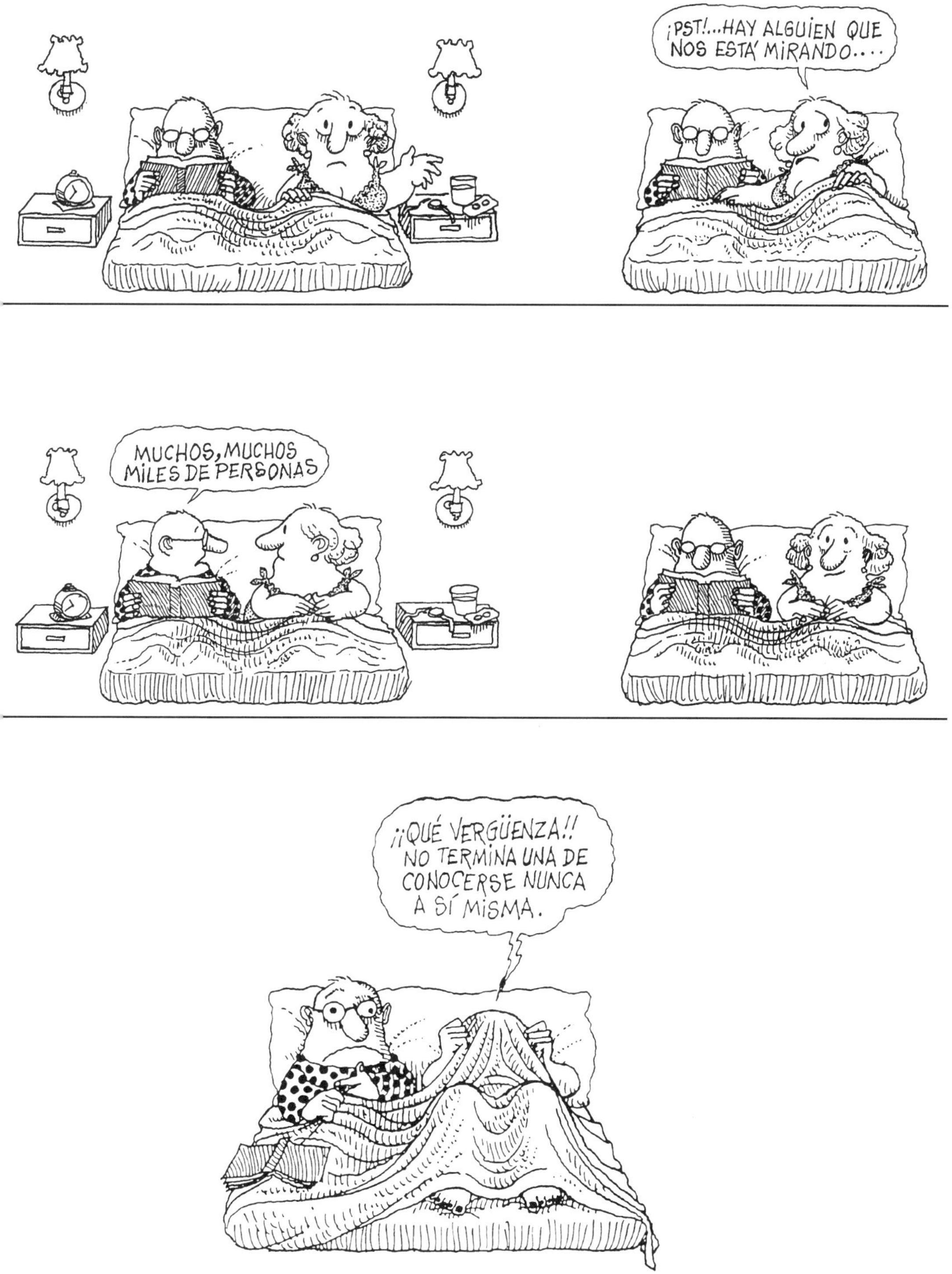
¡PST!...HAY ALGUIEN QUE NOS ESTÁ MIRANDO....
MUCHOS, MUCHOS MILES DE PERSONAS
¡¡QUÉ VERGÜENZA!! NO TERMINA UNA DE CONOCERSE NUNCA A SÍ MISMA.

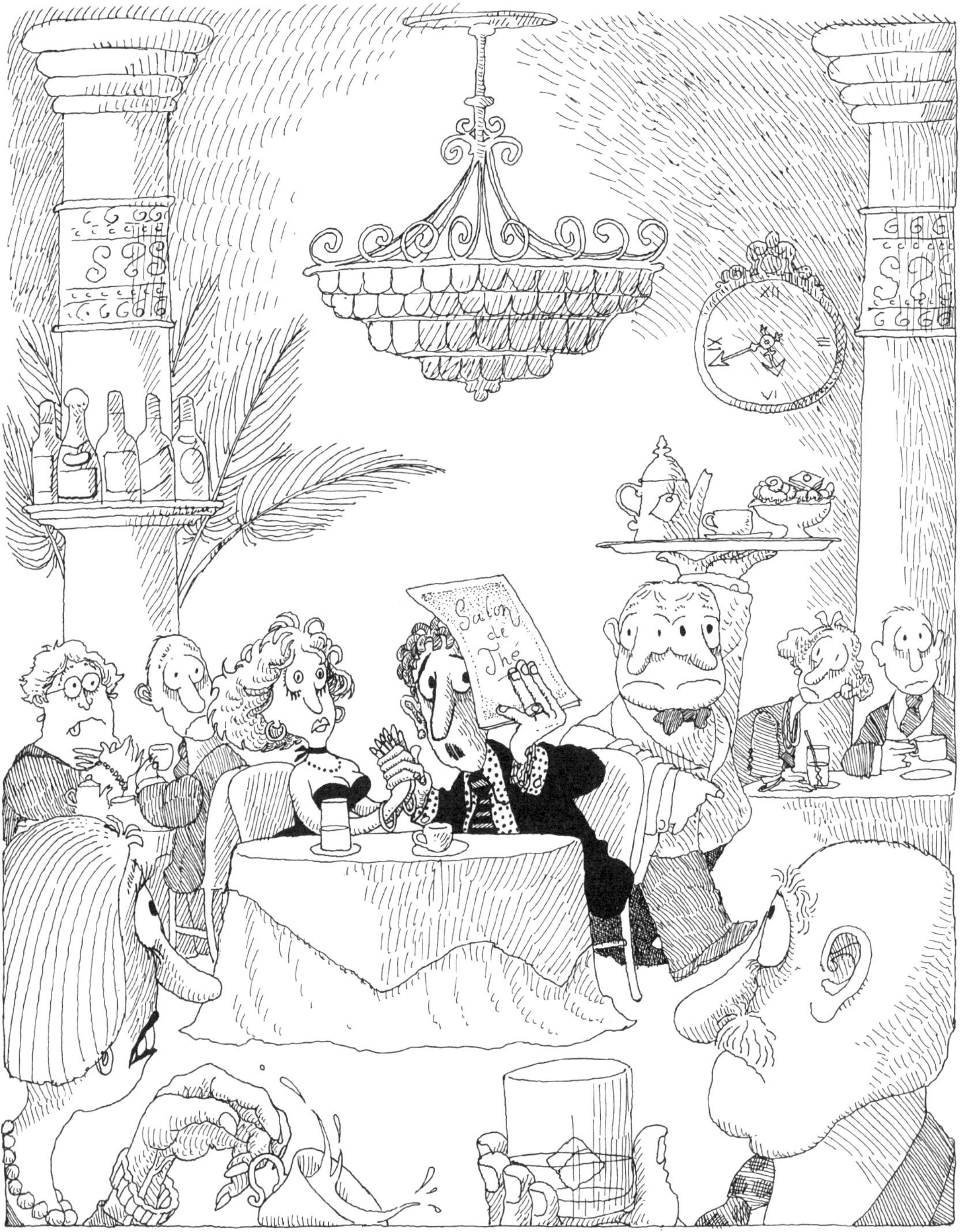
Salon de Thé

—¡¡CIELOS, MI MARIDO!!...

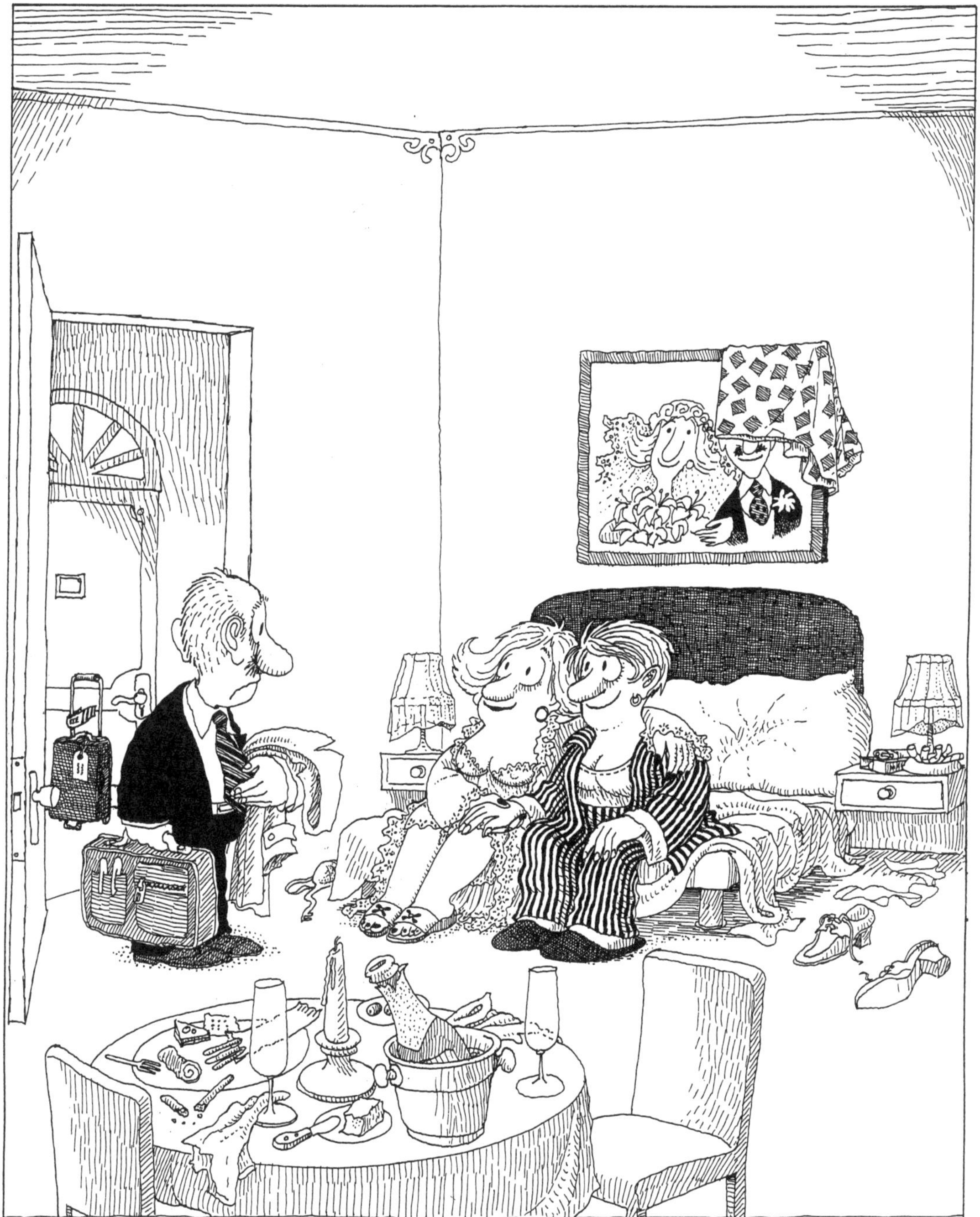

–¡AH, HOLA!...LA SEMANA PASADA, A LOS POCOS DÍAS DE IRTE, TE ENVIÉ UN E-MAIL CONTÁNDOTE ALGO, ¿NO TE LLEGÓ?

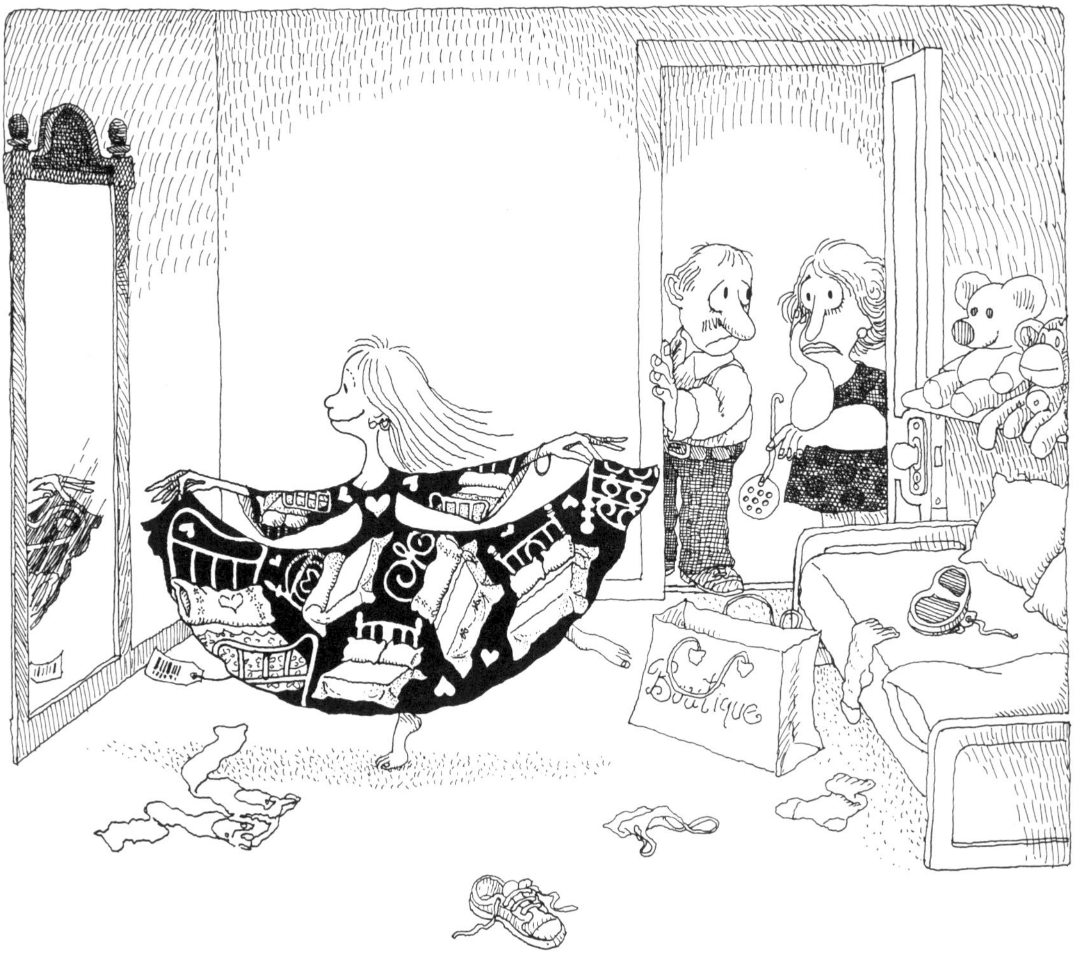
Boutique

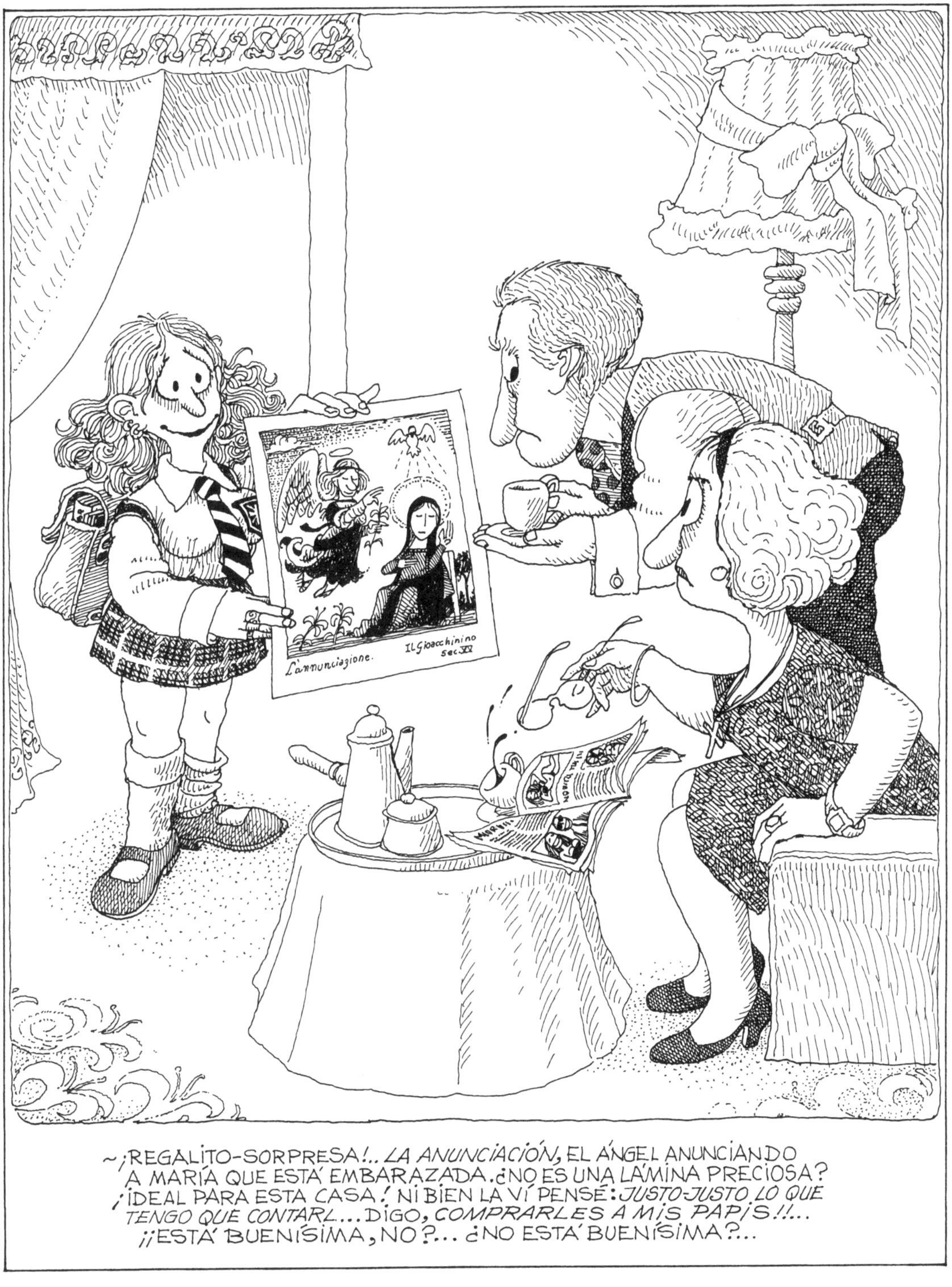
L'annunciazione.
IL Gioacchinino sec. XV

–¡REGALITO-SORPRESA!.. *LA ANUNCIACIÓN*, EL ÁNGEL ANUNCIANDO A MARÍA QUE ESTÁ EMBARAZADA. ¿NO ES UNA LÁMINA PRECIOSA? ¡IDEAL PARA ESTA CASA! NI BIEN LA VÍ PENSÉ: *JUSTO-JUSTO LO QUE TENGO QUE CONTARL*... DIGO, *COMPRARLES A MIS PAPIS!!*... ¡¡ESTÁ BUENÍSIMA, NO?... ¿NO ESTÁ BUENÍSIMA?...

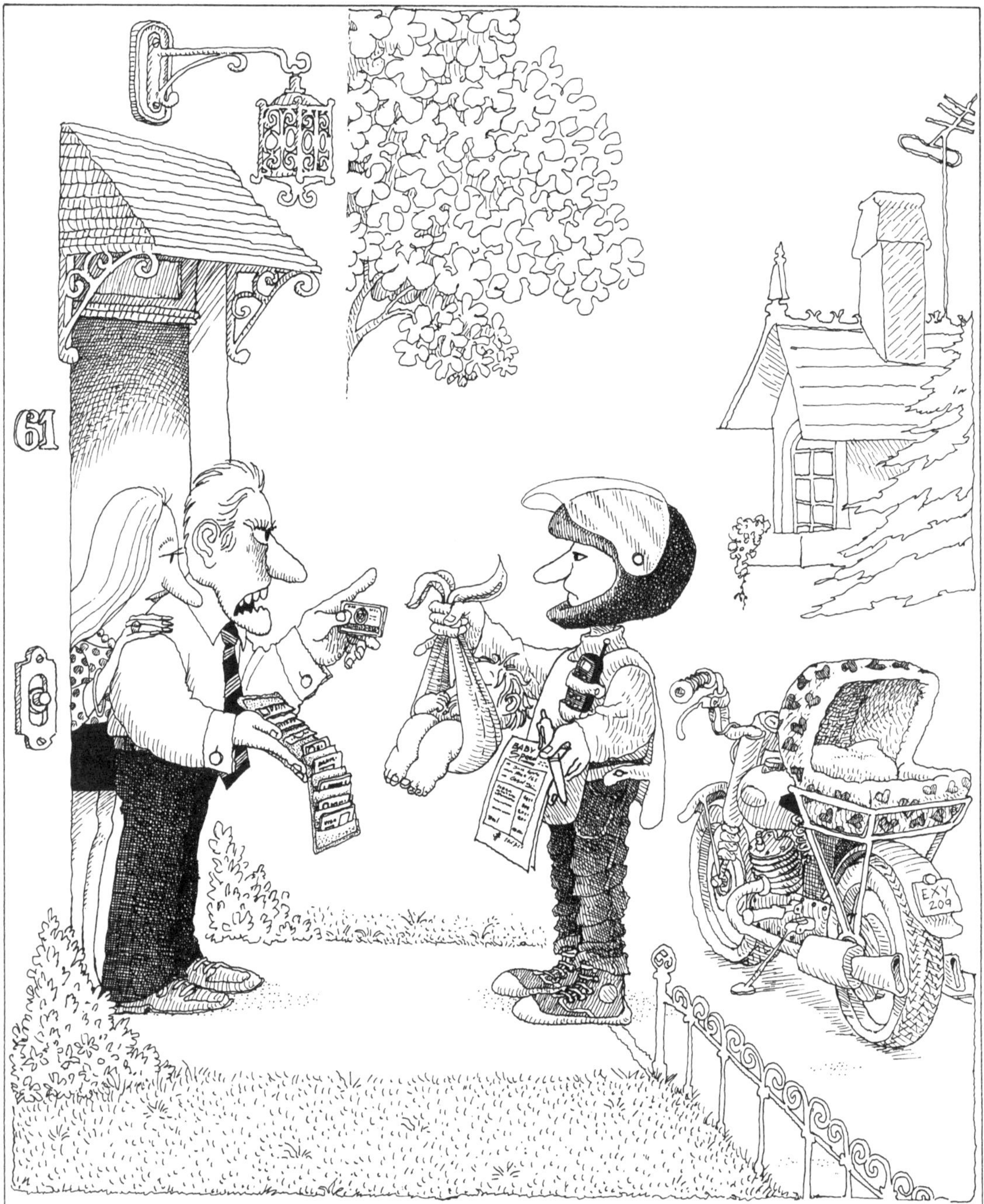
61
EXY 209

~¿PERO QUÉ CLASE DE *FAST-BABY* SON USTEDES? ¡UNO LES ENCARGA UN HIJO A DOMICILIO Y RESULTA QUE NO ACEPTAN PAGO CON TARJETA? ¡¡SEPAN QUE NO ES NORMAL, NO ACEPTAR PAGO CON TARJETA!!

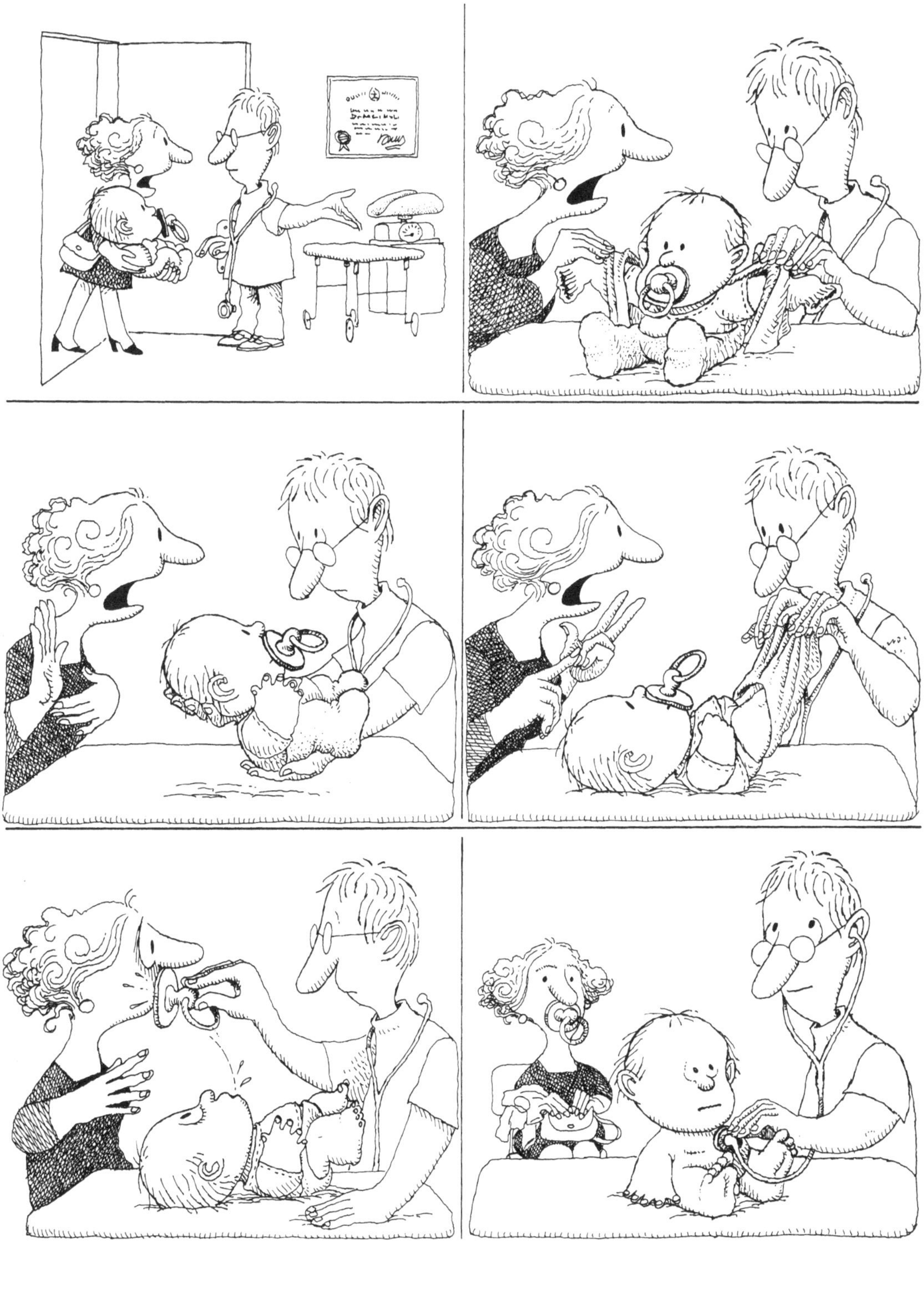

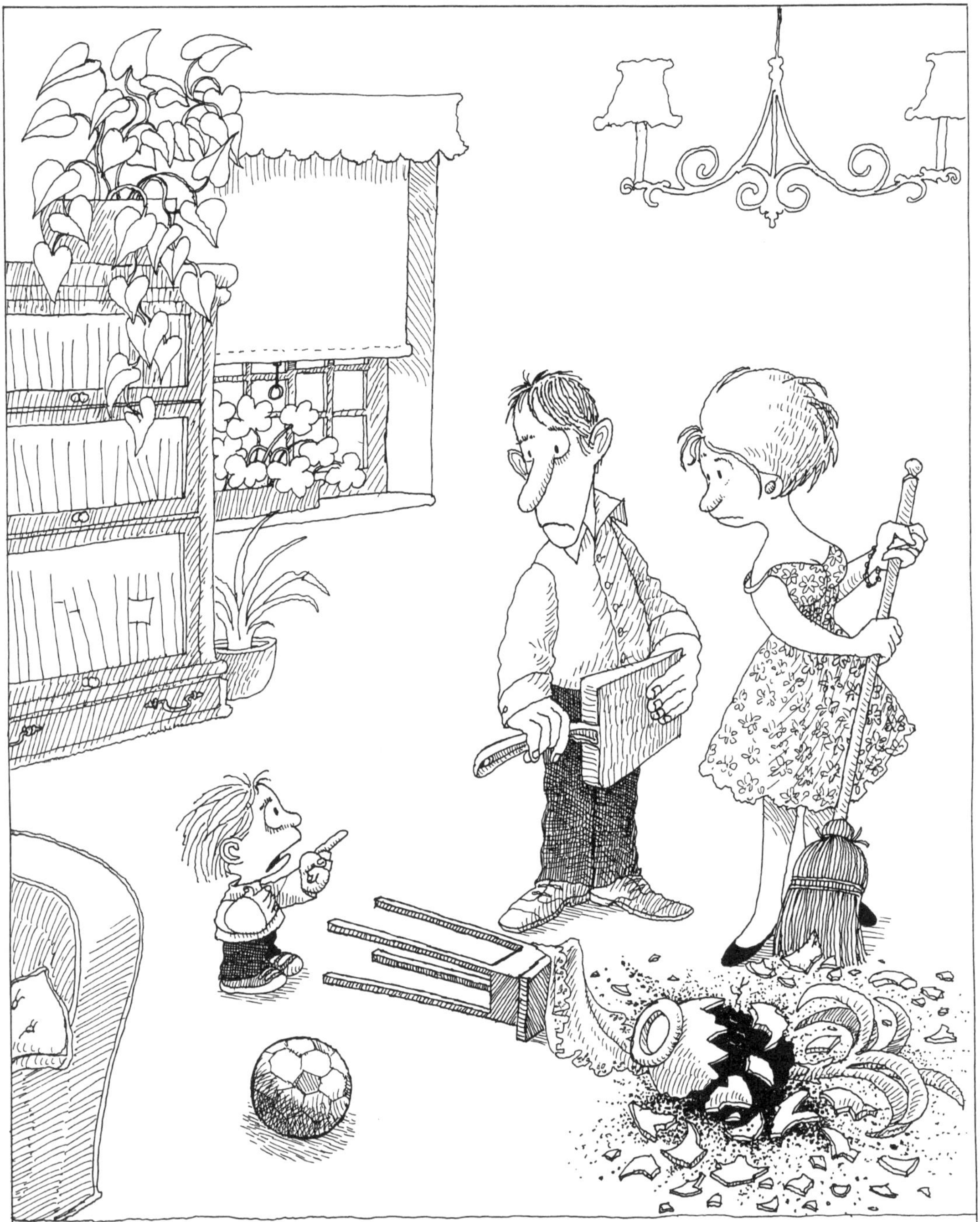

~¡ESTÁ BIEN: HAY QUE SER BUENO! PERO ¿HASTA QUÉ EDAD? ¡PORQUE MIREN QUE YO NO PIENSO TIRAR EL RESTO DE MI VIDA A LA BASURA, EHÉE?!

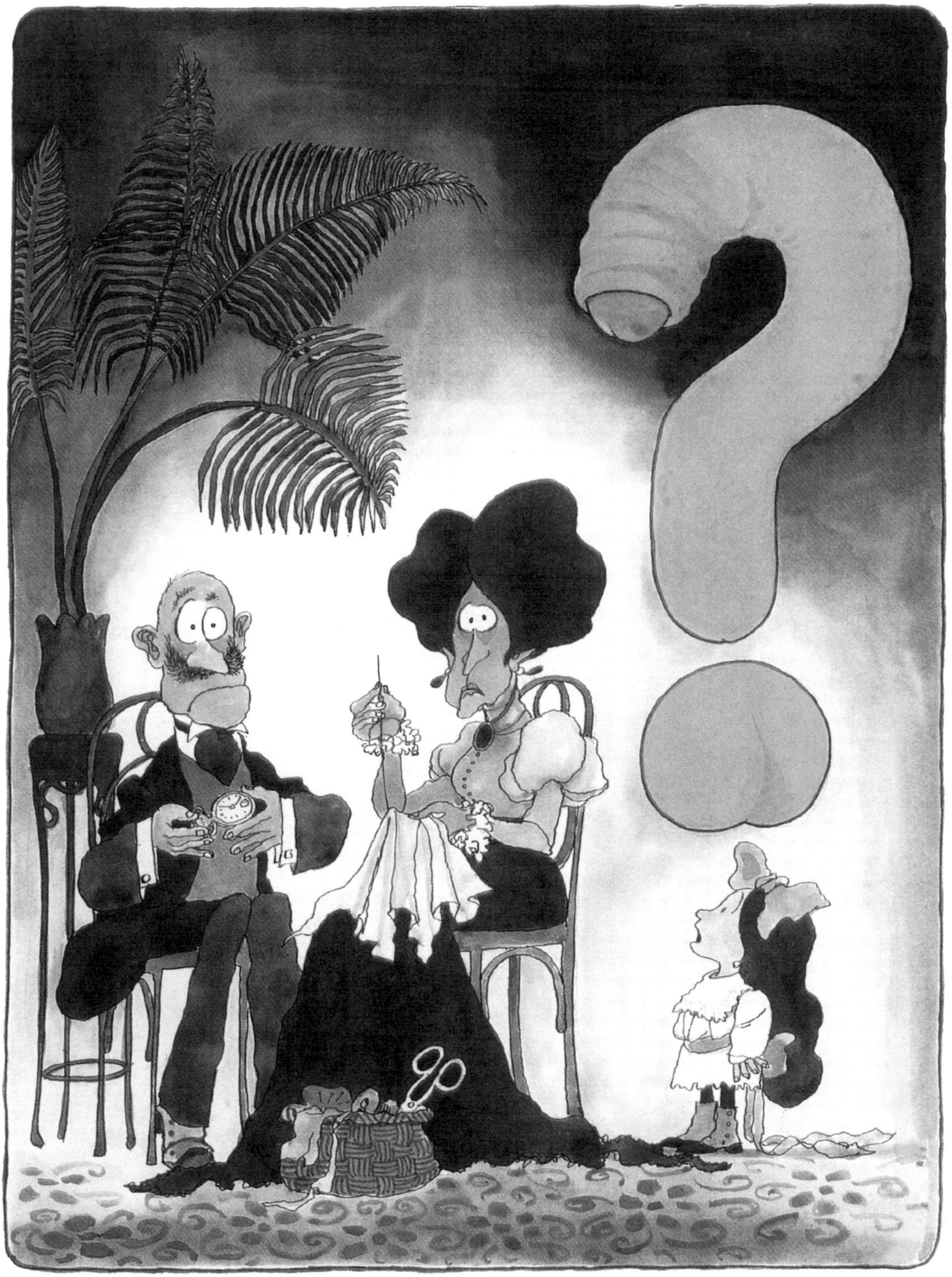

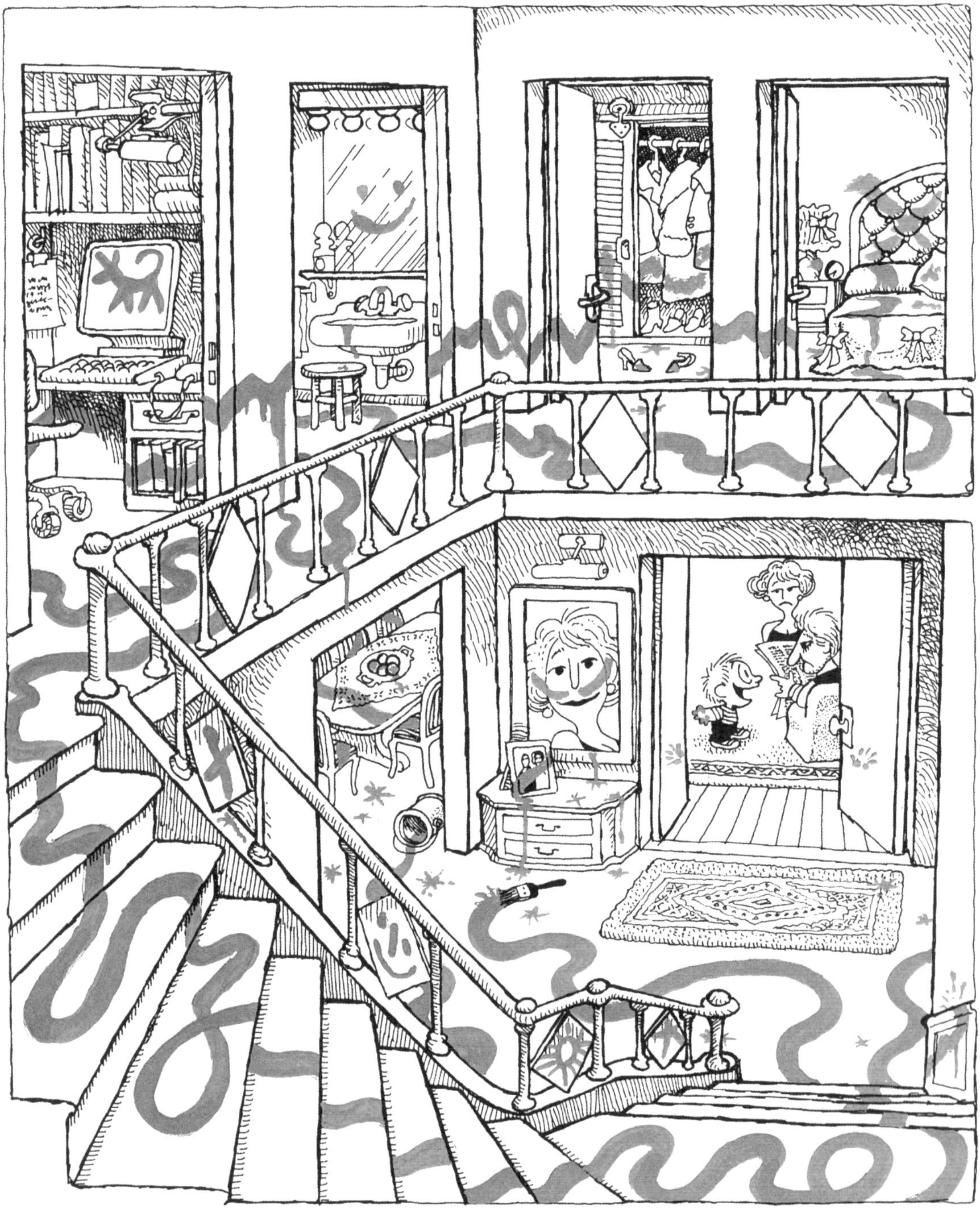

—¡¡¿¿A QUE NO SABEN DE QUÉ COLOR ES LA LIBERTAD??!!.

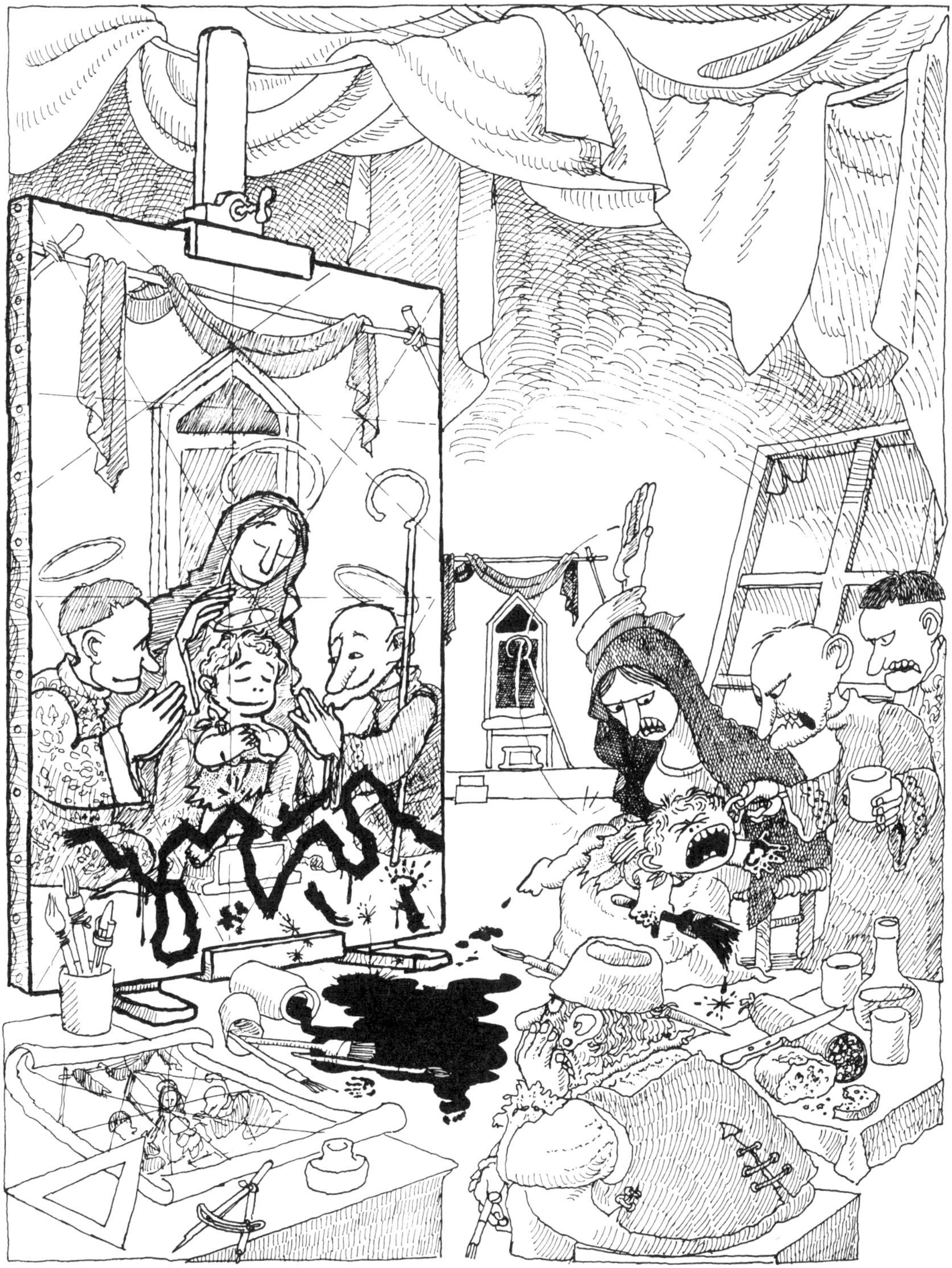

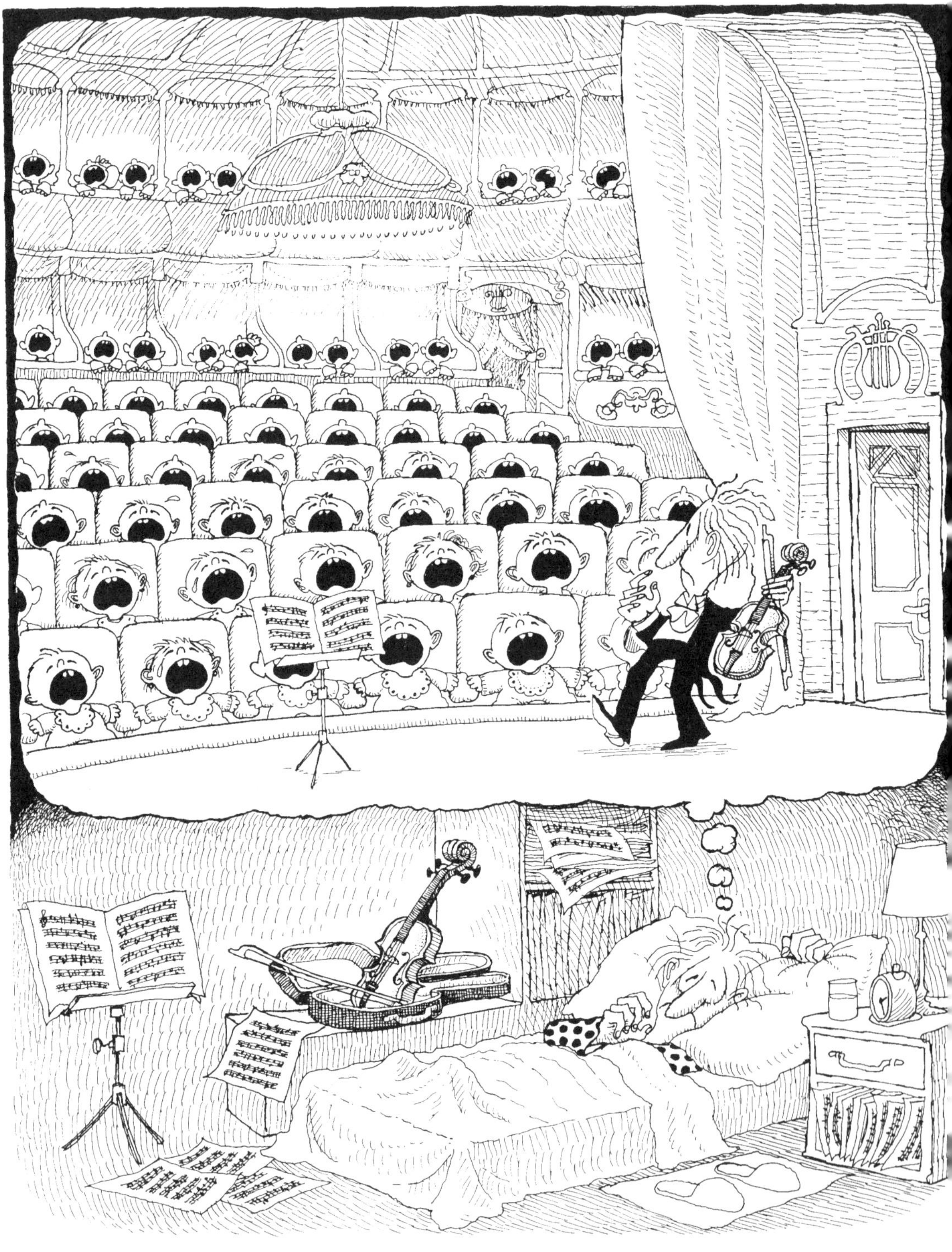

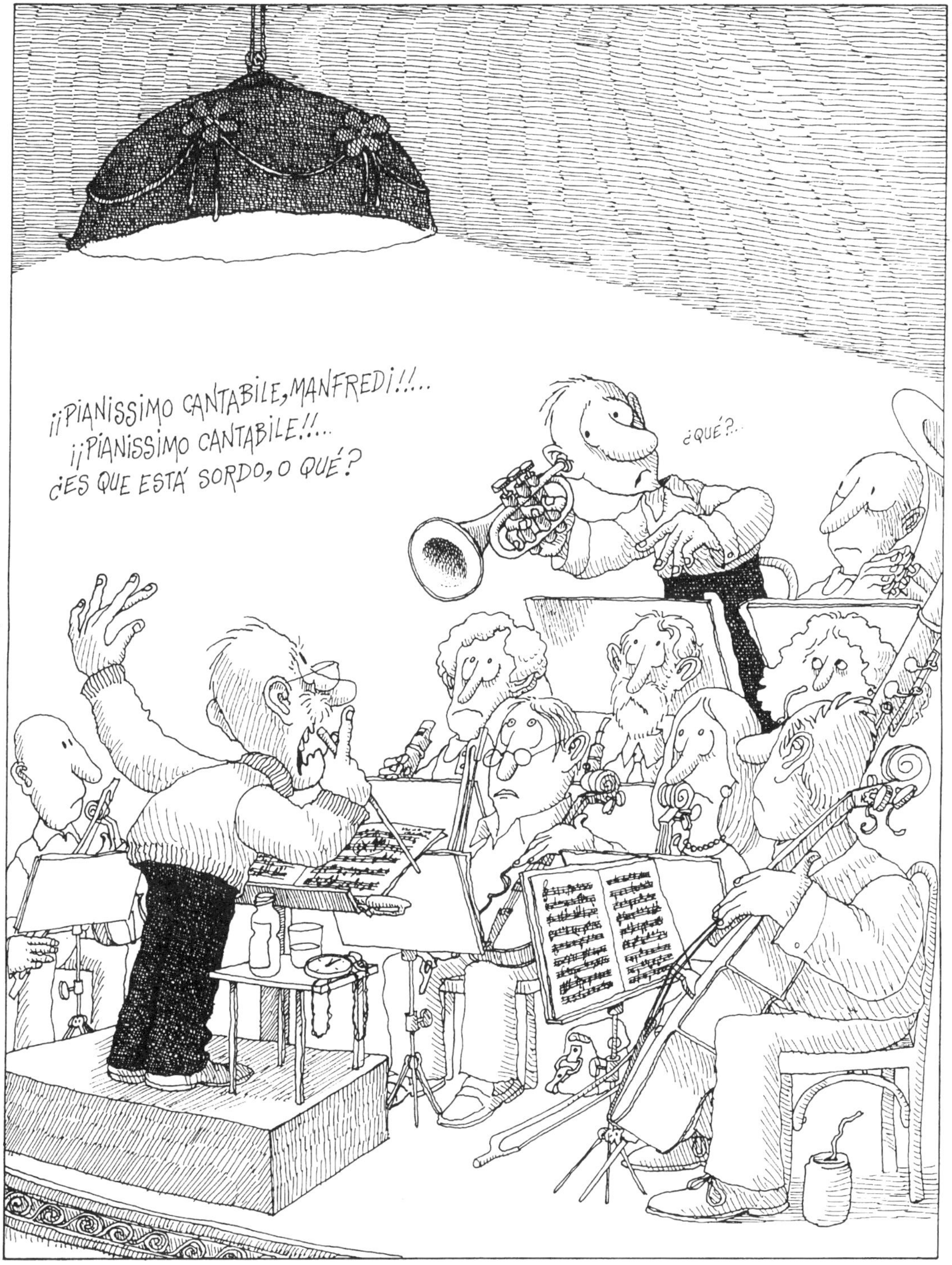
¡¡PIANISSIMO CANTABILE, MANFREDI!!...
¡¡PIANISSIMO CANTABILE!!...
¿ES QUE ESTÁ SORDO, O QUÉ?
¿QUÉ?...

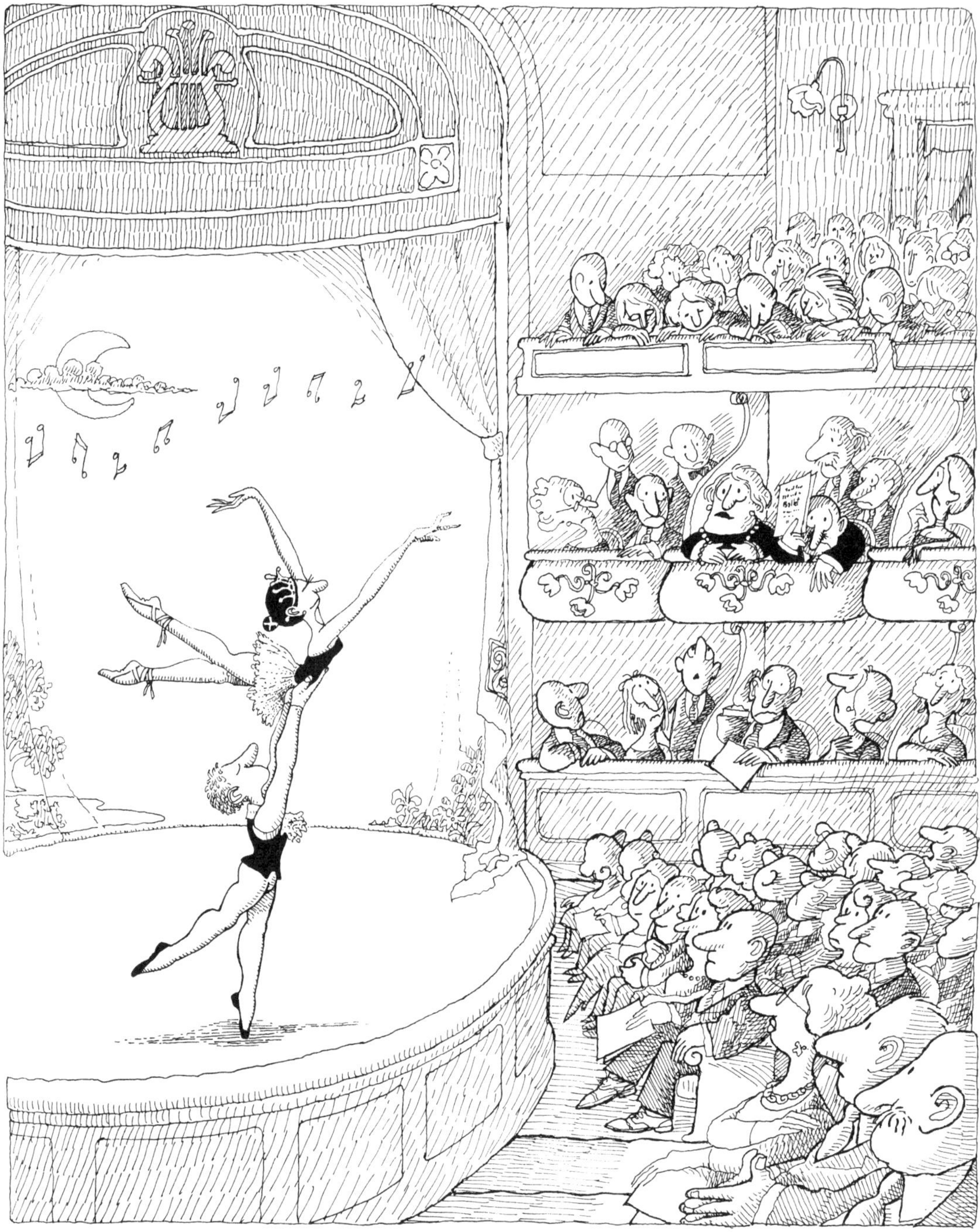

–¡ESO MISMO NECESITARÍA YO EN CASA: TENER QUIEN ME AYUDE A LIMPIAR ARRIBA DE LOS ARMARIOS!

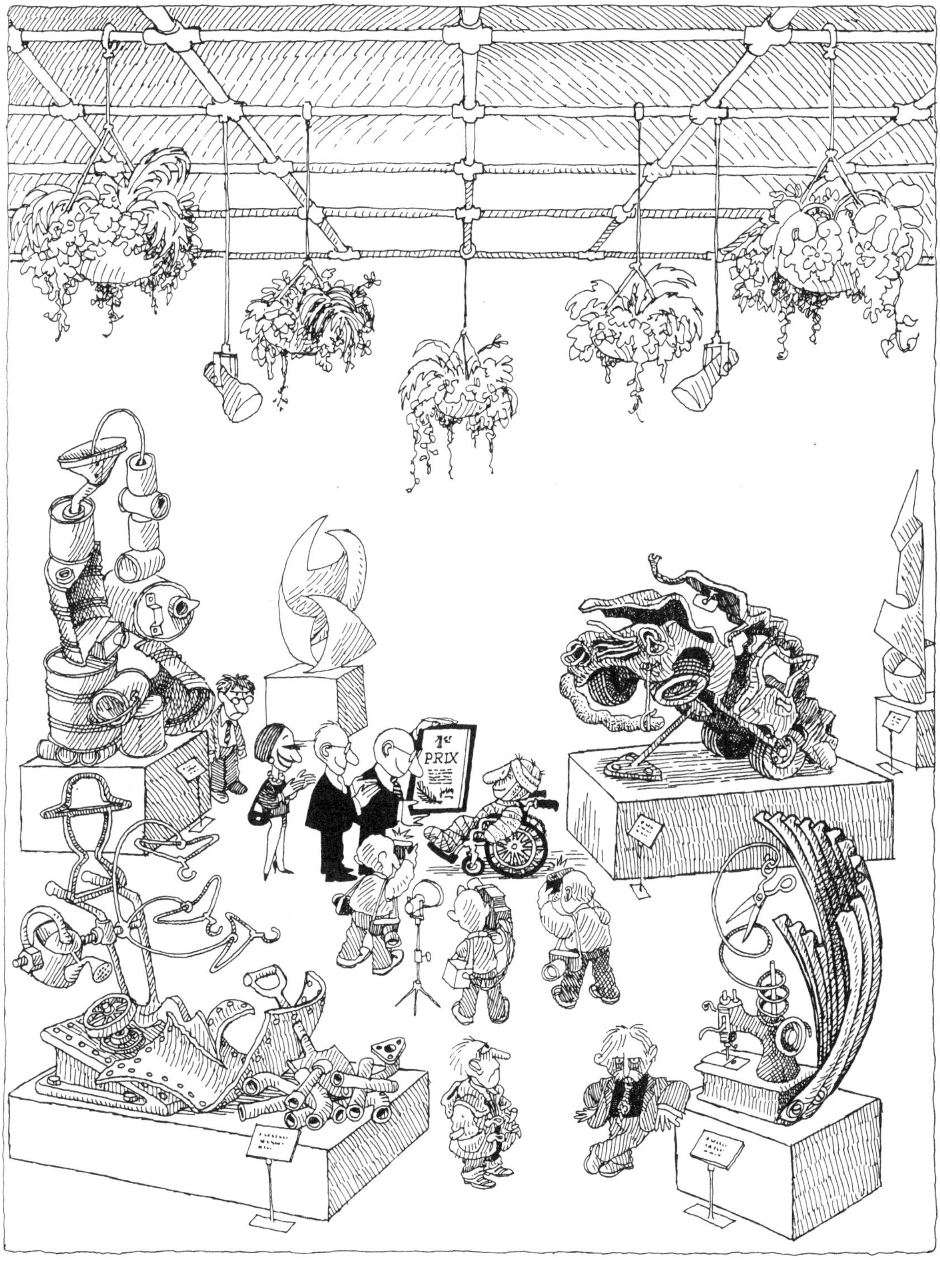
1er
PRIX

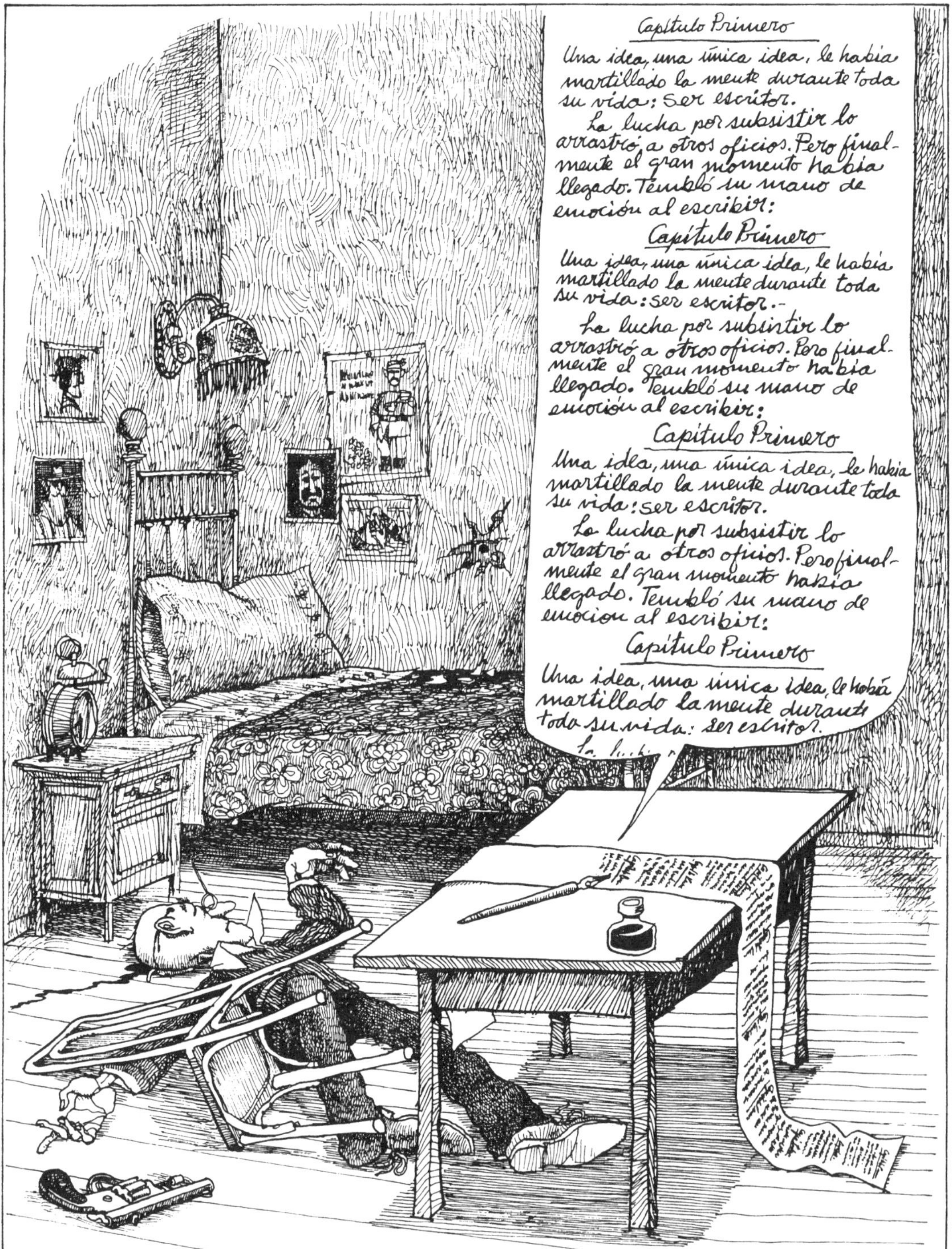
Capítulo Primero
Una idea, una única idea, le había martillado la mente durante toda su vida: ser escritor.
La lucha por subsistir lo arrastró a otros oficios. Pero finalmente el gran momento había llegado. Tembló su mano de emoción al escribir:
Capítulo Primero
Una idea, una única idea, le había martillado la mente durante toda su vida: ser escritor.-
La lucha por subsistir lo arrastró a otros oficios. Pero finalmente el gran momento había llegado. Tembló su mano de emoción al escribir:
Capítulo Primero
Una idea, una única idea, le había martillado la mente durante toda su vida: ser escritor.
La lucha por subsistir lo arrastró a otros oficios. Pero finalmente el gran momento había llegado. Tembló su mano de emocion al escribir:
Capítulo Primero
Una idea, una única idea, le había martillado la mente durante toda su vida: ser escritor.

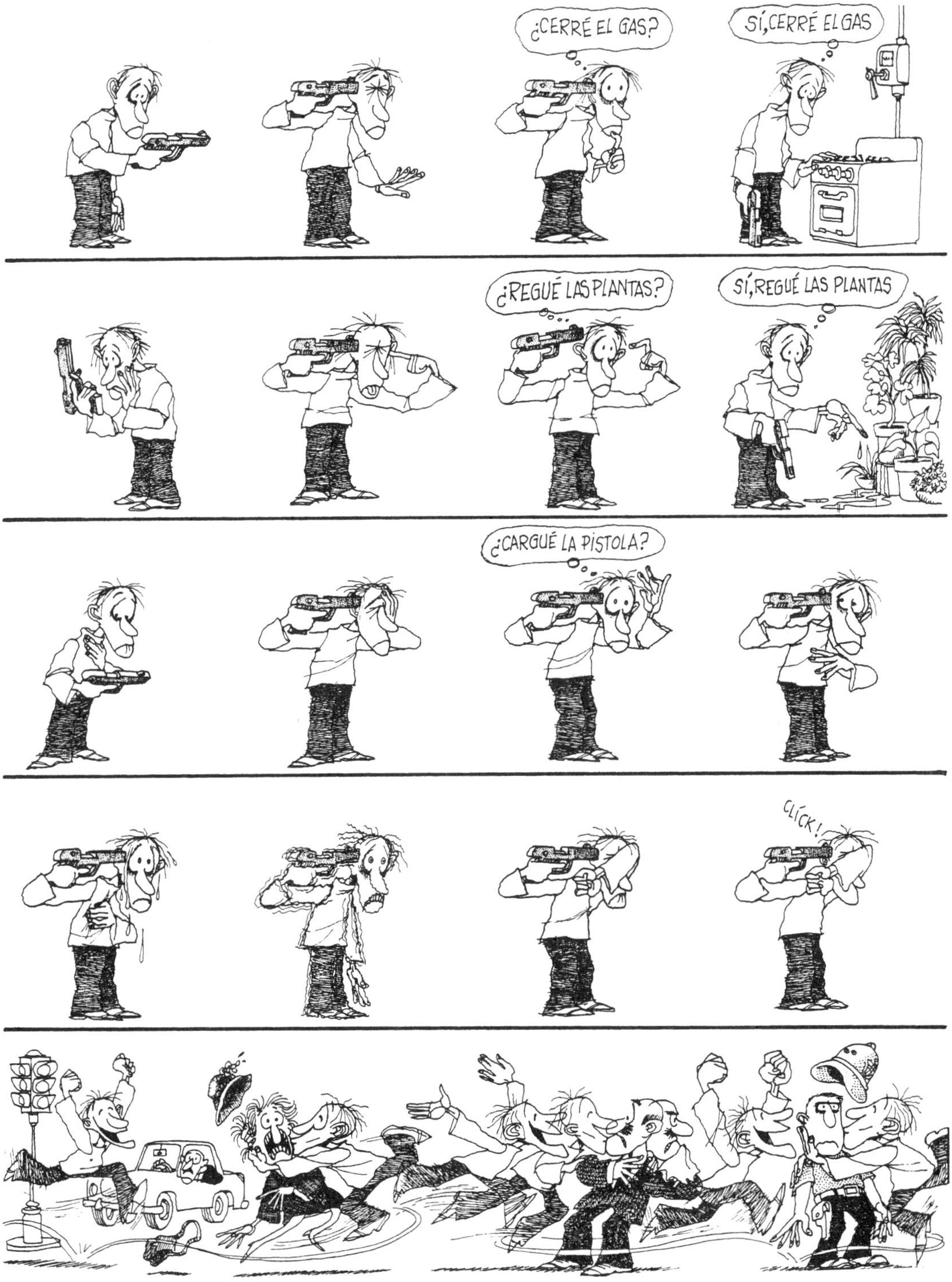
¿CERRÉ EL GAS?
SÍ, CERRÉ EL GAS
¿REGUÉ LAS PLANTAS?
SÍ, REGUÉ LAS PLANTAS
¿CARGUÉ LA PISTOLA?
CLÍCK!

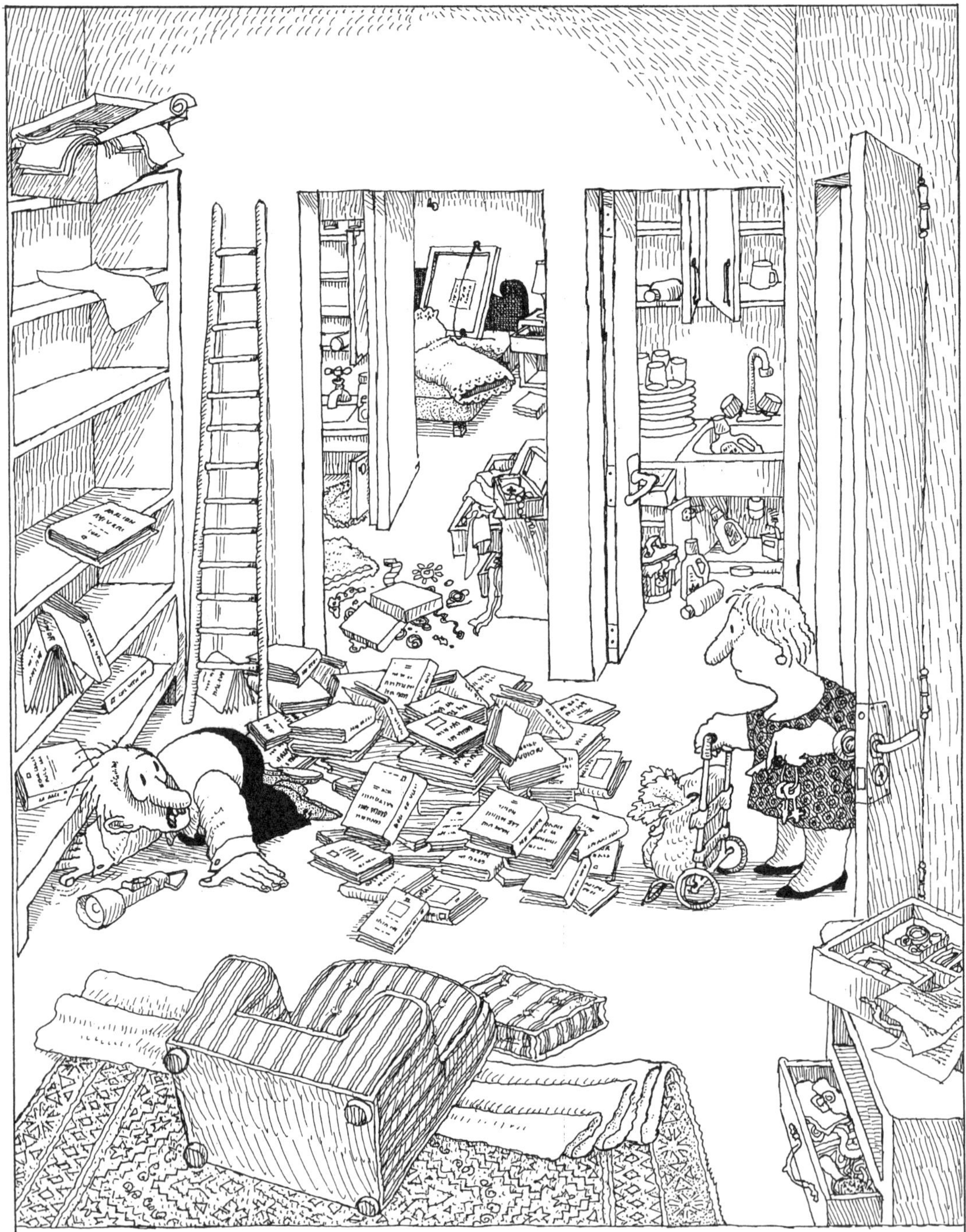

—¡¡MI CALMA, HE PERDIDO MI CALMA!! ¿NO SABES DÓNDE ESTÁ MI CALMA?....

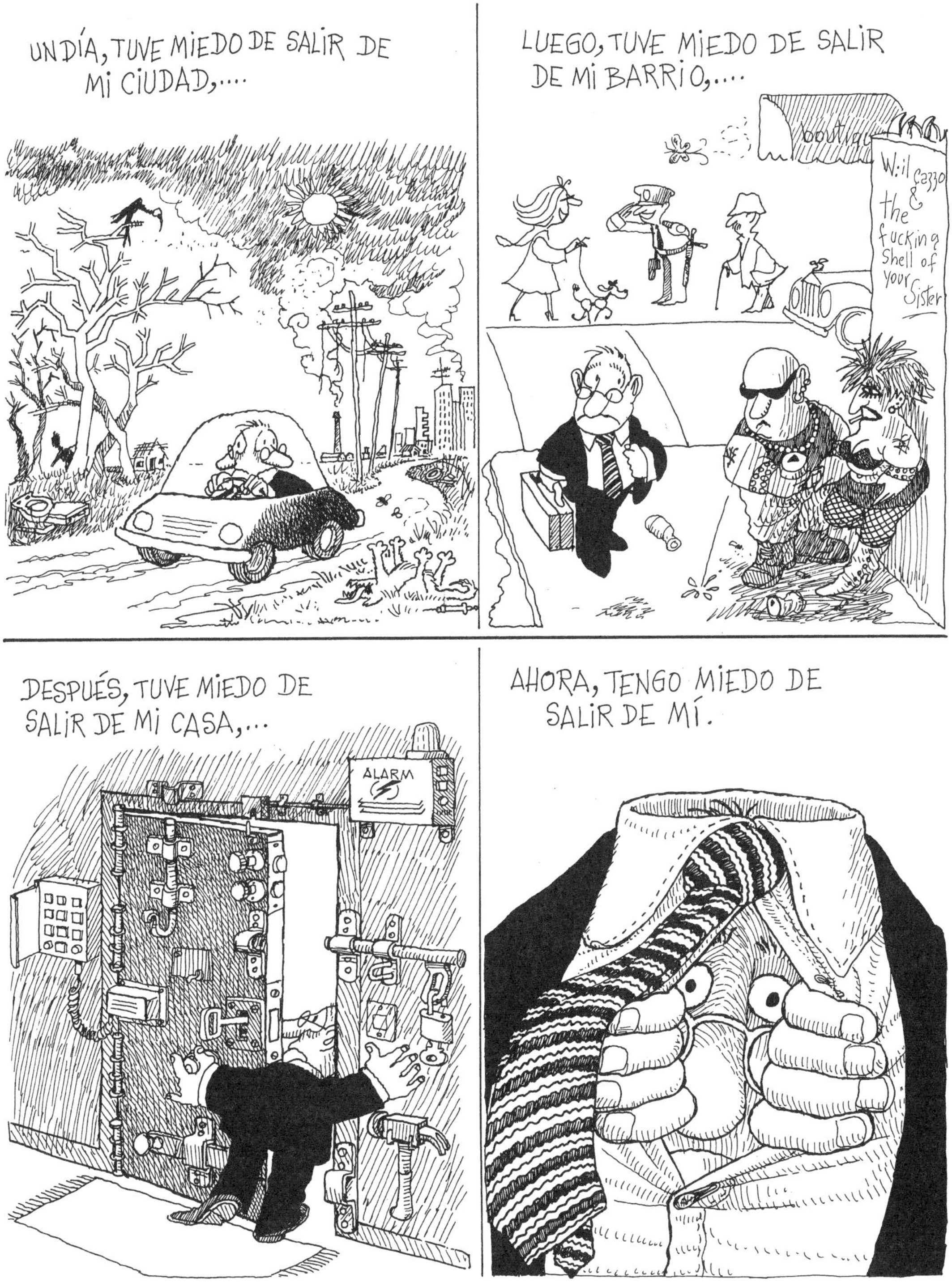
UN DÍA, TUVE MIEDO DE SALIR DE MI CIUDAD,....
LUEGO, TUVE MIEDO DE SALIR DE MI BARRIO,....
the fucking Shell of your Sister
DESPUÉS, TUVE MIEDO DE SALIR DE MI CASA,...
ALARM
AHORA, TENGO MIEDO DE SALIR DE MÍ.

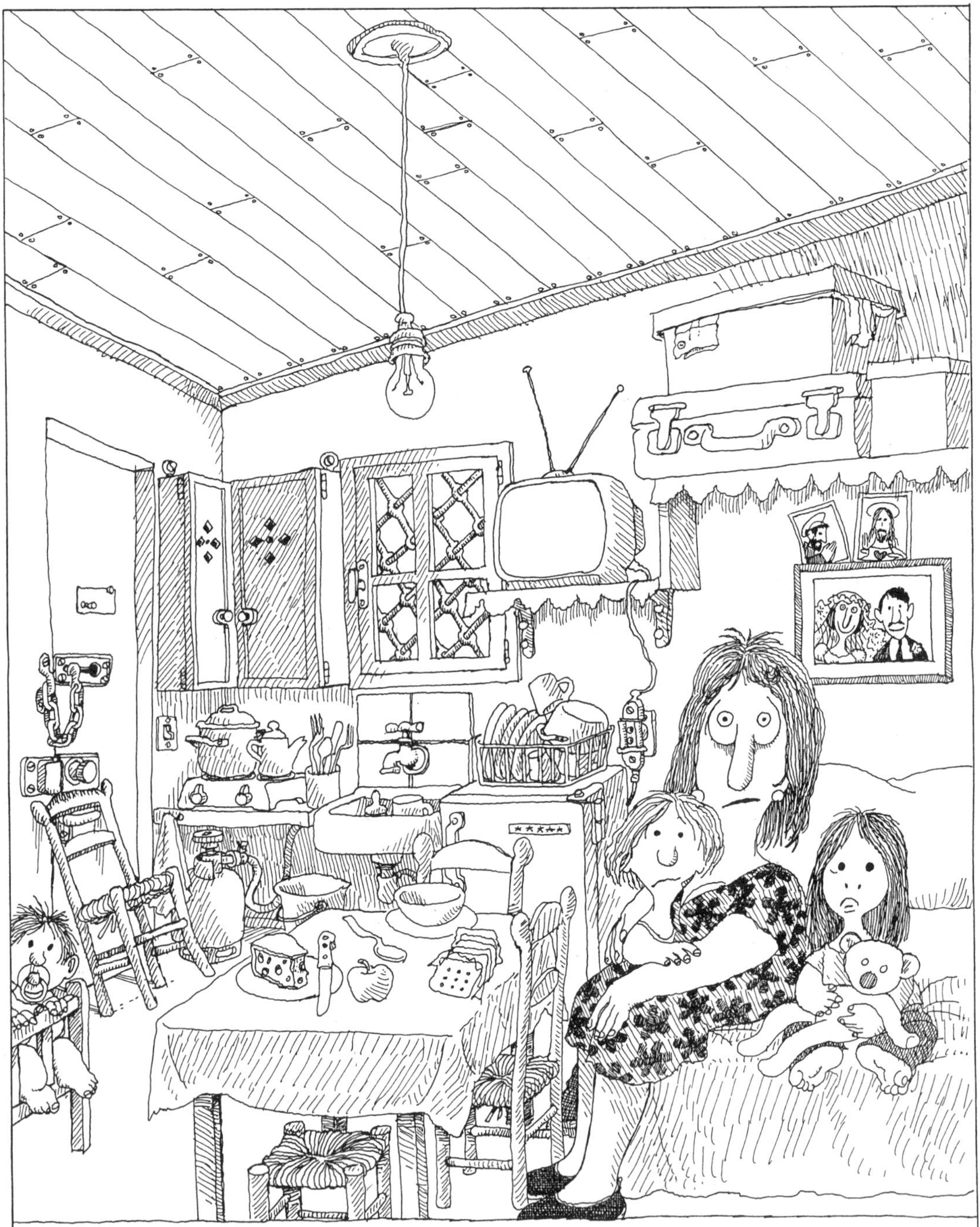

–HOY LA FELICIDAD NO ES QUE TE OCURRAN COSAS BUENAS, SINO QUE NO TE SUCEDAN COSAS ESPANTOSAS.

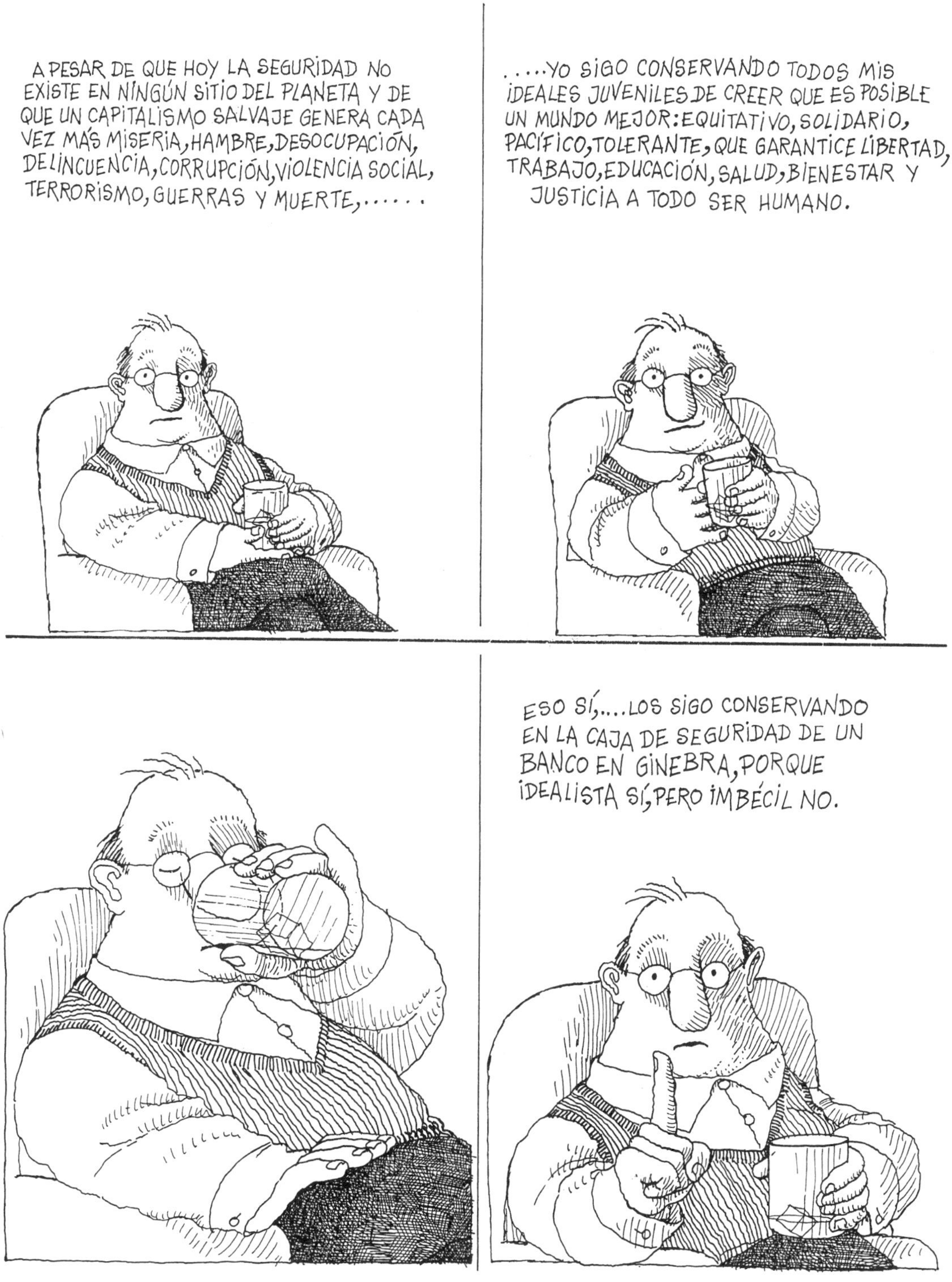
A PESAR DE QUE HOY LA SEGURIDAD NO EXISTE EN NINGÚN SITIO DEL PLANETA Y DE QUE UN CAPITALISMO SALVAJE GENERA CADA VEZ MÁS MISERIA, HAMBRE, DESOCUPACIÓN, DELINCUENCIA, CORRUPCIÓN, VIOLENCIA SOCIAL, TERRORISMO, GUERRAS Y MUERTE, ...
. . . . . YO SIGO CONSERVANDO TODOS MIS IDEALES JUVENILES DE CREER QUE ES POSIBLE UN MUNDO MEJOR: EQUITATIVO, SOLIDARIO, PACÍFICO, TOLERANTE, QUE GARANTICE LIBERTAD, TRABAJO, EDUCACIÓN, SALUD, BIENESTAR Y JUSTICIA A TODO SER HUMANO.
ESO SÍ, ... LOS SIGO CONSERVANDO EN LA CAJA DE SEGURIDAD DE UN BANCO EN GINEBRA, PORQUE IDEALISTA SÍ, PERO IMBÉCIL NO.

¡HÓP!

¡¡SSSHHHHT!!

¡¡ESTO NO DEBE SABERLO NADIE, SERÍA UN ESCÁNDALO!!

"FUNCIONARIO PÚBLICO SE ENRIQUECE SUSTRAYENDO FONDOS AL ESTADO:DETENIDO"

¡¡"DETENIDO"!!.¡¡JHA-JHA' JAH!!.¡CON LAS AMISTADES QUE YO TENG.....JHA'!....

DETENIDO NO,PERO HABLA MÁS DE LO CONVE-NIENTE,¡¡PROCEDA,"PELIKAN"!!

¡A LA ORDEN,SEÑOR!

¡NO,ALTO,TAL VEZ MEJOR NO!

QUEDE CLARO QUE EN EL SUPUESTO CASO DE QUE EXISTIERA EN LA VIDA REAL UN FUNCIONARIO LADRÓN...¡¡SE LO ENCARCELA!!

¡AFIRMATIVO,SR.!

PERO ESTE SEÑOR NO ES REAL, ES UN DIBUJITO.Y A UN DIBUJITO, CUANDO SE EXTRALIMITA.... ¡¡SE LO BORRA!!

SIN EMBARGO,¡NO LO BORRAREMOS! ¿POR QUÉ?PORQUE LUEGO SALDRÍAN LOS IMBÉCILES DE SIEMPRE A DECIR...

..QUE NO RESPETAMOS LA MALDITA COCHI-NA LIBERTAD DE EXPRESIÓN.¡NO CAERE-MOS EN ESA SUCIA TRAMPA,HAS TENIDO LA SUERTE DE DAR CON GENTE DEMOCRÁTICA ESTÚPIDO GARABATO!

HEEMM...¡LLEVO EL MALETÍN,SEÑOR?

NO,"PELIKAN", DEJE,LLEVO YO, LLEVO YO.

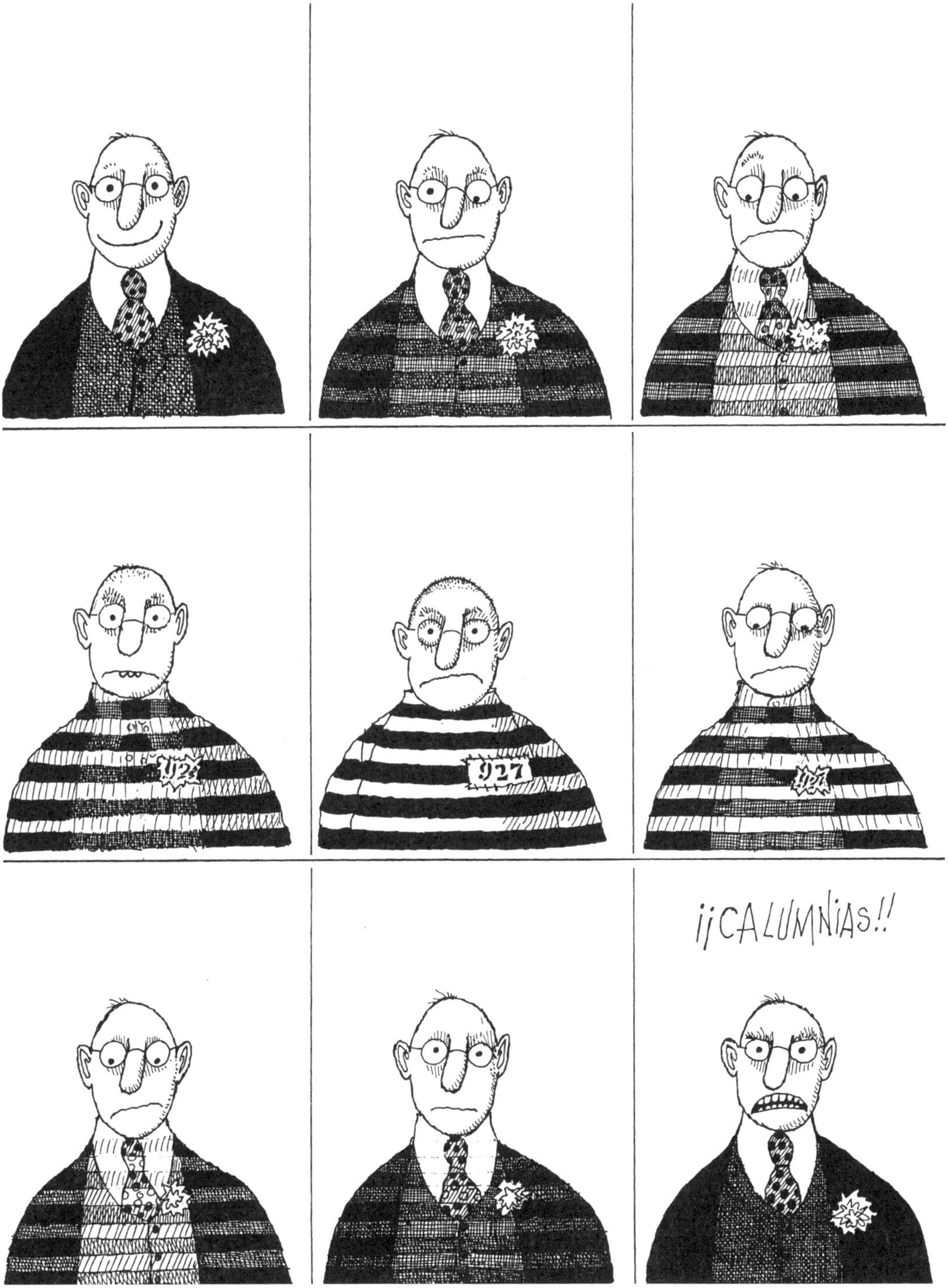
927
¡¡CALUMNIAS!!

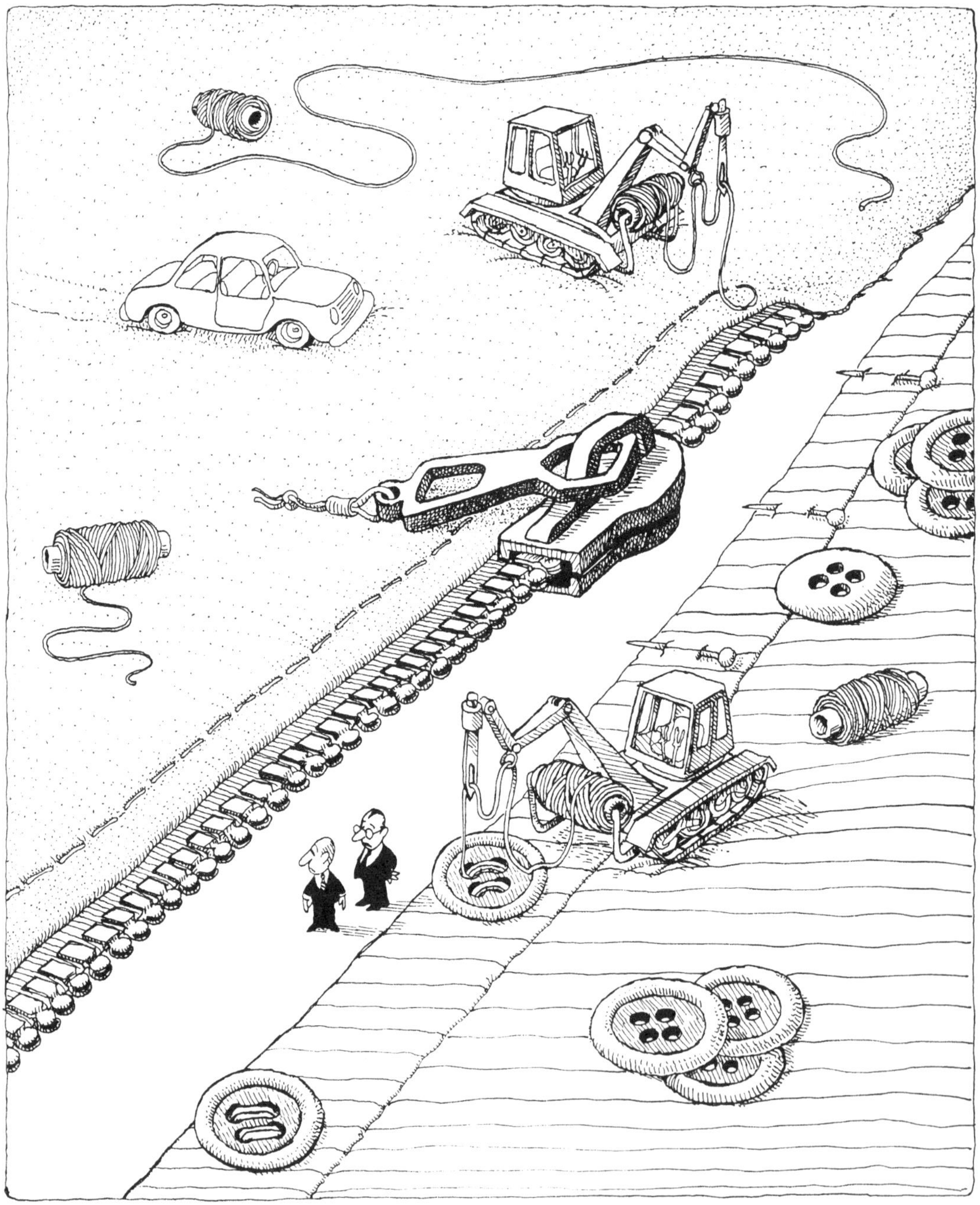

–LA FIRMA DEL ACUERDO BILATERAL PARA CONSEGUIR LA UNIÓN DE AMBAS PARTES FUE UN GRAN LOGRO, ¿QUIÉN IBA A IMAGINAR QUE LUEGO APARECERÍAN LOS COCHINOS INTERESES DE SIEMPRE?

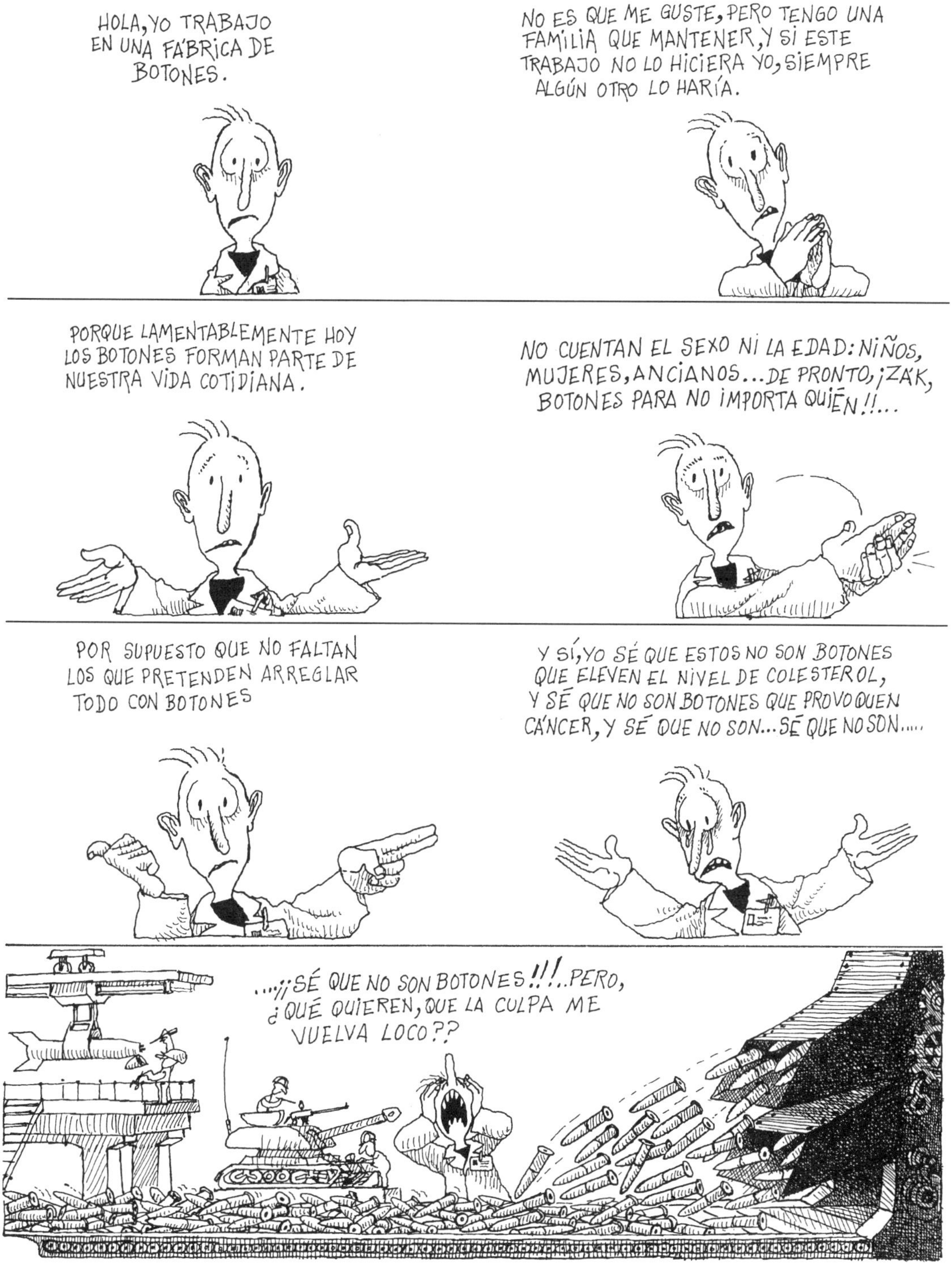

HOLA, YO TRABAJO EN UNA FÁBRICA DE BOTONES.
NO ES QUE ME GUSTE, PERO TENGO UNA FAMILIA QUE MANTENER, Y SI ESTE TRABAJO NO LO HICIERA YO, SIEMPRE ALGÚN OTRO LO HARÍA.
PORQUE LAMENTABLEMENTE HOY LOS BOTONES FORMAN PARTE DE NUESTRA VIDA COTIDIANA.
NO CUENTAN EL SEXO NI LA EDAD: NIÑOS, MUJERES, ANCIANOS... DE PRONTO, ¡ZAK, BOTONES PARA NO IMPORTA QUIÉN!!...
POR SUPUESTO QUE NO FALTAN LOS QUE PRETENDEN ARREGLAR TODO CON BOTONES
Y SÍ, YO SÉ QUE ESTOS NO SON BOTONES QUE ELEVEN EL NIVEL DE COLESTEROL, Y SÉ QUE NO SON BOTONES QUE PROVOQUEN CÁNCER, Y SÉ QUE NO SON... SÉ QUE NO SON.....
...¡¡SÉ QUE NO SON BOTONES!!!..PERO, ¿QUÉ QUIEREN, QUE LA CULPA ME VUELVA LOCO??

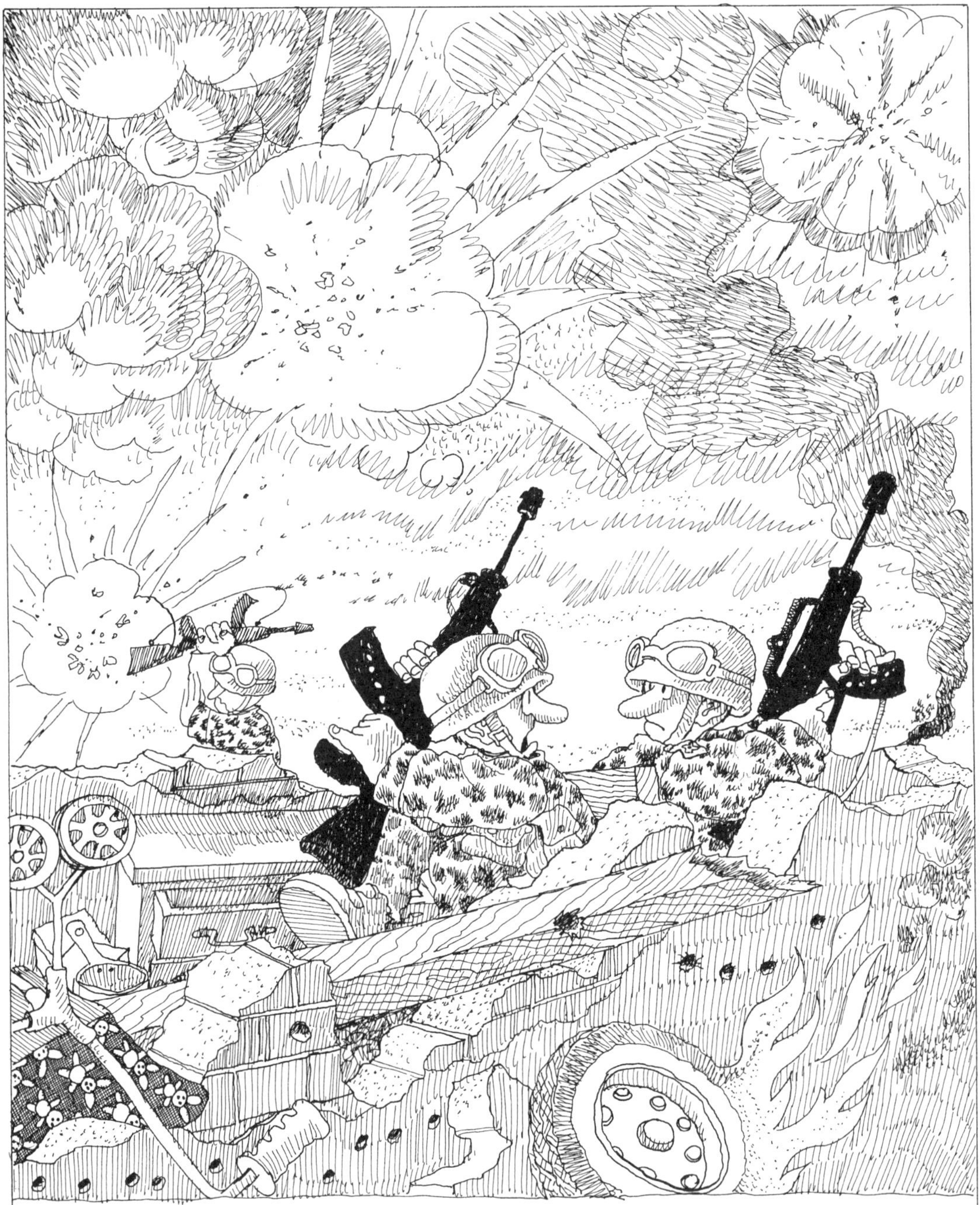

–DISCULPE, MI TENIENTE, TANTA EXPLOSIÓN ME HA REVUELTO ALGO LAS IDEAS,
NOSOTROS ESTAMOS AQUÍ... ¿ATACANDO,...DEFENDIENDO,..QUÉ ERA: UN PAIS,
UNA RELIGIÓN,..INTERESES ECONÓMICOS O QUÉ OTRA COSA DE QUIÉNES?

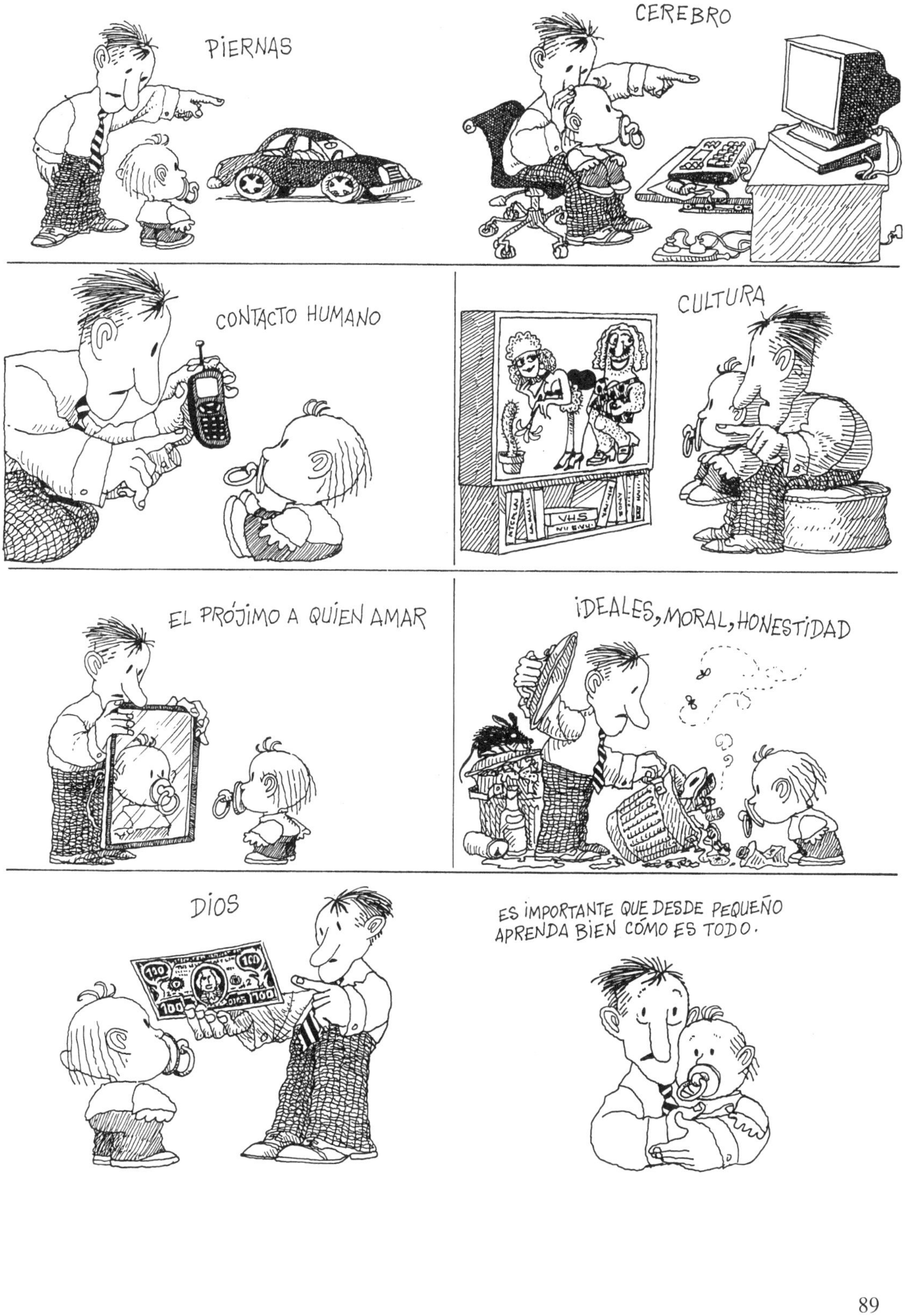
PIERNAS
CEREBRO
CONTACTO HUMANO
CULTURA
EL PRÓJIMO A QUIEN AMAR
¡DEALES, MORAL, HONESTIDAD
DIOS
ES IMPORTANTE QUE DESDE PEQUEÑO APRENDA BIEN CÓMO ES TODO.

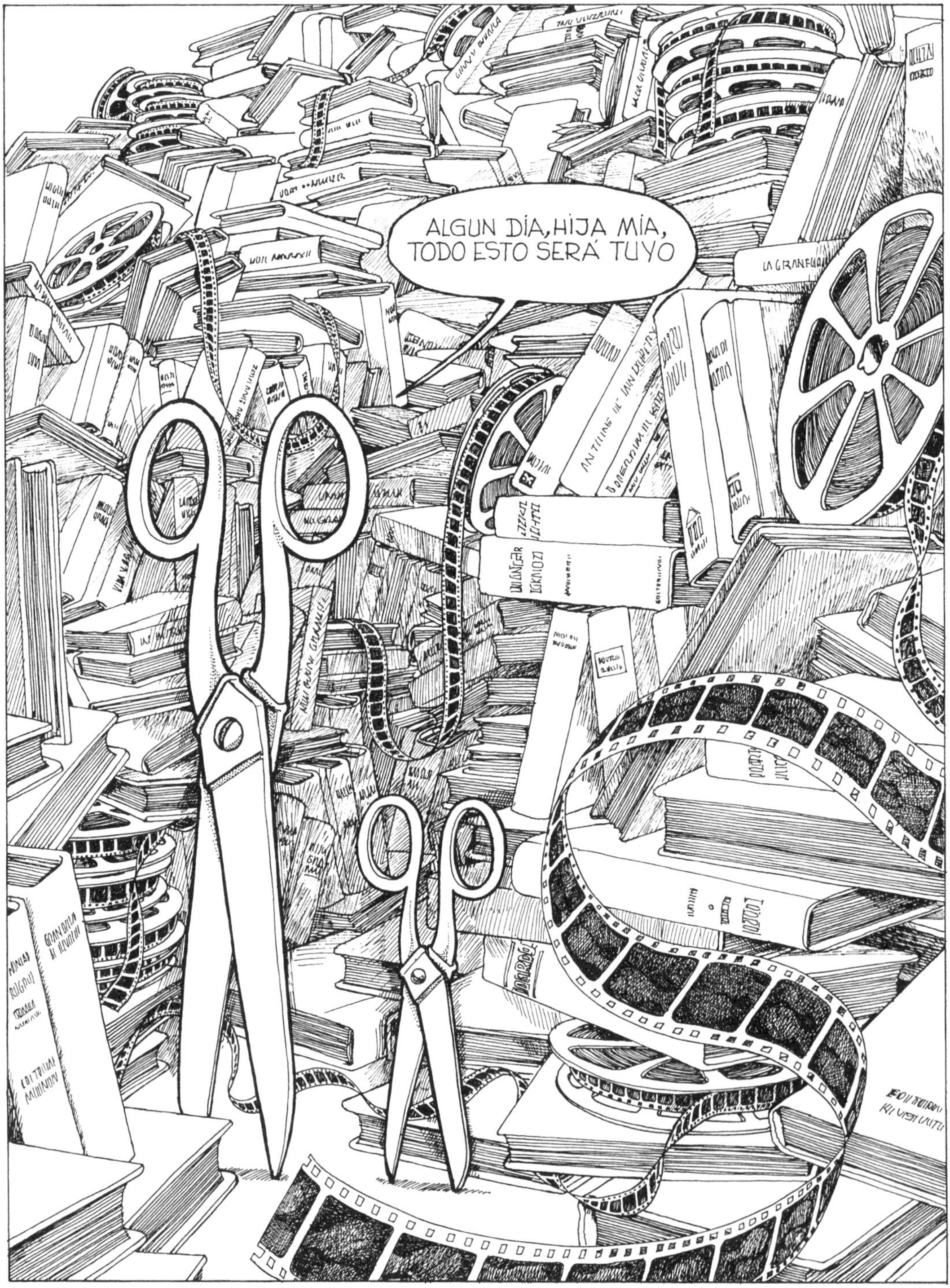
ALGUN DÍA, HIJA MÍA, TODO ESTO SERÁ TUYO

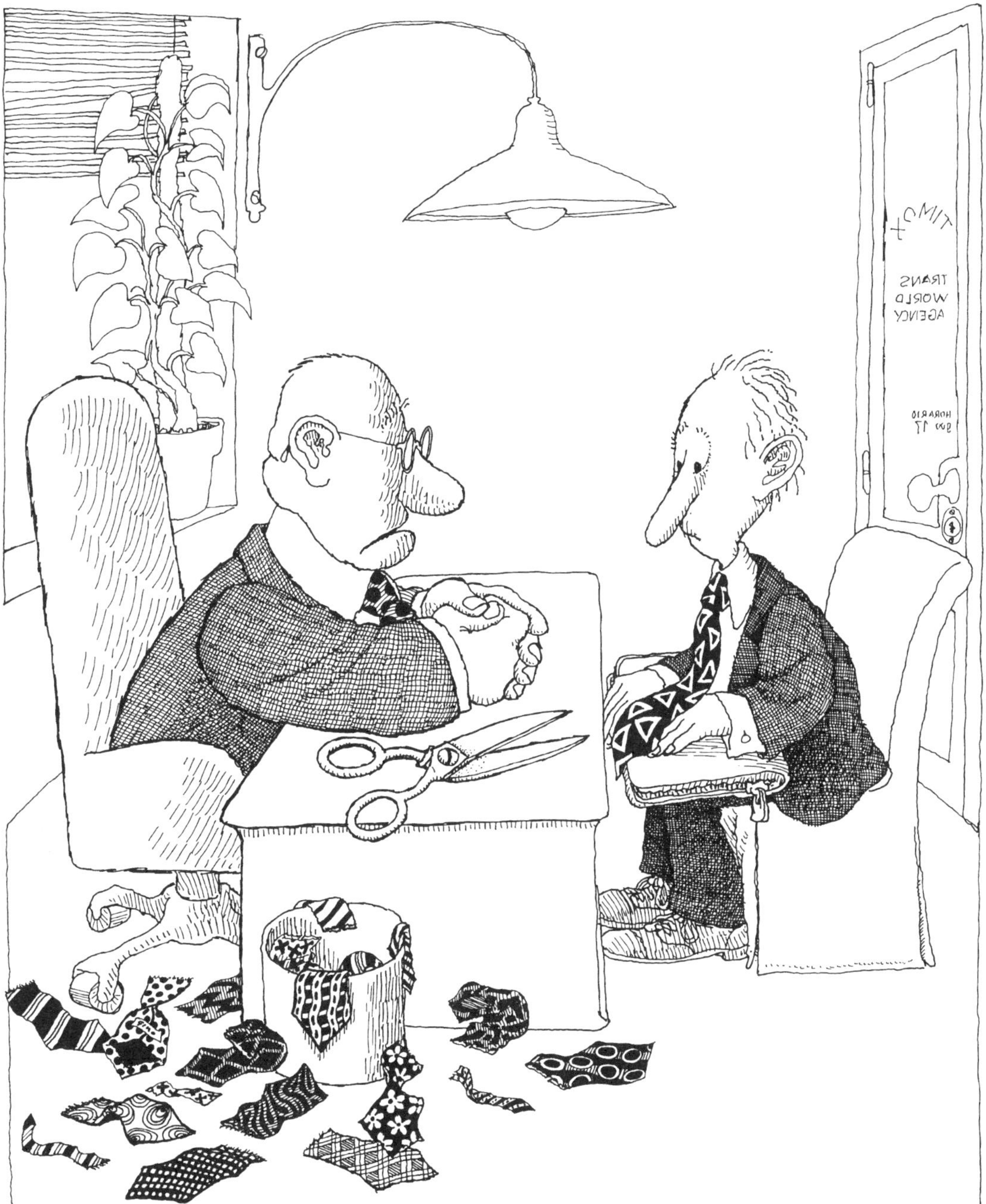
TIMOX
TRANS WORLD AGENCY
HORARIO

–MI LEMA ES NO INTERRUMPIR JAMÁS A MI INTERLOCUTOR CON PALABRAS QUE PUDIERAN RESULTARLE DESCORTESES.

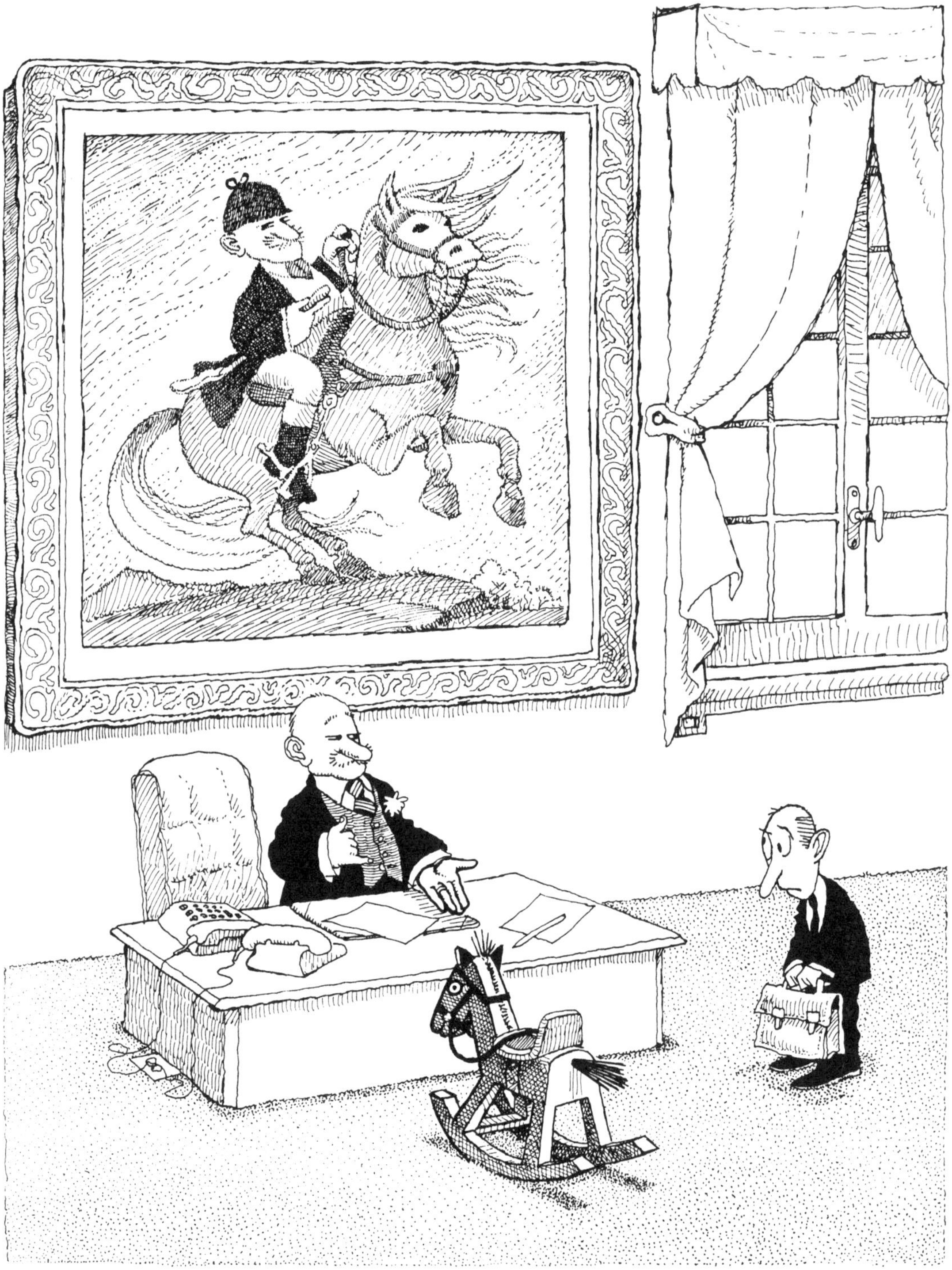

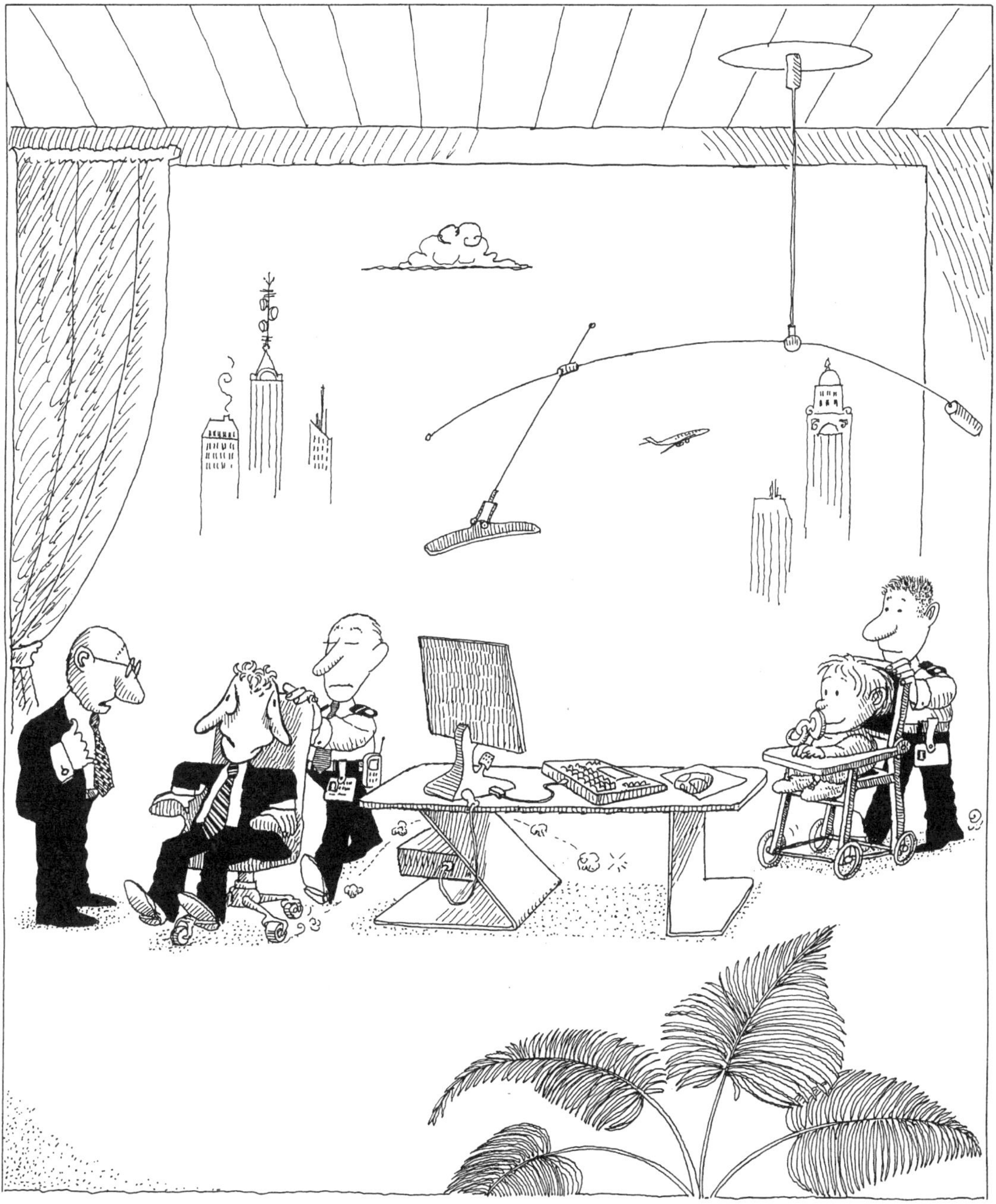

~NO SE PREOCUPE, JOVEN, UD., CON 25 AÑOS DE EDAD, ENCONTRARÁ ENSEGUIDA TRABAJO EN OTRO LADO. ESPERO QUE COMPRENDA QUE UNA EMPRESA DINÁMICA COMO LA NUESTRA NECESITA INCORPORAR GENTE ALTAMENTE CAPACITADA EN EL MANEJO DE LA MÁS AVANZADA TECNOLOGÍA INFORMÁTICA Y QUE, ADEMÁS, CONOZCA A FONDO LAS REGLAS DE JUEGO QUE DICTA LA JUNGLA DEL MERCADO.

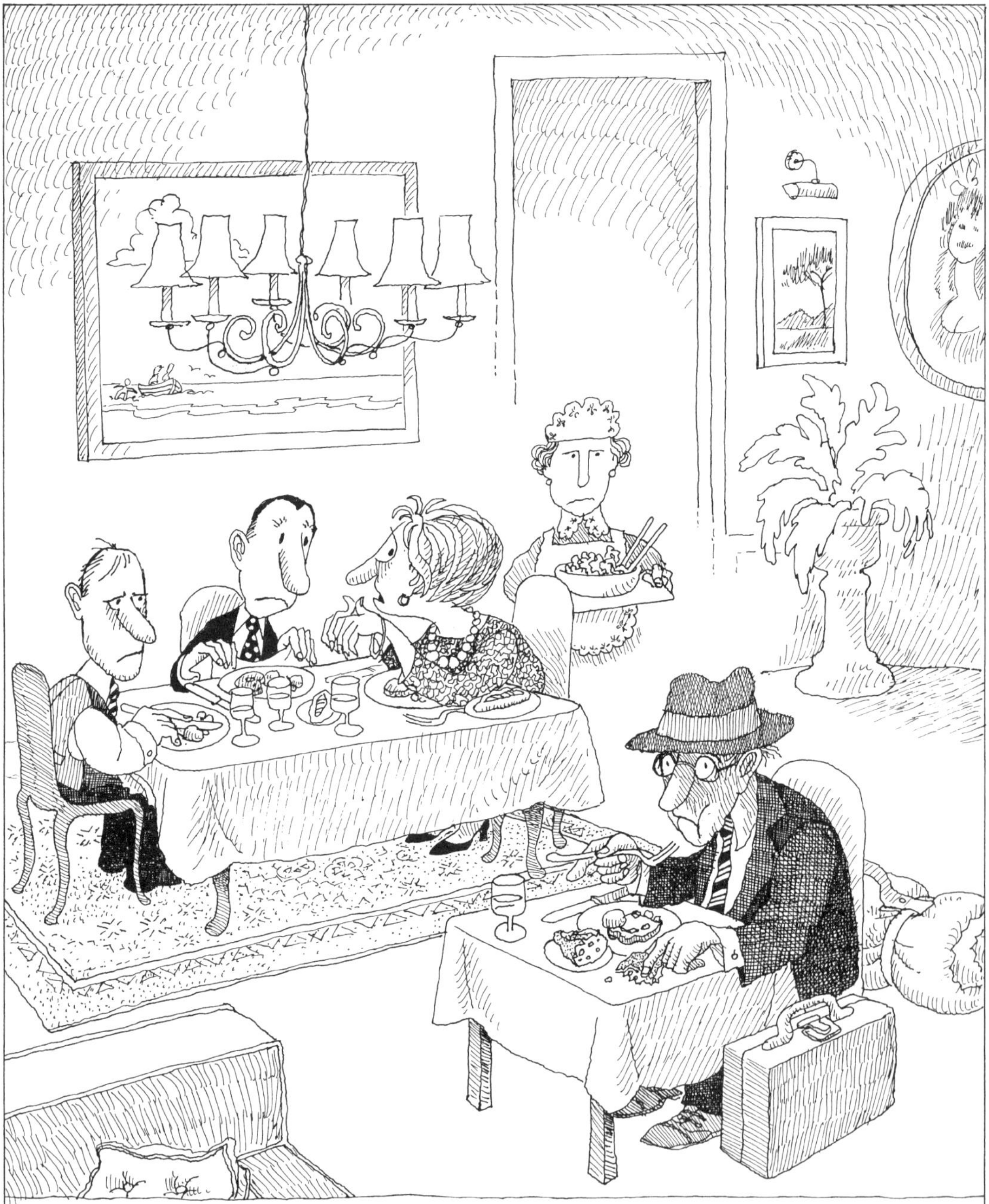

—NO LO CONOCEMOS; SÓLO SABEMOS QUE ES UN SEÑOR QUE ESTABA EN SU CASA, CON SU FAMILIA Y QUE DE PRONTO TUVO QUE VENIRSE AQUÍ PORQUE, POR UN ERROR INFORMÁTICO FIGURA QUE SU DOMICILIO ES ÉSTE. ¿Y A QUIÉN, Y DÓNDE PODEMOS IR A PLANTEAR QUE LAS COMPUTADORAS ESTÁN TODAS EQUIVOCADAS?

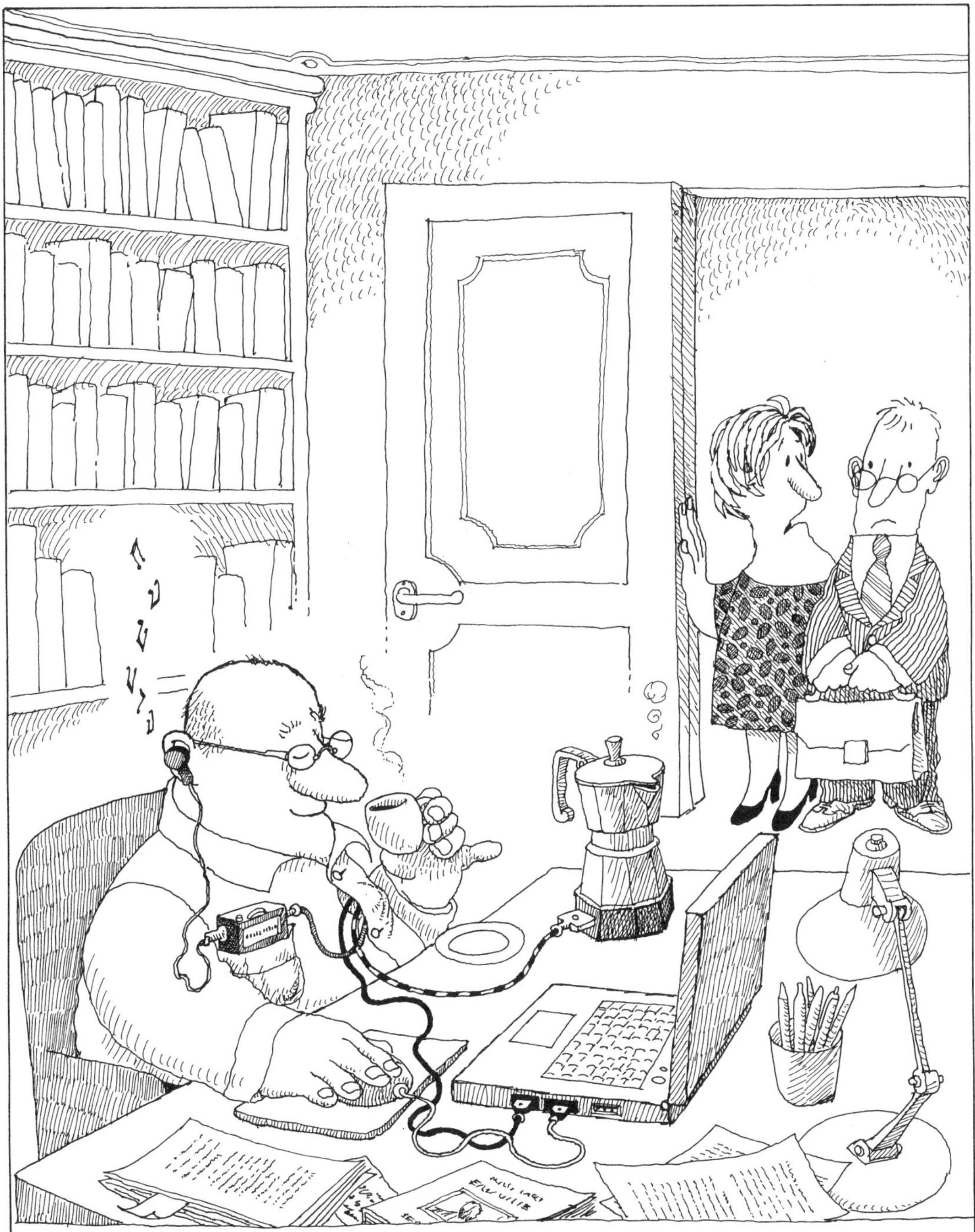

–DICE QUE CON LO CARÍSIMO QUE TUVO QUE PAGAR EL MARCAPASOS SERÍA ESTÚPIDO NO APROVECHARLO AL MÁXIMO.

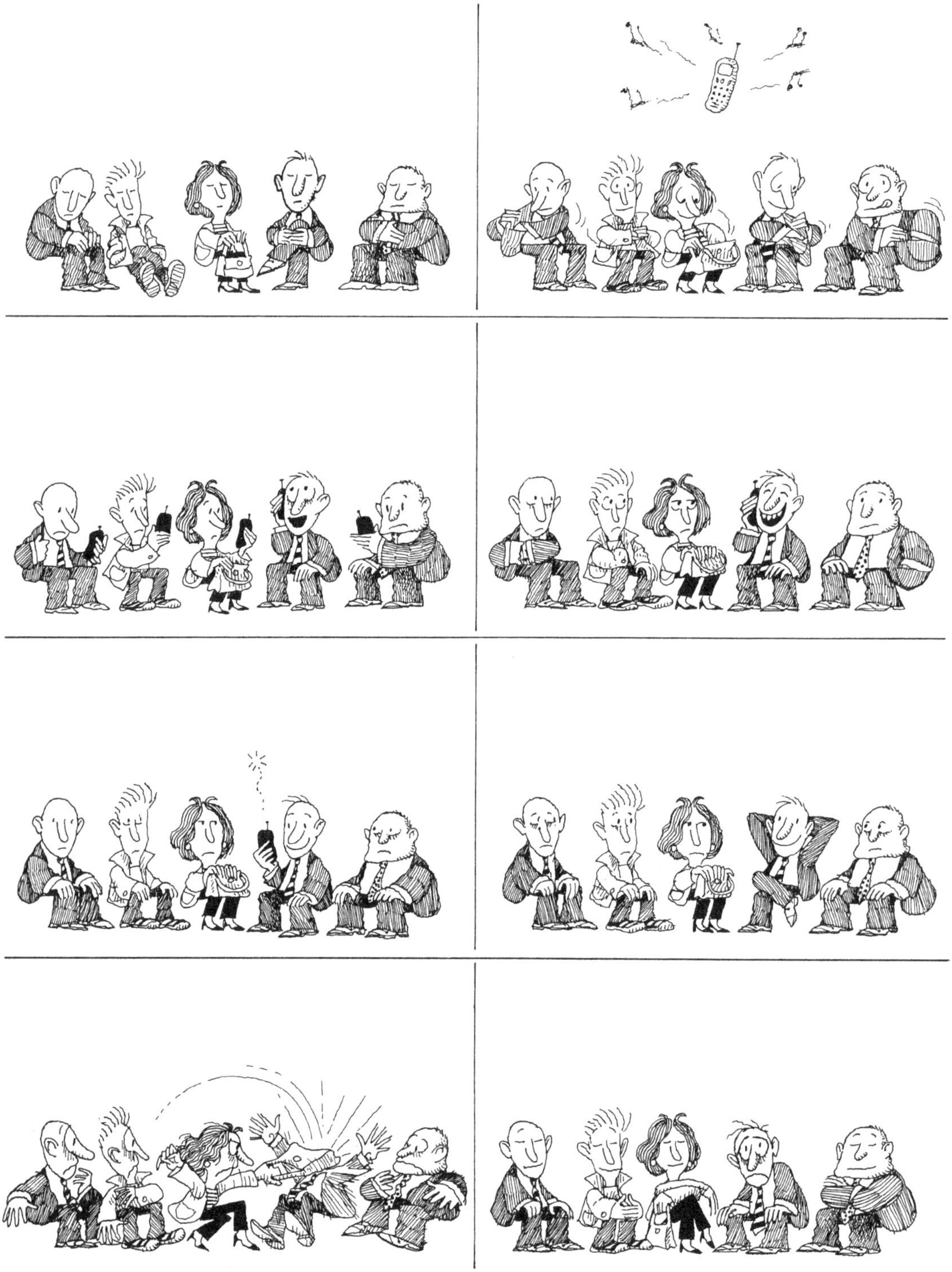

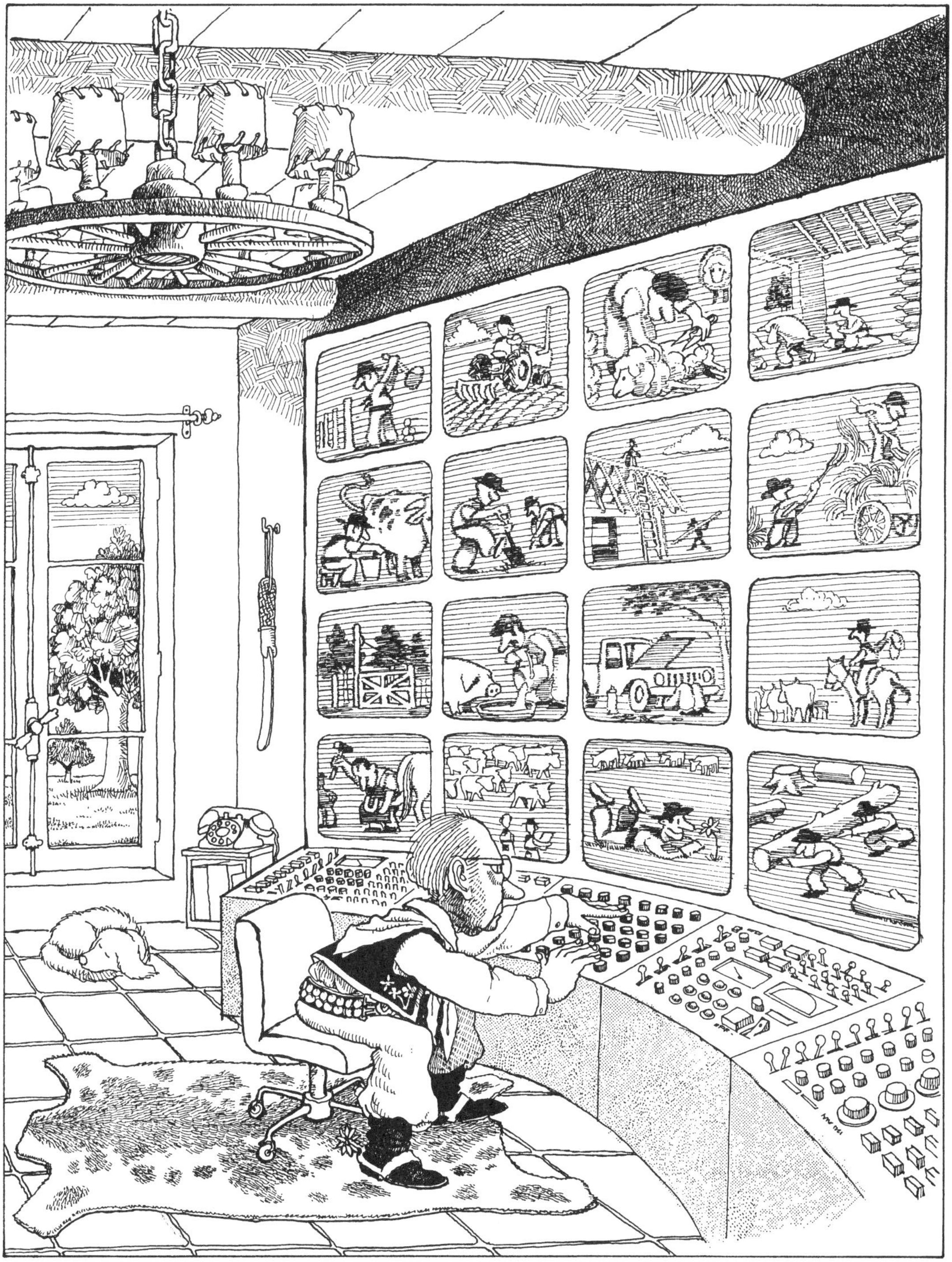

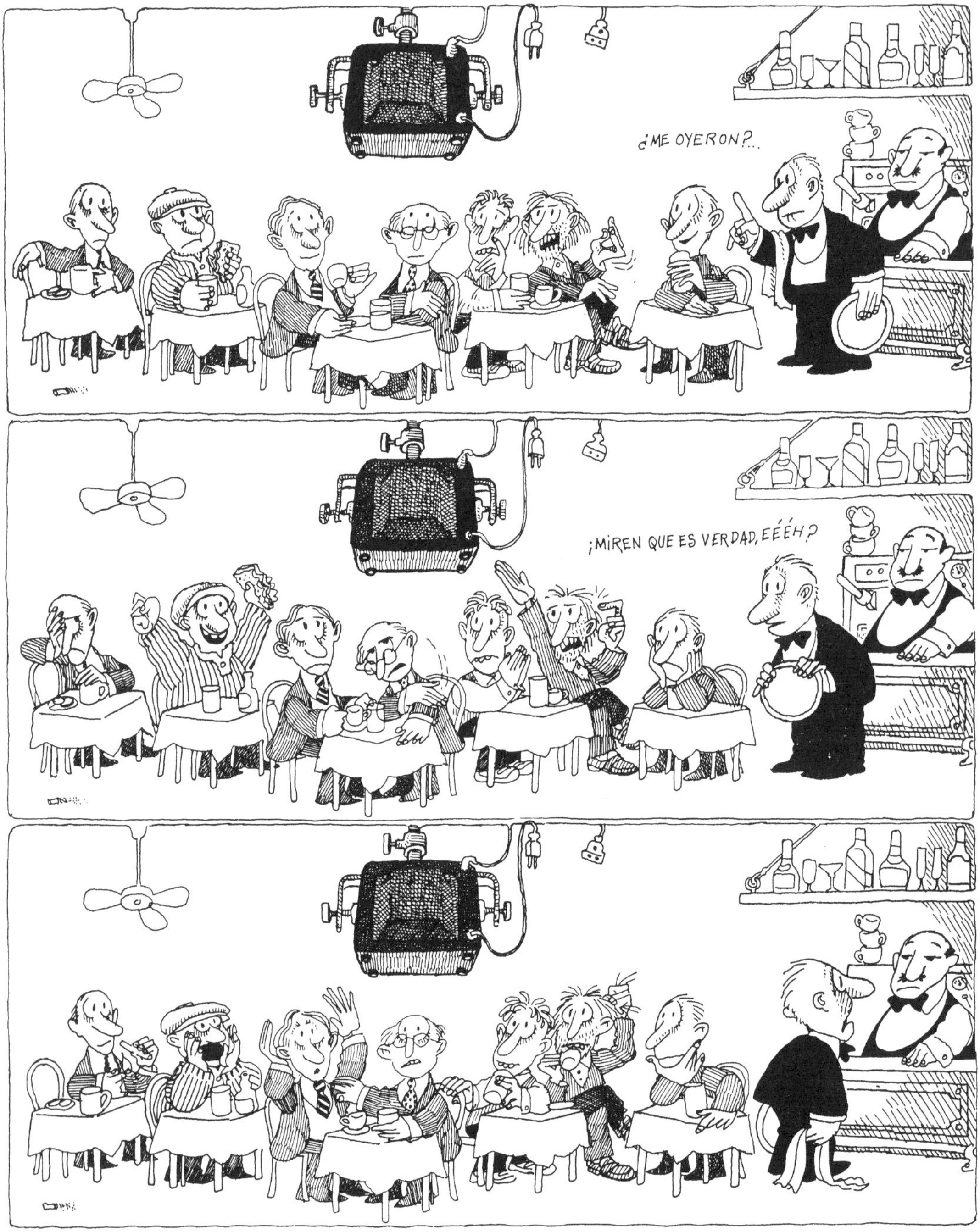
¿ME OYERON?...
¡MIREN QUE ES VERDAD, EÉÉH?

~NO HAY CASO, LES IMPORTA UN RÁBANO QUE EL TELEVISOR NO FUNCIONE, ¡ELLOS SIGUEN VIENDO FÚTBOL IGUAL!

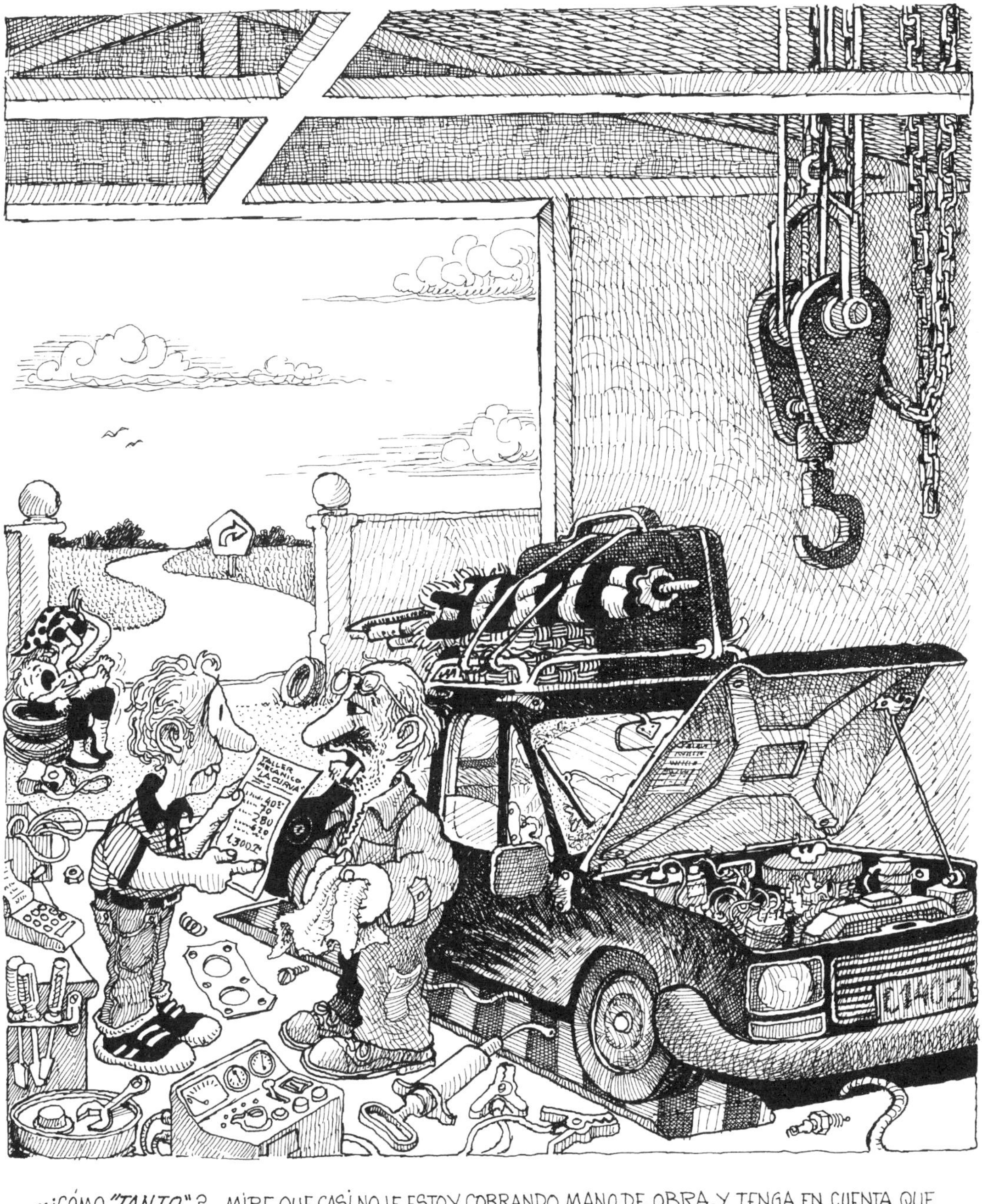
TALLER MECANICO "LA CURVA"
405
70
280
620
1300
C1402

—¿CÓMO "*TANTO*"?... MIRE QUE CASI NO LE ESTOY COBRANDO MANO DE OBRA, Y TENGA EN CUENTA QUE TUVE QUE CAMBIARLE TRES VÁLVULAS DE COMBUSTIÓN AL CIGÜEÑAL DE EMBRAGUE DEL CARTER, ABRIR LA CAJA DE IGNICIÓN DE ELECTRODOS PARA REBOBINAR DOS DE LAS CRUCETAS DE CARBURACIÓN, QUE ESTABAN QUEMADAS, Y SOLDAR EL PISTÓN DE LEVA DEL DIFERENCIAL... ¡AH,... Y ME OLVIDABA, CUANDO VI CÓMO ESTABA LA JUNTA DEL MAGNETO HIDRÁULICO DE LAS BIELAS ME DIJE: "¡*MAH SSÍ, YA QUE ESTAMOS!..*" Y SE LA CAMBIÉ. ESO GRATIS, PARA QUE SEPA.

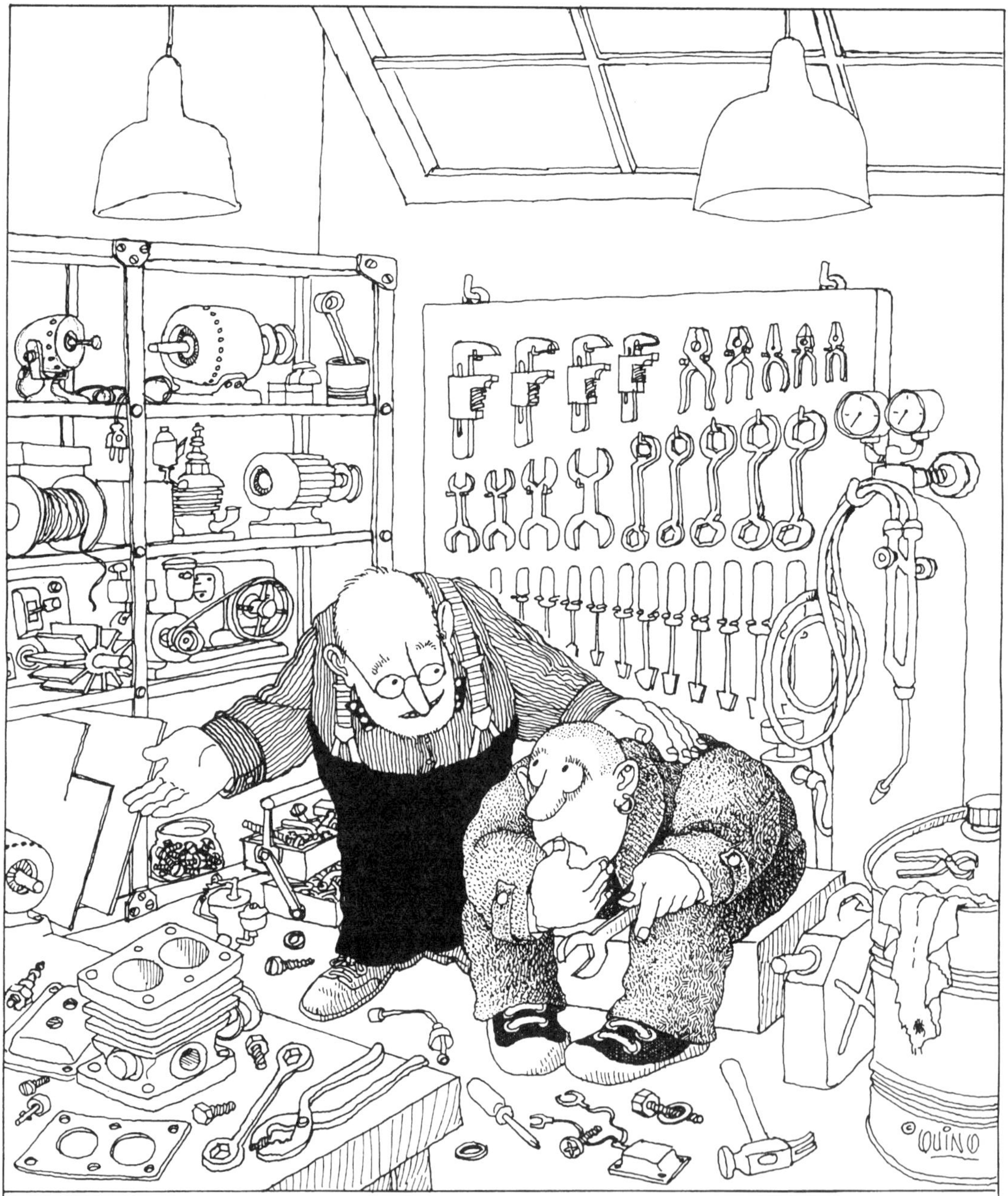
©QUINO

–TE DEBO UN AÑO Y MEDIO DE SUELDOS ATRASADOS, ES CIERTO, PERO VEAMOS EL LADO POSITIVO: GRACIAS A ESE DINERO PUEDO SEGUIR MANTENIENDO EL TALLER. O SEA QUE MIENTRAS NO TE PAGUE PUEDES DORMIR TRANQUILO SABIENDO QUE AQUÍ TENDRÁS SIEMPRE UN TRABAJO SEGURO. ¿CUÁNTOS JÓVENES TIENEN HOY ESA SUERTE?

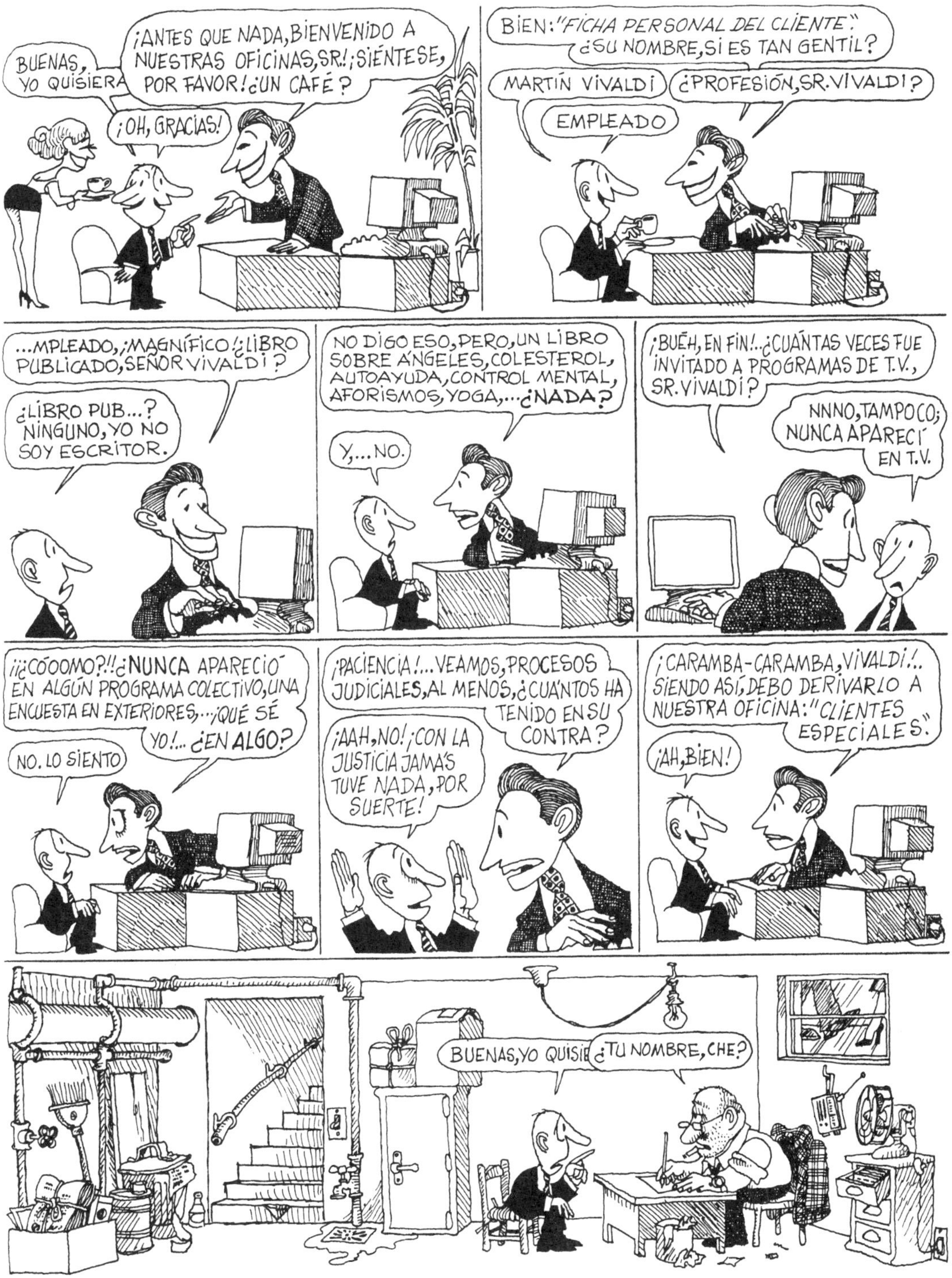
BUENAS, YO QUISIERA
¡ANTES QUE NADA, BIENVENIDO A NUESTRAS OFICINAS, SR.! ¡SIÉNTESE, POR FAVOR! ¿UN CAFÉ?
¡OH, GRACIAS!
BIEN: "FICHA PERSONAL DEL CLIENTE". ¿SU NOMBRE, SI ES TAN GENTIL?
MARTÍN VIVALDI
¿PROFESIÓN, SR. VIVALDI?
EMPLEADO
...MPLEADO, ¡MAGNÍFICO! ¿LIBRO PUBLICADO, SEÑOR VIVALDI?
¿LIBRO PUB...? NINGUNO, YO NO SOY ESCRITOR.
NO DIGO ESO, PERO, UN LIBRO SOBRE ÁNGELES, COLESTEROL, AUTOAYUDA, CONTROL MENTAL, AFORISMOS, YOGA,... ¿NADA?
Y,... NO.
¡BUEH, EN FIN!... ¿CUÁNTAS VECES FUE INVITADO A PROGRAMAS DE T.V., SR. VIVALDI?
NNNO, TAMPOCO; NUNCA APARECÍ EN T.V.
¡¡¿CÓOOMO?!! ¿NUNCA APARECIÓ EN ALGÚN PROGRAMA COLECTIVO, UNA ENCUESTA EN EXTERIORES,... ¡QUÉ SÉ YO!... ¿EN ALGO?
NO. LO SIENTO
¡PACIENCIA!... VEAMOS, PROCESOS JUDICIALES, AL MENOS, ¿CUÁNTOS HA TENIDO EN SU CONTRA?
¡AAH, NO! ¡CON LA JUSTICIA JAMÁS TUVE NADA, POR SUERTE!
¡CARAMBA-CARAMBA, VIVALDI!... SIENDO ASÍ, DEBO DERIVARLO A NUESTRA OFICINA: "CLIENTES ESPECIALES".
¡AH, BIEN!
BUENAS, YO QUISIE
¿TU NOMBRE, CHE?

~¿Y EL MAYORCITO YA TRABAJA?

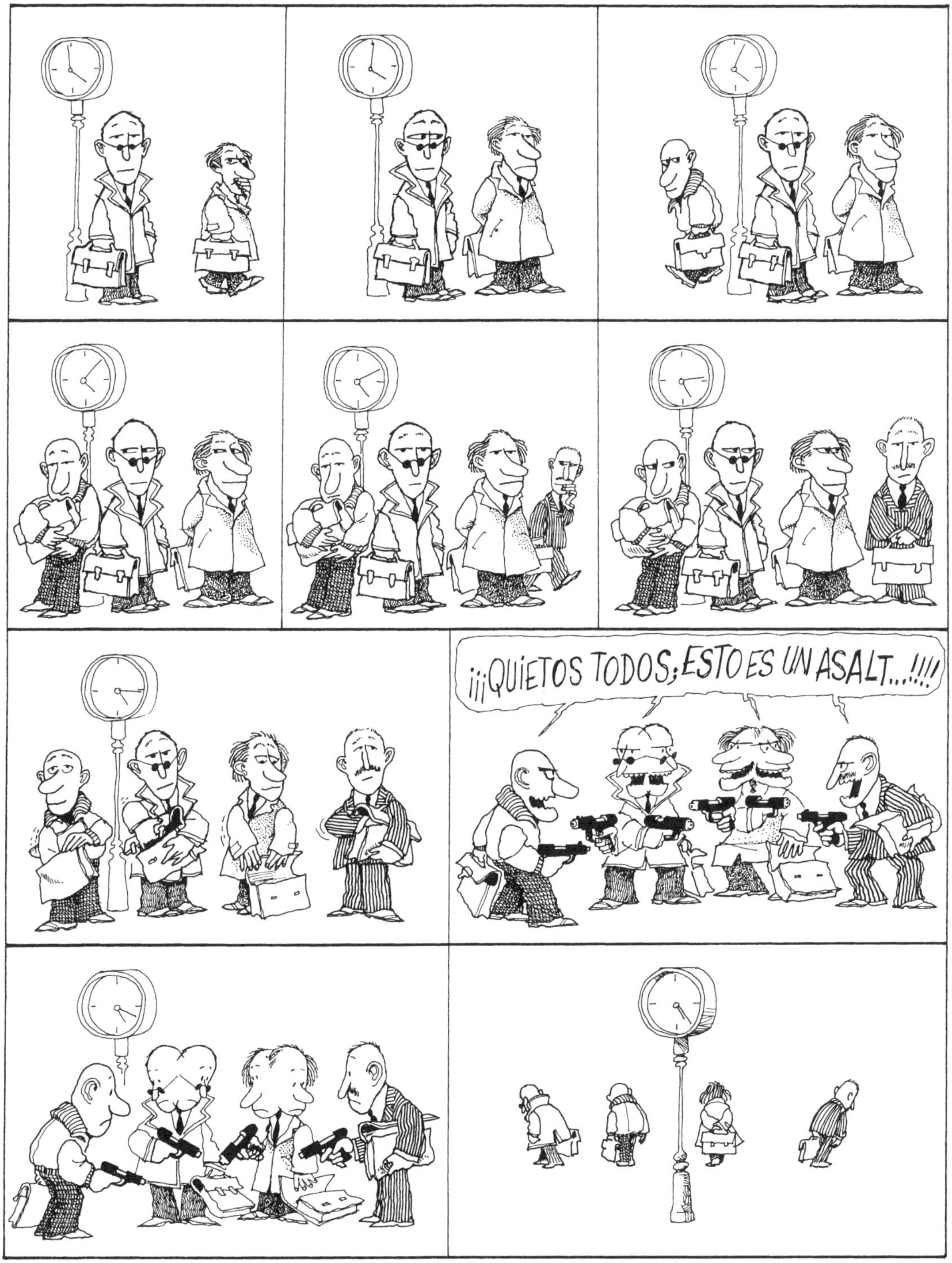
¡¡¡QUIETOS TODOS; ESTO ES UN ASALT...!!!!

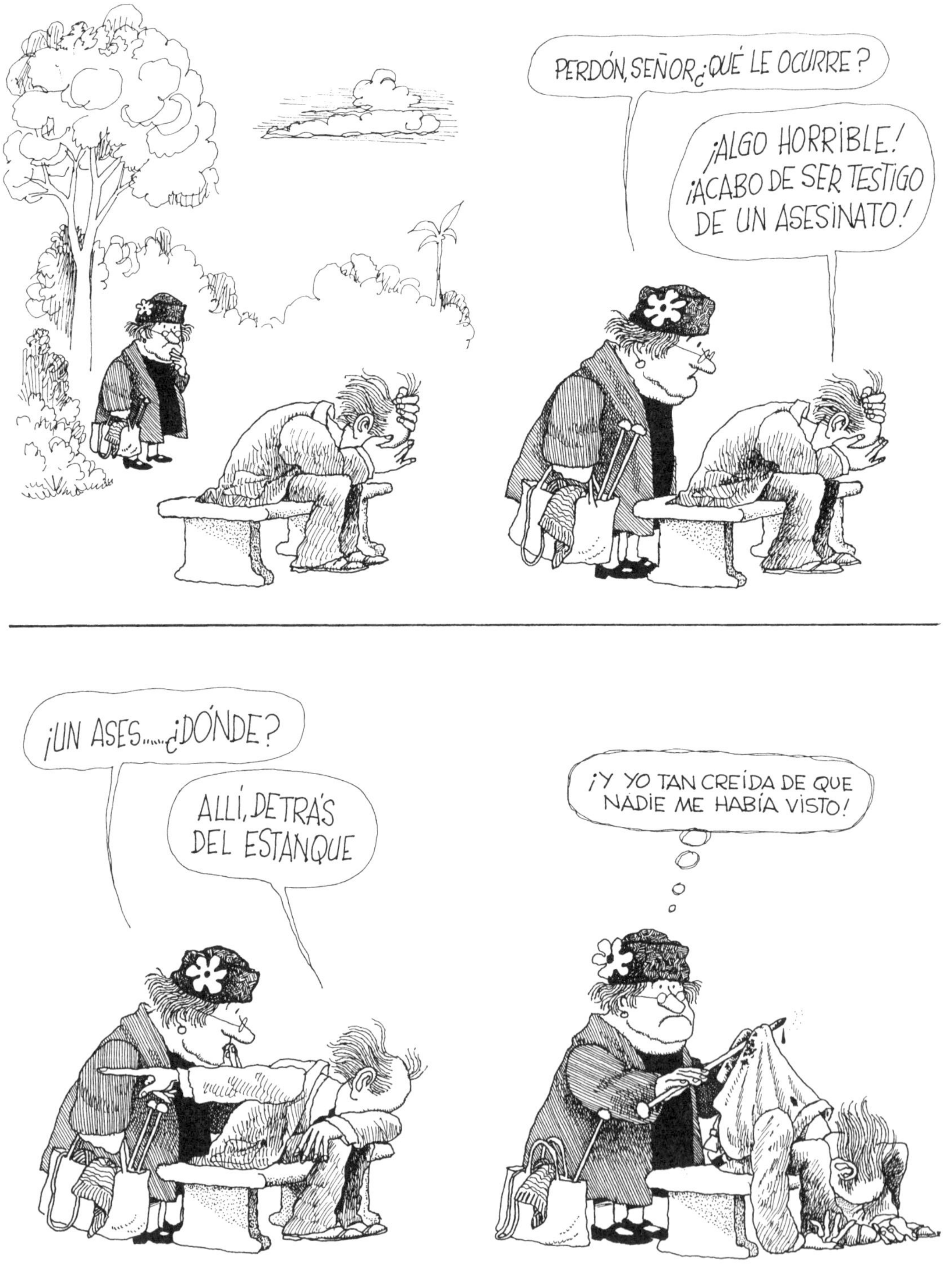

PERDÓN, SEÑOR ¿QUÉ LE OCURRE?
¡ALGO HORRIBLE! ¡ACABO DE SER TESTIGO DE UN ASESINATO!
¡UN ASES...... ¿DÓNDE?
ALLÍ, DETRÁS DEL ESTANQUE
¡Y YO TAN CREÍDA DE QUE NADIE ME HABÍA VISTO!

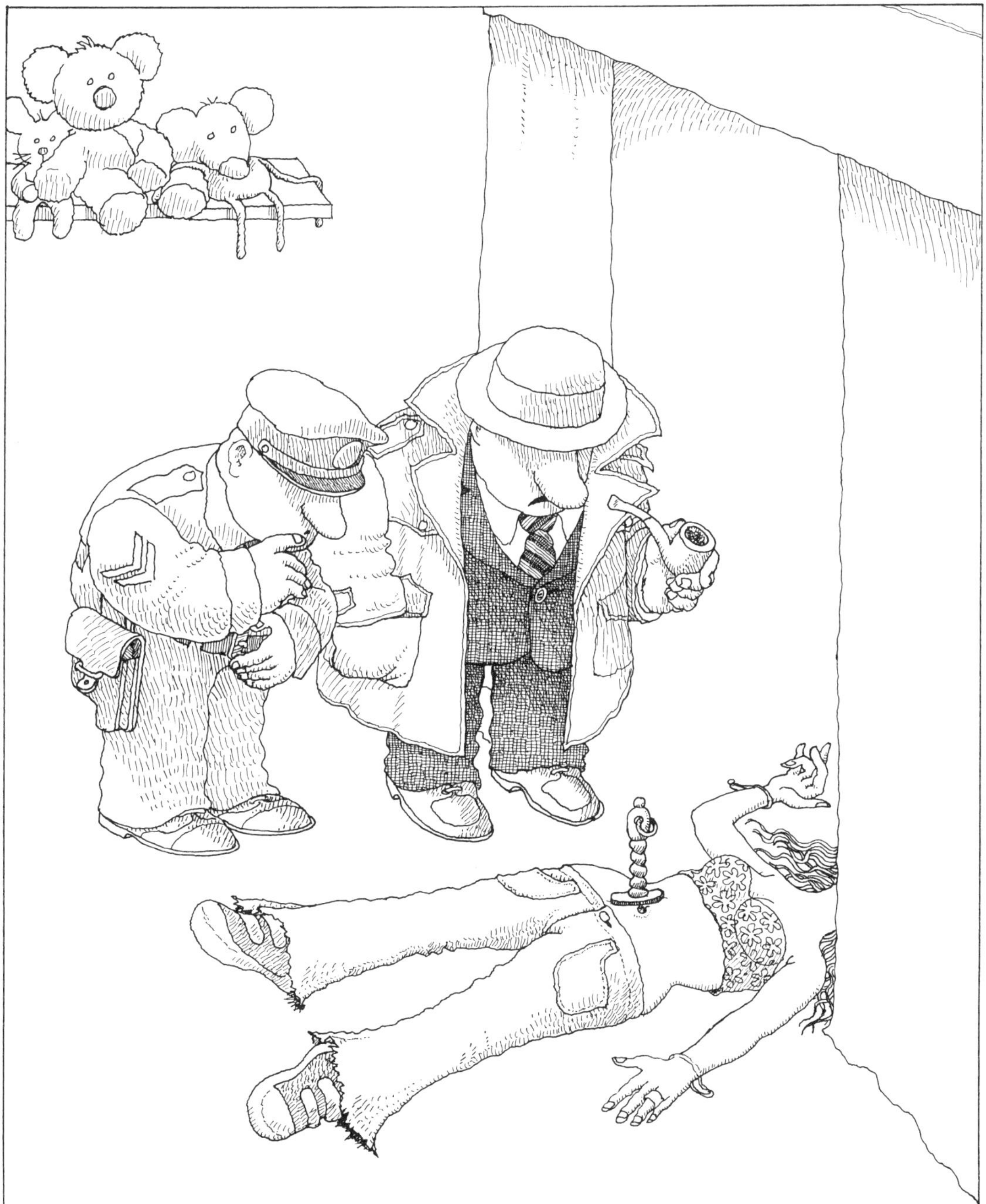

—ES CIERTO QUE HOY LAS CHICAS SE PONEN CUALQUIER COSA EN EL OMBLIGO, PERO... ¡HMMM!... NO SÉ, ... NO SÉ...

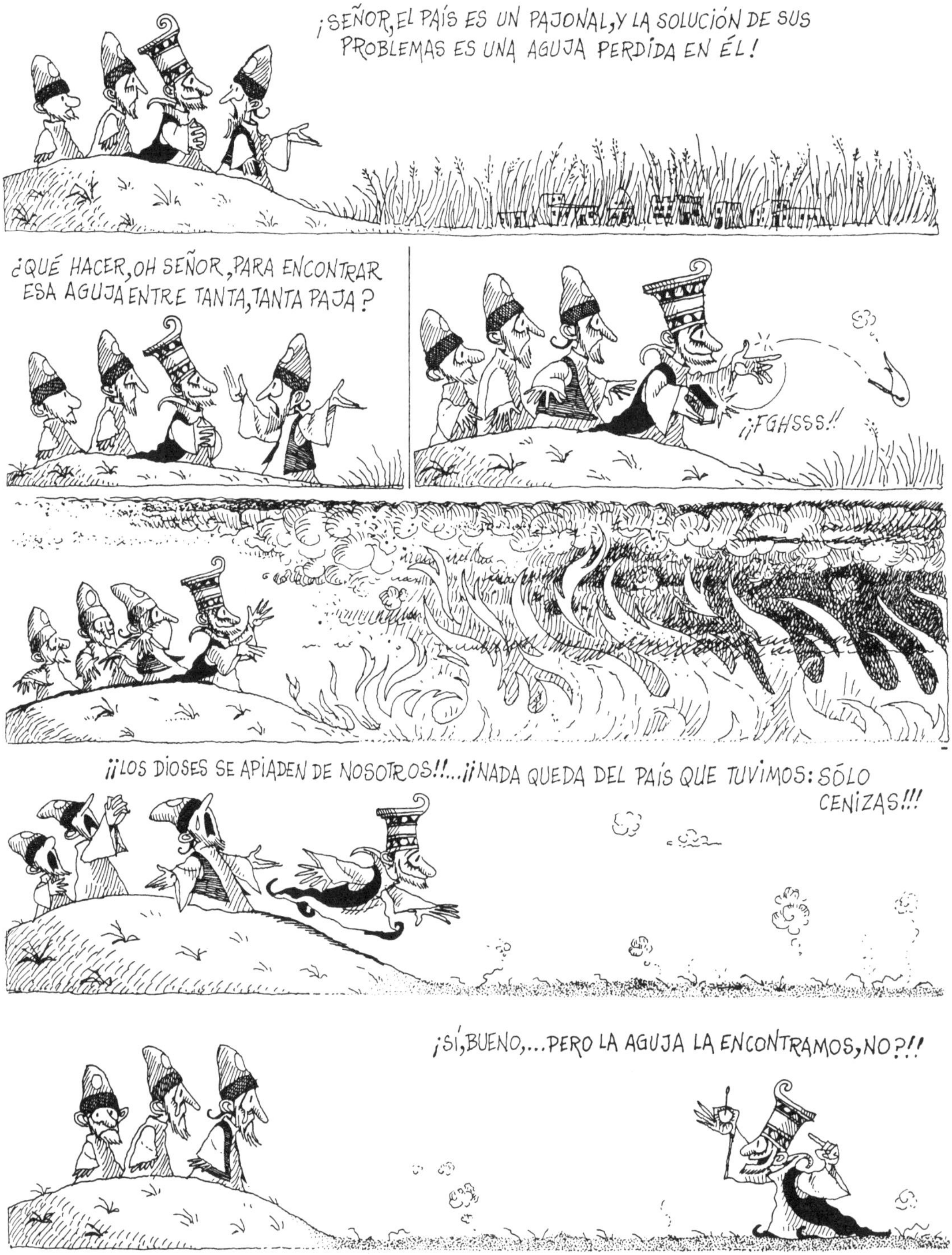
¡SEÑOR, EL PAÍS ES UN PAJONAL, Y LA SOLUCIÓN DE SUS PROBLEMAS ES UNA AGUJA PERDIDA EN ÉL!
¿QUÉ HACER, OH SEÑOR, PARA ENCONTRAR ESA AGUJA ENTRE TANTA, TANTA PAJA?
¡¡FGHSSS!!
¡¡LOS DIOSES SE APIADEN DE NOSOTROS!!... ¡¡NADA QUEDA DEL PAÍS QUE TUVIMOS: SÓLO CENIZAS!!!
¡SÍ, BUENO,... PERO LA AGUJA LA ENCONTRAMOS, NO?!!

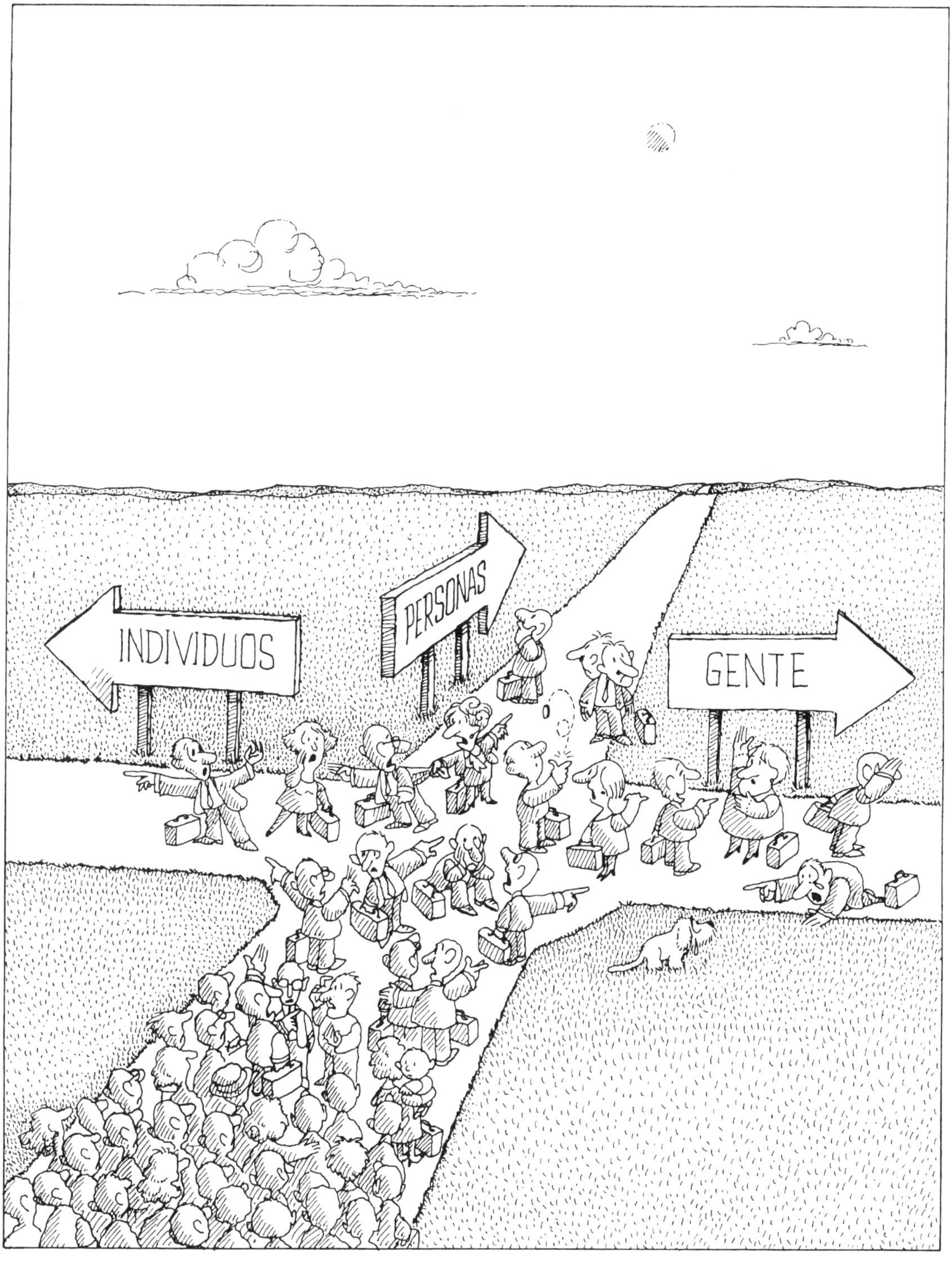
INDIVIDUOS
PERSONAS
GENTE

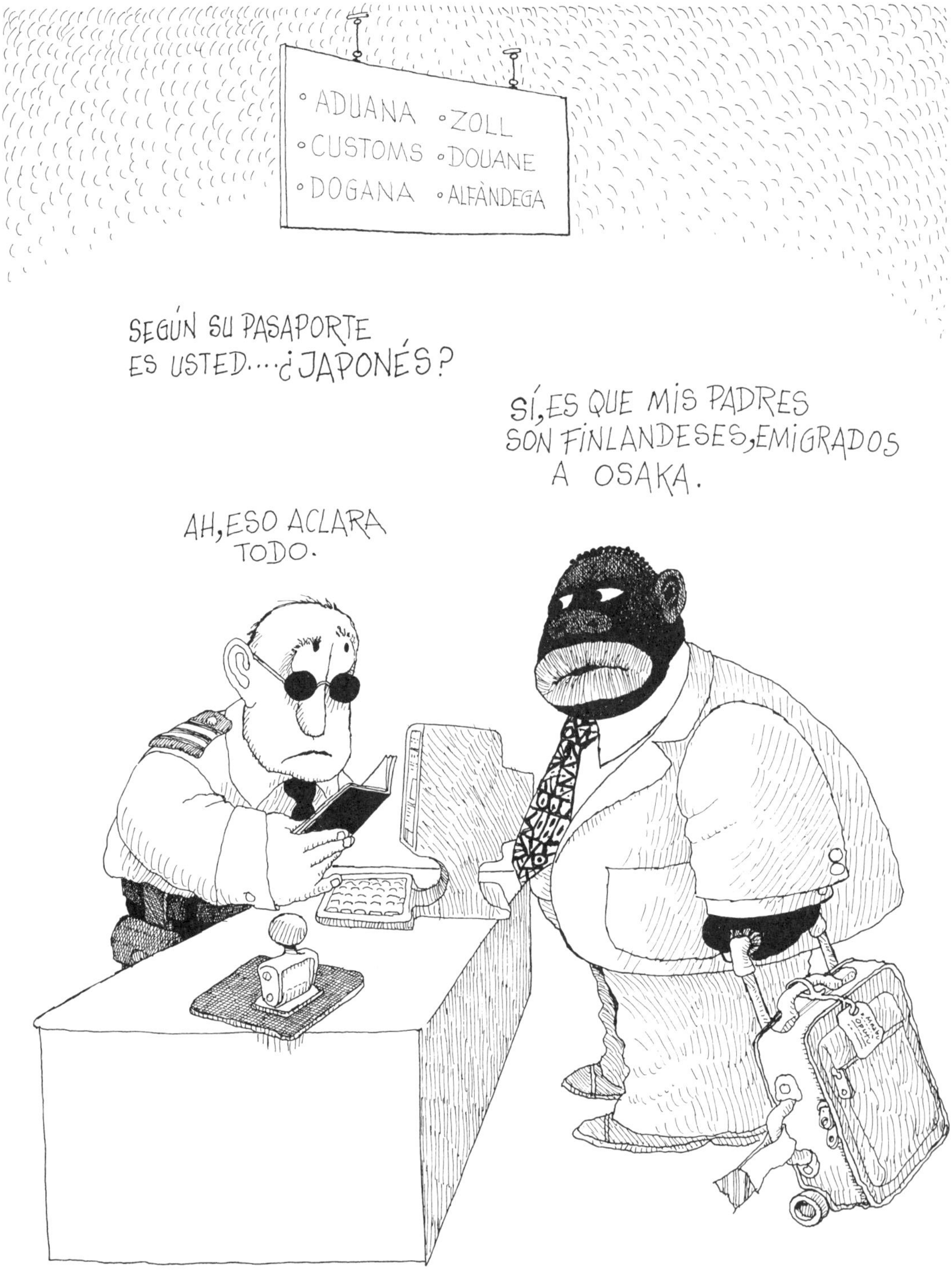

ADUANA
ZOLL
CUSTOMS
DOUANE
DOGANA
ALFÀNDEGA
SEGÚN SU PASAPORTE ES USTED....¿JAPONÉS?
SÍ, ES QUE MIS PADRES SON FINLANDESES, EMIGRADOS A OSAKA.
AH, ESO ACLARA TODO.

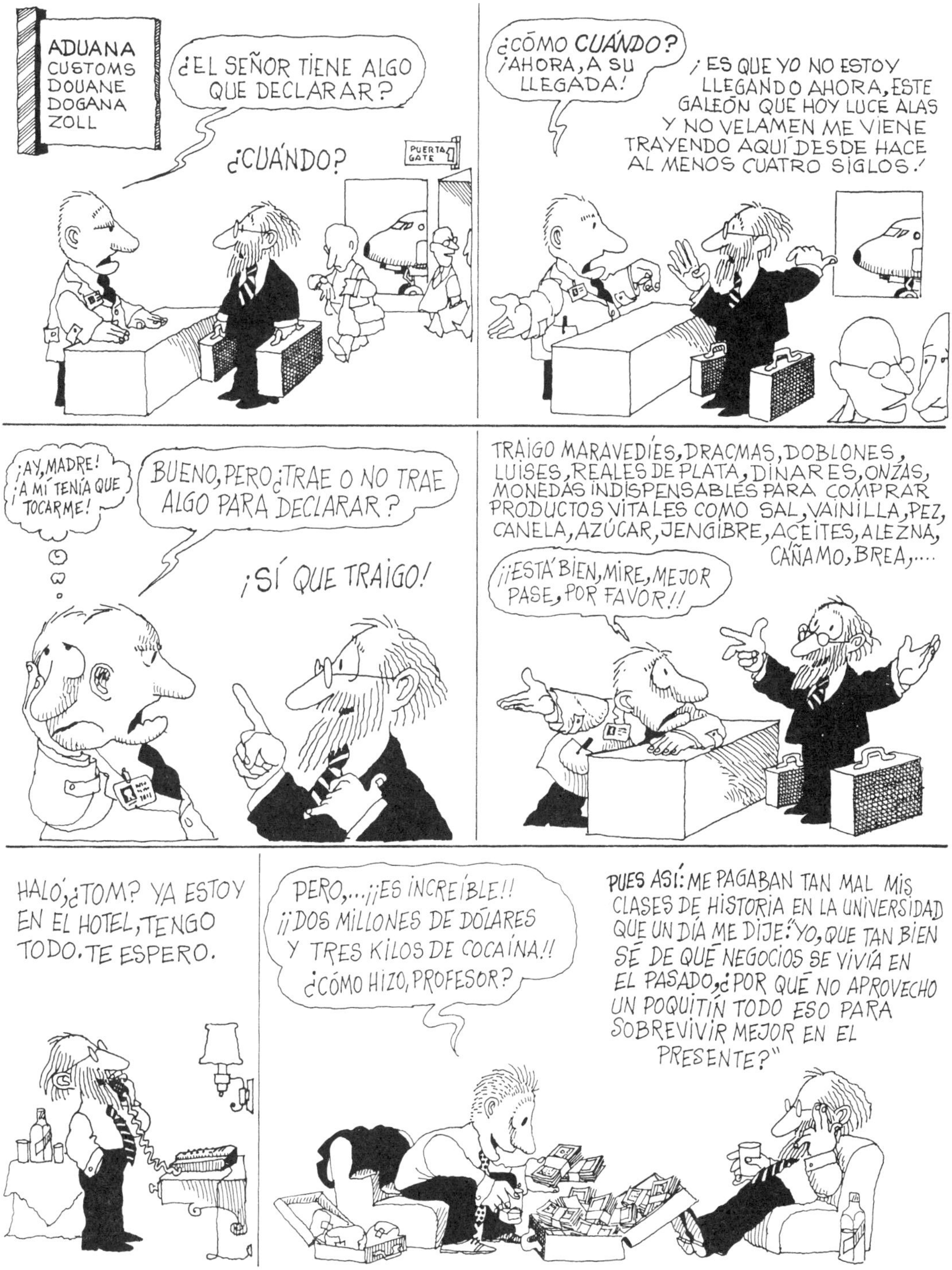

ADUANA CUSTOMS DOUANE DOGANA ZOLL
¿EL SEÑOR TIENE ALGO QUE DECLARAR?
¿CUÁNDO?
PUERTA GATE
¿CÓMO CUÁNDO? ¡AHORA, A SU LLEGADA!
¡ES QUE YO NO ESTOY LLEGANDO AHORA, ESTE GALEÓN QUE HOY LUCE ALAS Y NO VELAMEN ME VIENE TRAYENDO AQUÍ DESDE HACE AL MENOS CUATRO SIGLOS!
¡AY, MADRE! ¡A MÍ TENÍA QUE TOCARME!
BUENO, PERO ¿TRAE O NO TRAE ALGO PARA DECLARAR?
¡SÍ QUE TRAIGO!
TRAIGO MARAVEDÍES, DRACMAS, DOBLONES, LUISES, REALES DE PLATA, DINARES, ONZAS, MONEDAS INDISPENSABLES PARA COMPRAR PRODUCTOS VITALES COMO SAL, VAINILLA, PEZ, CANELA, AZÚCAR, JENGIBRE, ACEITES, ALEZNA, CÁÑAMO, BREA,...
¡¡ESTÁ BIEN, MIRE, MEJOR PASE, POR FAVOR!!
HALÓ, ¿TOM? YA ESTOY EN EL HOTEL, TENGO TODO. TE ESPERO.
PERO,...¡¡ES INCREÍBLE!! ¡¡DOS MILLONES DE DÓLARES Y TRES KILOS DE COCAÍNA!! ¿CÓMO HIZO, PROFESOR?
PUES ASÍ: ME PAGABAN TAN MAL MIS CLASES DE HISTORIA EN LA UNIVERSIDAD QUE UN DÍA ME DIJE: "YO, QUE TAN BIEN SÉ DE QUÉ NEGOCIOS SE VIVÍA EN EL PASADO, ¿POR QUÉ NO APROVECHO UN POQUITÍN TODO ESO PARA SOBREVIVIR MEJOR EN EL PRESENTE?"

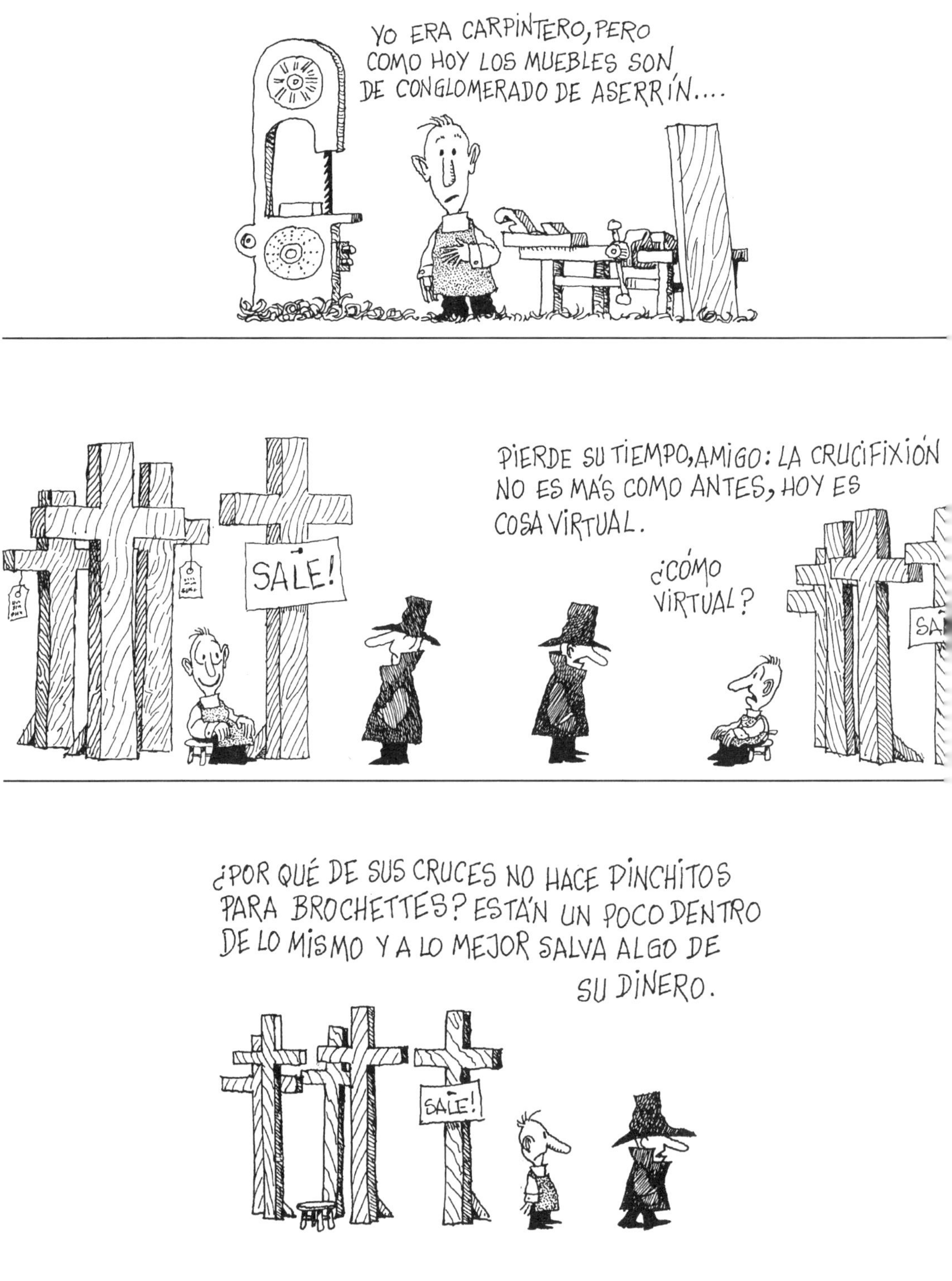
YO ERA CARPINTERO, PERO COMO HOY LOS MUEBLES SON DE CONGLOMERADO DE ASERRÍN....
SALE!
PIERDE SU TIEMPO, AMIGO: LA CRUCIFIXIÓN NO ES MÁS COMO ANTES, HOY ES COSA VIRTUAL.
¿CÓMO VIRTUAL?
¿POR QUÉ DE SUS CRUCES NO HACE PINCHITOS PARA BROCHETTES? ESTÁN UN POCO DENTRO DE LO MISMO Y A LO MEJOR SALVA ALGO DE SU DINERO.
SALE!

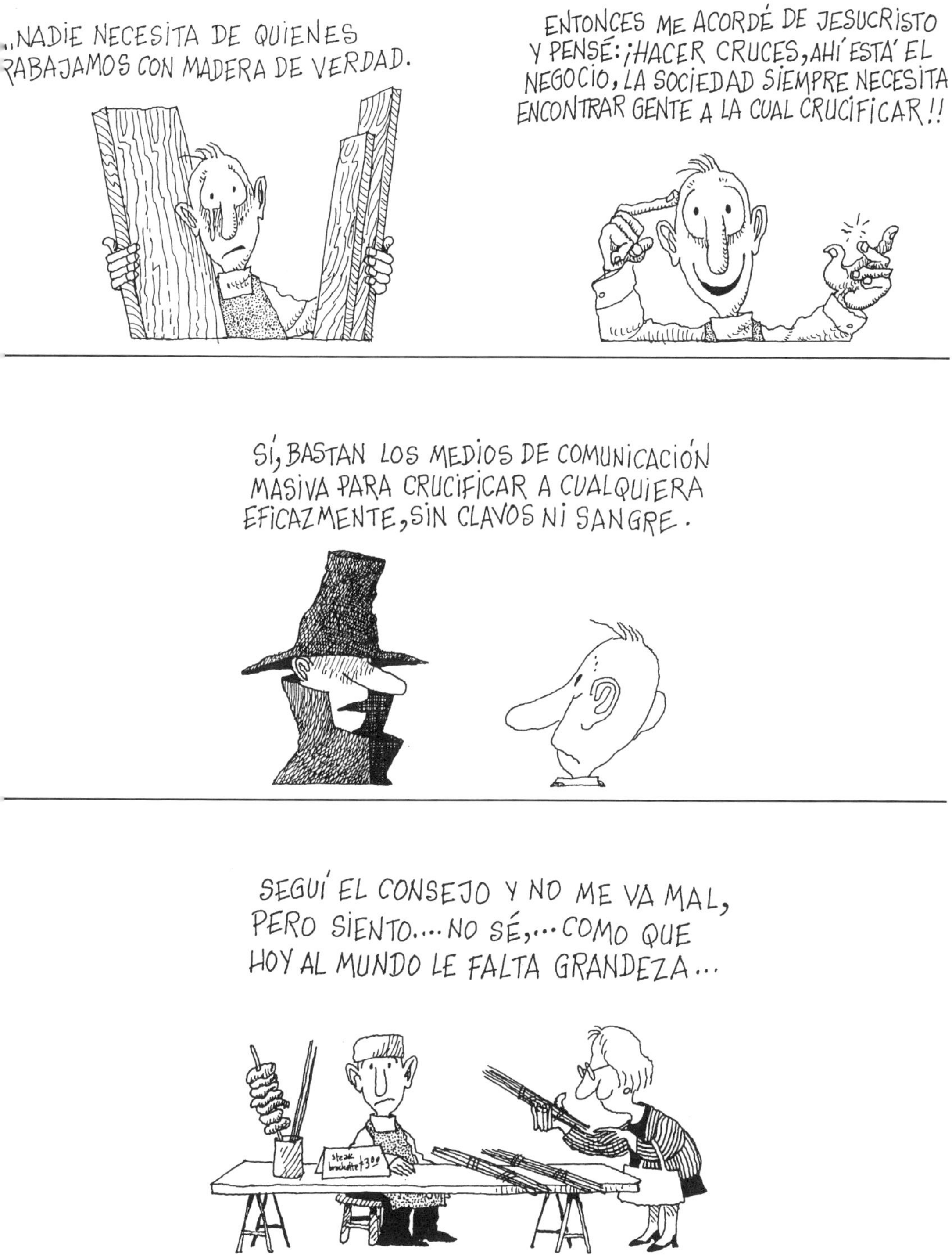
..NADIE NECESITA DE QUIENES
RABAJAMOS CON MADERA DE VERDAD.
ENTONCES ME ACORDÉ DE JESUCRISTO Y PENSÉ: ¡HACER CRUCES, AHÍ ESTÁ EL NEGOCIO, LA SOCIEDAD SIEMPRE NECESITA ENCONTRAR GENTE A LA CUAL CRUCIFICAR!!
SÍ, BASTAN LOS MEDIOS DE COMUNICACIÓN MASIVA PARA CRUCIFICAR A CUALQUIERA EFICAZMENTE, SIN CLAVOS NI SANGRE.
SEGUÍ EL CONSEJO Y NO ME VA MAL, PERO SIENTO.... NO SÉ,... COMO QUE HOY AL MUNDO LE FALTA GRANDEZA...

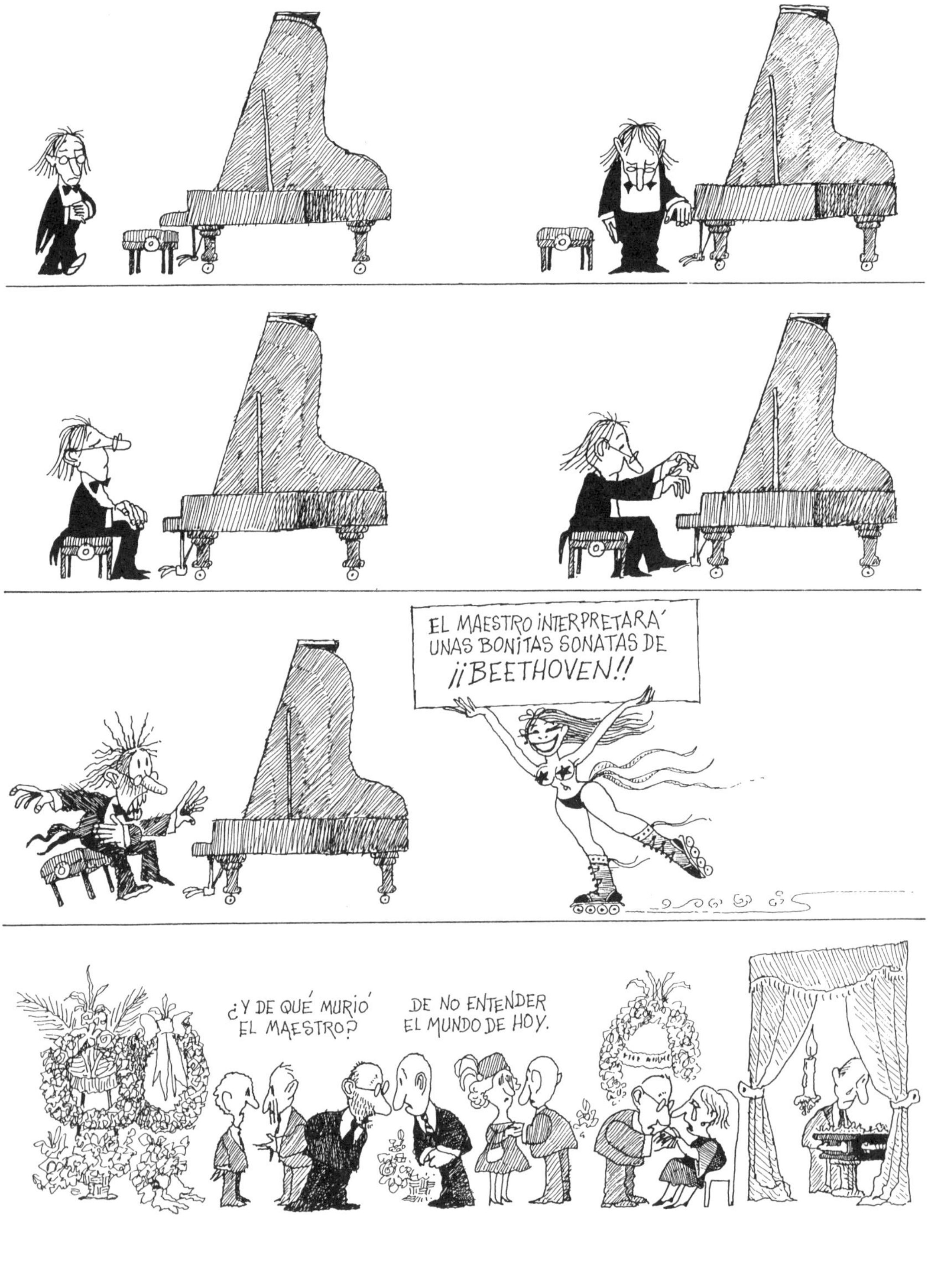
EL MAESTRO INTERPRETARÁ UNAS BONITAS SONATAS DE ¡¡BEETHOVEN!!
¿Y DE QUÉ MURIÓ EL MAESTRO?
DE NO ENTENDER EL MUNDO DE HOY.

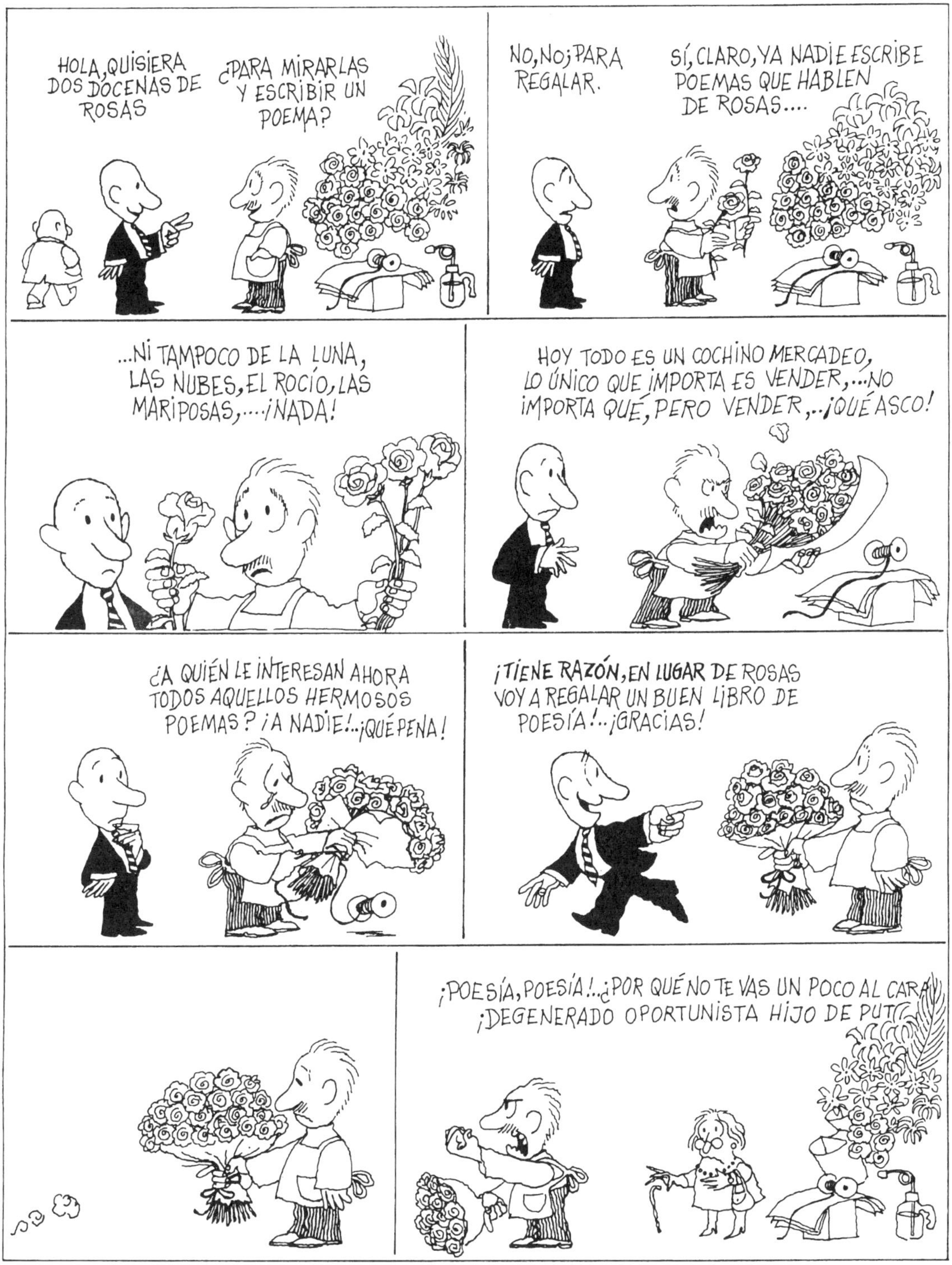
HOLA, QUISIERA DOS DOCENAS DE ROSAS
¿PARA MIRARLAS Y ESCRIBIR UN POEMA?
NO, NO; PARA REGALAR.
SÍ, CLARO, YA NADIE ESCRIBE POEMAS QUE HABLEN DE ROSAS....
...NI TAMPOCO DE LA LUNA, LAS NUBES, EL ROCÍO, LAS MARIPOSAS,....¡NADA!
HOY TODO ES UN COCHINO MERCADEO, LO ÚNICO QUE IMPORTA ES VENDER,...NO IMPORTA QUÉ, PERO VENDER,..¡QUÉ ASCO!
¿A QUIÉN LE INTERESAN AHORA TODOS AQUELLOS HERMOSOS POEMAS? ¡A NADIE!..¡QUÉ PENA!
¡TIENE RAZÓN, EN LUGAR DE ROSAS VOY A REGALAR UN BUEN LIBRO DE POESÍA!..¡GRACIAS!
¡POESÍA, POESÍA!..¿POR QUÉ NO TE VAS UN POCO AL CARA
¡DEGENERADO OPORTUNISTA HIJO DE PUT

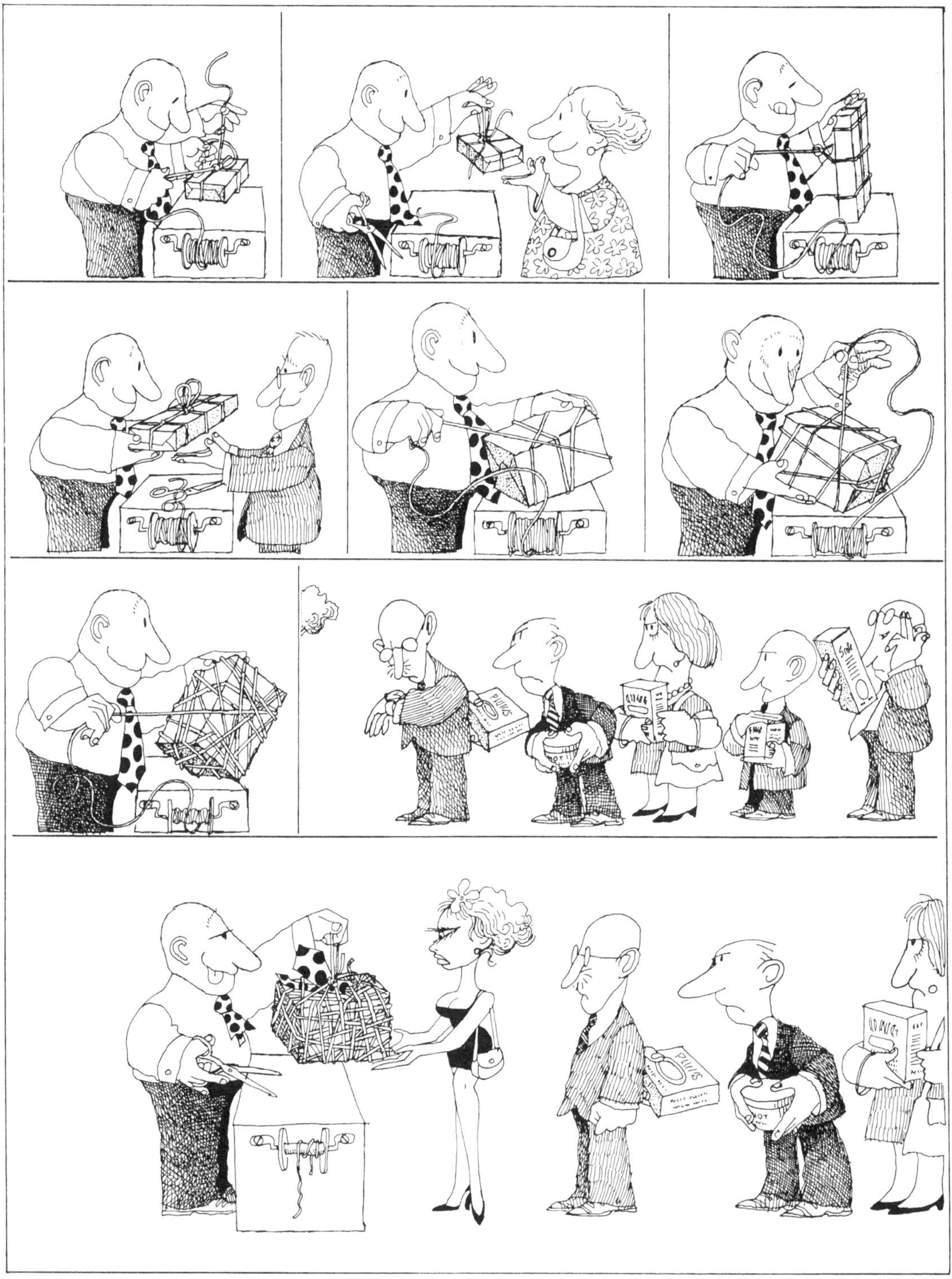

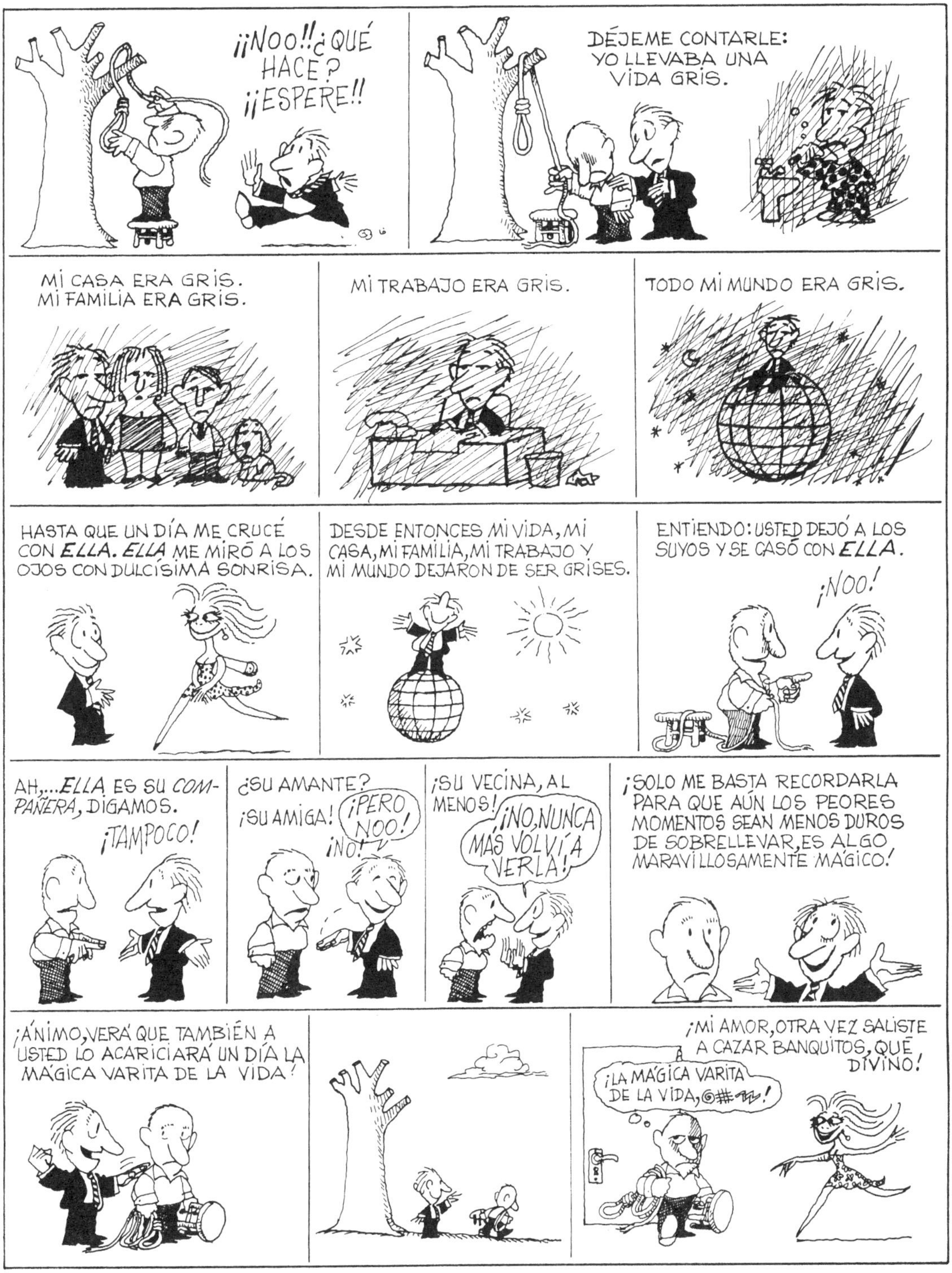
¡¡NOO!! ¿QUÉ HACE? ¡¡ESPERE!!
DÉJEME CONTARLE: YO LLEVABA UNA VIDA GRIS.
MI CASA ERA GRIS. MI FAMILIA ERA GRIS.
MI TRABAJO ERA GRIS.
TODO MI MUNDO ERA GRIS.
HASTA QUE UN DÍA ME CRUCÉ CON ELLA. ELLA ME MIRÓ A LOS OJOS CON DULCÍSIMA SONRISA.
DESDE ENTONCES MI VIDA, MI CASA, MI FAMILIA, MI TRABAJO Y MI MUNDO DEJARON DE SER GRISES.
ENTIENDO: USTED DEJÓ A LOS SUYOS Y SE CASÓ CON ELLA.
¡NOO!
AH,...ELLA ES SU COMPAÑERA, DIGAMOS.
¡TAMPOCO!
¿SU AMANTE?
¡NO!
¡SU AMIGA!
¡PERO NOO!
¡SU VECINA, AL MENOS!
¡NO, NUNCA MAS VOLVÍ A VERLA!
¡SOLO ME BASTA RECORDARLA PARA QUE AÚN LOS PEORES MOMENTOS SEAN MENOS DUROS DE SOBRELLEVAR, ES ALGO MARAVILLOSAMENTE MÁGICO!
¡ÁNIMO, VERÁ QUE TAMBIÉN A USTED LO ACARICIARÁ UN DÍA LA MÁGICA VARITA DE LA VIDA!
¡MI AMOR, OTRA VEZ SALISTE A CAZAR BANQUITOS, QUÉ DIVINO!
¡LA MÁGICA VARITA DE LA VIDA, @#!

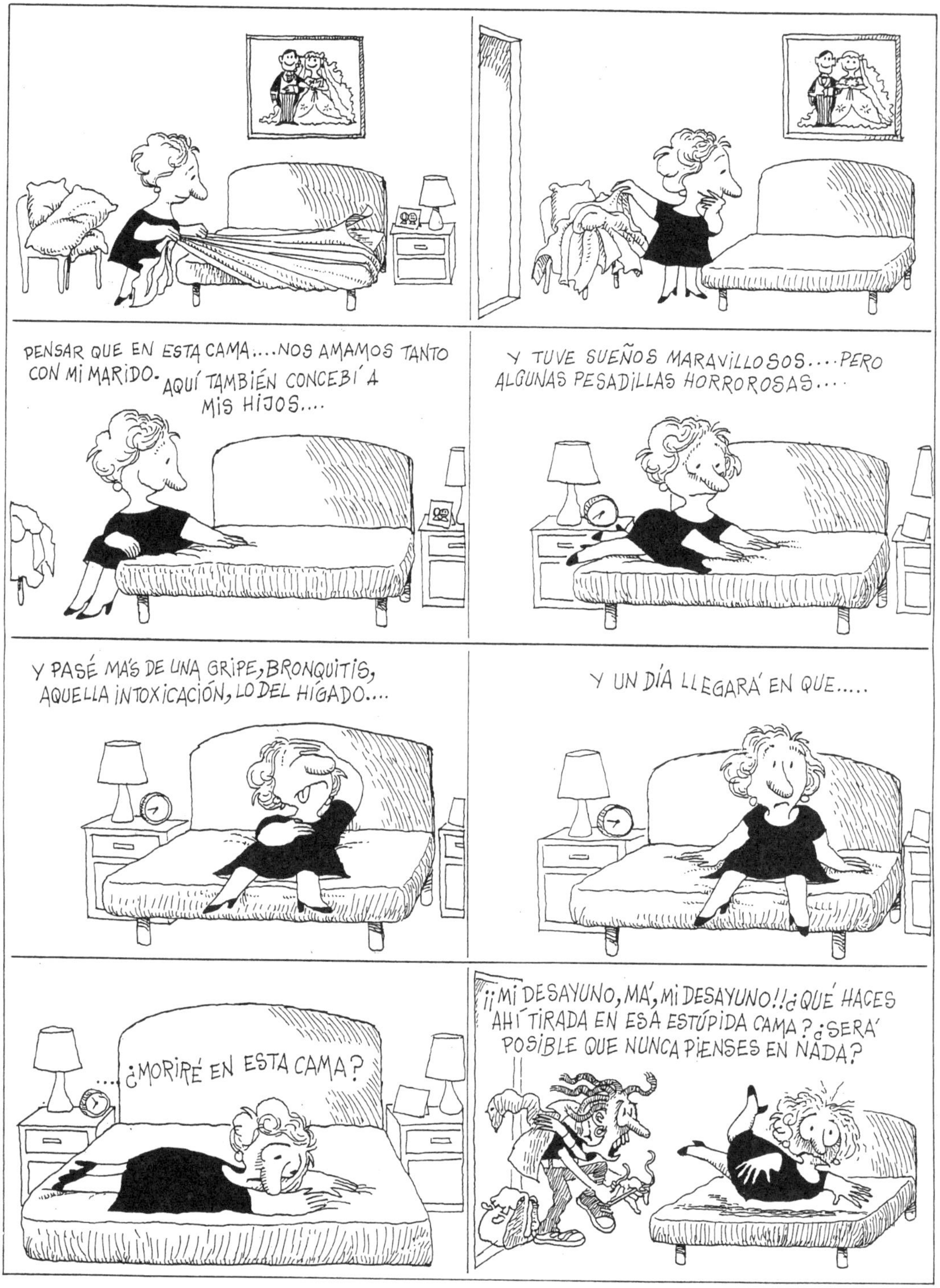
PENSAR QUE EN ESTA CAMA....NOS AMAMOS TANTO CON MI MARIDO.
AQUÍ TAMBIÉN CONCEBÍ A MIS HIJOS....
Y TUVE SUEÑOS MARAVILLOSOS....PERO ALGUNAS PESADILLAS HORROROSAS....
Y PASÉ MÁS DE UNA GRIPE, BRONQUITIS, AQUELLA INTOXICACIÓN, LO DEL HÍGADO....
Y UN DÍA LLEGARÁ EN QUE.....
....¿MORIRÉ EN ESTA CAMA?
¡¡MI DESAYUNO, MA', MI DESAYUNO!! ¿QUÉ HACES AHÍ TIRADA EN ESA ESTÚPIDA CAMA? ¿SERÁ POSIBLE QUE NUNCA PIENSES EN NADA?

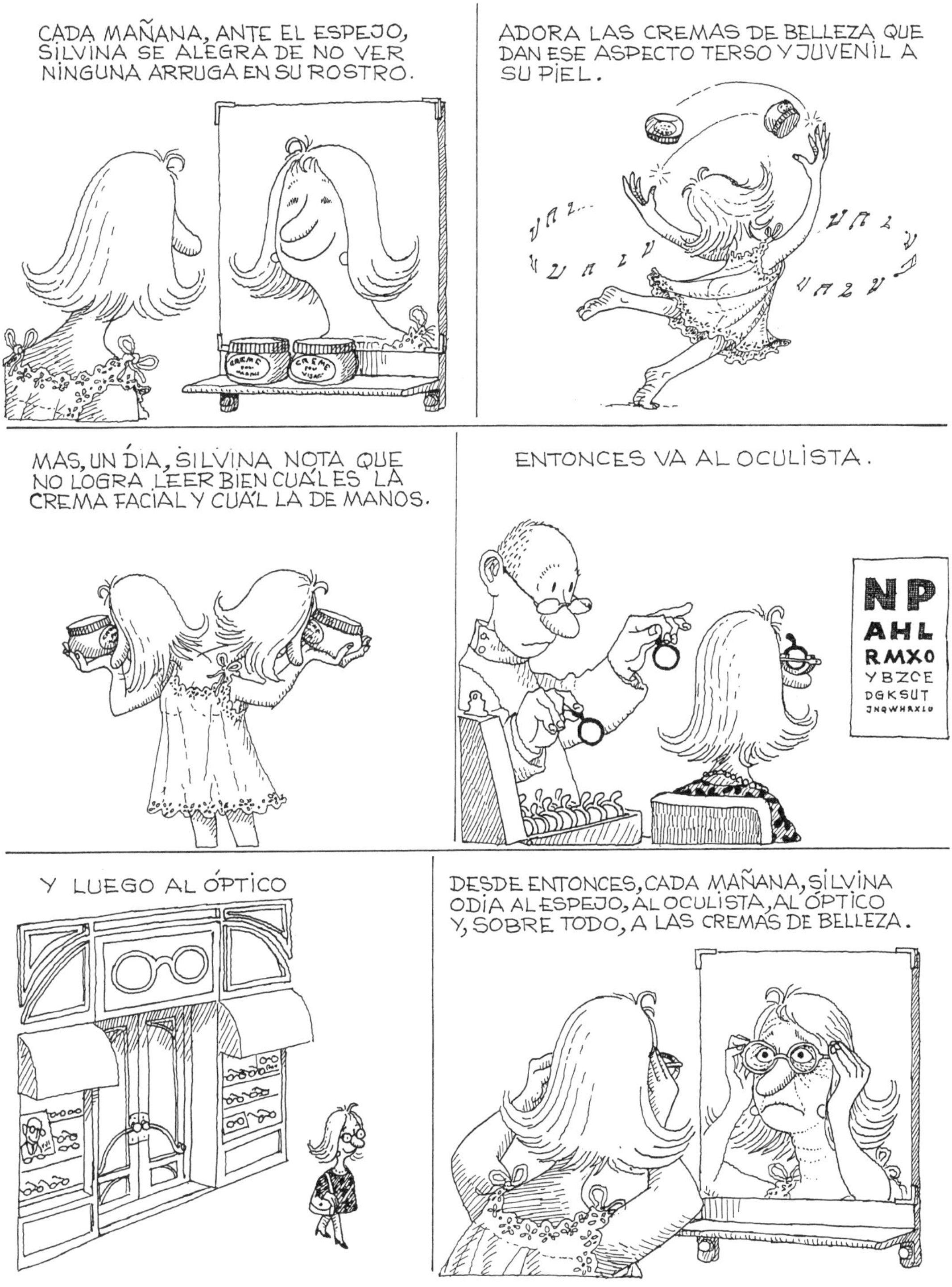

CADA MAÑANA, ANTE EL ESPEJO, SILVINA SE ALEGRA DE NO VER NINGUNA ARRUGA EN SU ROSTRO.
ADORA LAS CREMAS DE BELLEZA QUE DAN ESE ASPECTO TERSO Y JUVENIL A SU PIEL.
MAS, UN DÍA, SILVINA NOTA QUE NO LOGRA LEER BIEN CUÁL ES LA CREMA FACIAL Y CUÁL LA DE MANOS.
ENTONCES VA AL OCULISTA.
NP
AHL
RMXO
YBZCE
DGKSUT
Y LUEGO AL ÓPTICO
DESDE ENTONCES, CADA MAÑANA, SILVINA ODIA AL ESPEJO, AL OCULISTA, AL ÓPTICO Y, SOBRE TODO, A LAS CREMAS DE BELLEZA.

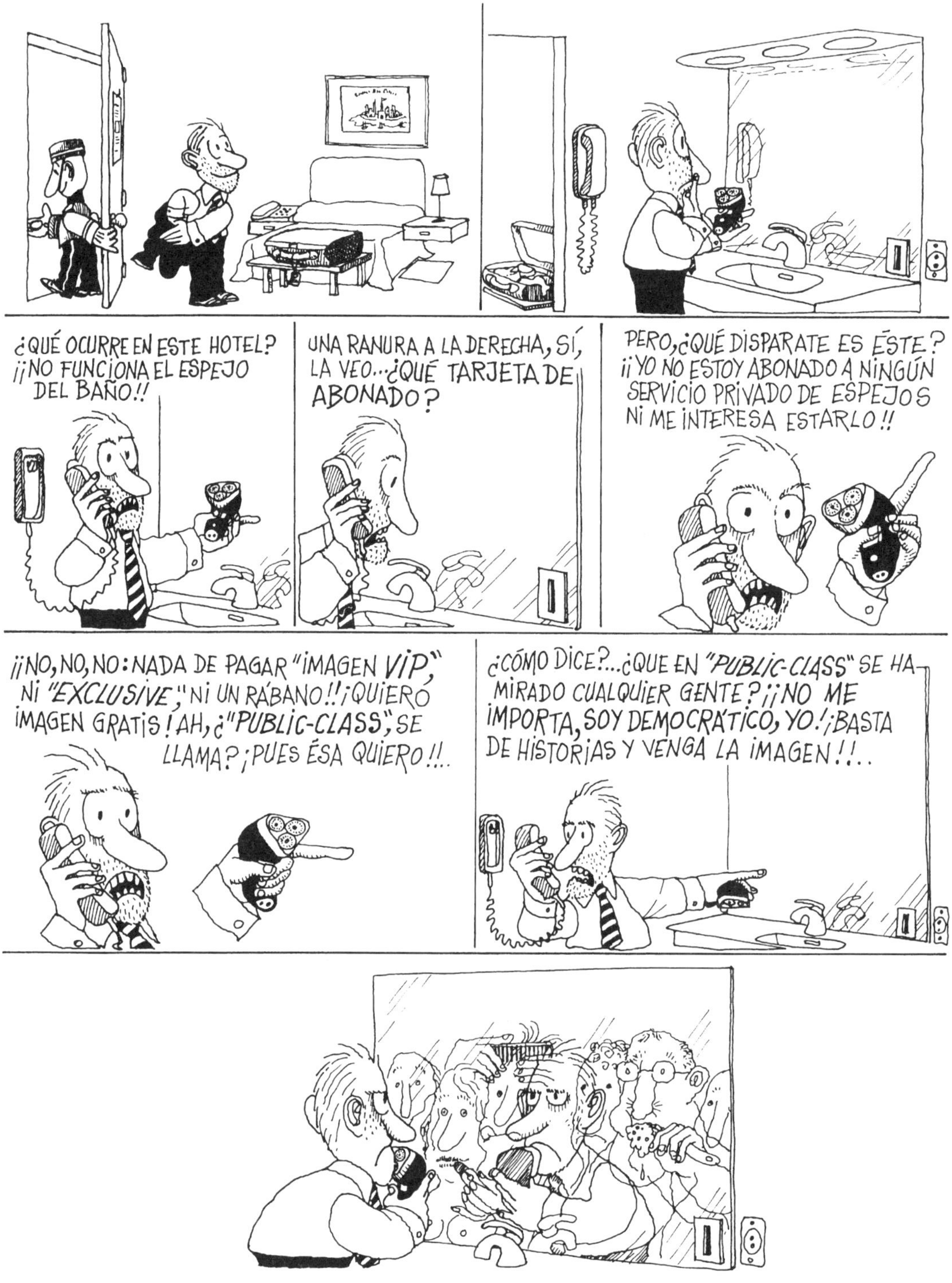

¿QUÉ OCURRE EN ESTE HOTEL? ¡¡NO FUNCIONA EL ESPEJO DEL BAÑO!!
UNA RANURA A LA DERECHA, SÍ, LA VEO... ¿QUÉ TARJETA DE ABONADO?
PERO, ¿QUÉ DISPARATE ES ÉSTE? ¡¡YO NO ESTOY ABONADO A NINGÚN SERVICIO PRIVADO DE ESPEJOS NI ME INTERESA ESTARLO!!
¡¡NO, NO, NO: NADA DE PAGAR "IMAGEN VIP" NI "EXCLUSIVE", NI UN RÁBANO!! ¡QUIERO IMAGEN GRATIS! AH, ¿"PUBLIC-CLASS", SE LLAMA? ¡PUES ÉSA QUIERO!!..
¿CÓMO DICE?... ¿QUE EN "PUBLIC-CLASS" SE HA MIRADO CUALQUIER GENTE? ¡¡NO ME IMPORTA, SOY DEMOCRÁTICO, YO!! ¡BASTA DE HISTORIAS Y VENGA LA IMAGEN!!..

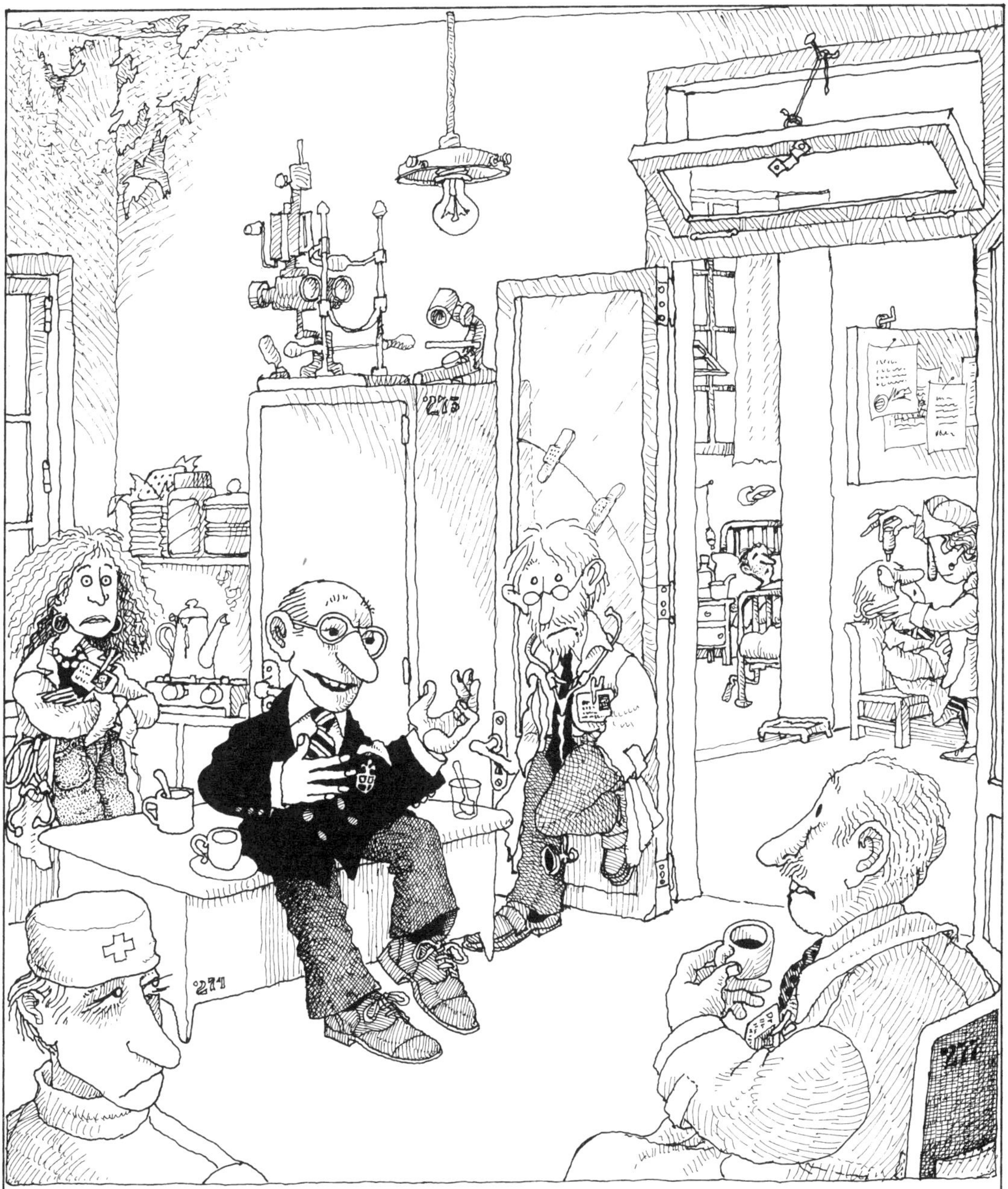

—¡CLARO!..LO QUE LES FALTA A USTEDES AQUÍ EN EL HOSPITAL PÚBLICO ES TODA ESA ALTA TECNOLOGÍA QUE TANTO ENRIQUECE HOY LA TAREA DE QUIENES EJERCEMOS LA MEDICINA EN FORMA PRIVADA. YO, POR EJEMPLO, TENGO AHORA EN MÍ CLÍNICA UN ENDOCTÓMETRO A ONDAS DE PLUTONIO CON EL QUE LOGRO EXTIRPARLE AL PACIENTE, EN FORMA TAN RÁPIDA QUE ES CASI INDOLORA, ABSOLUTAMENTE TODOS SUS AHORROS.

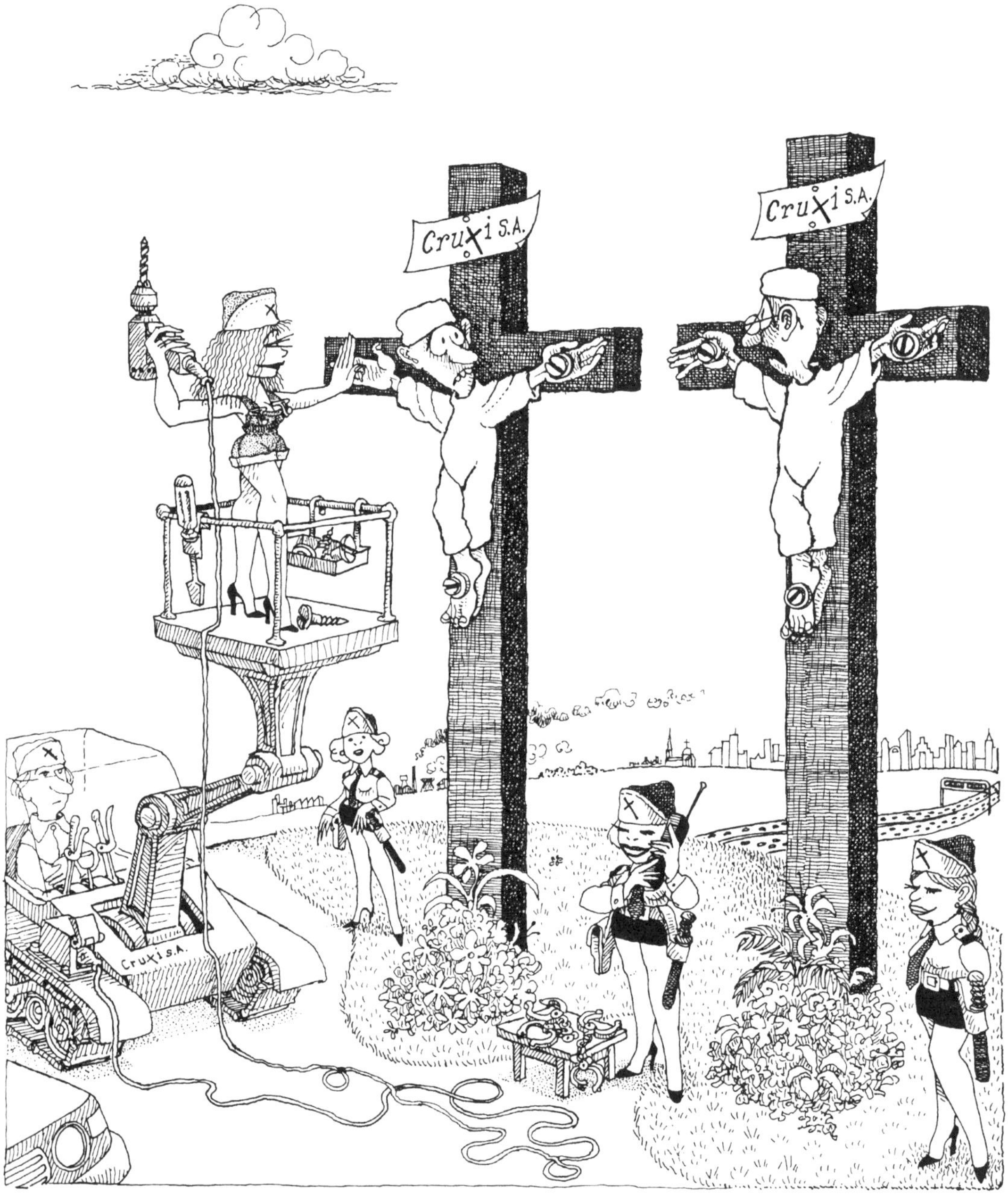
Cruxi S.A.
Cruxi S.A.
Cruxi S.A.

~ SÍ, EL MÉTODO SIGUE SIENDO ANTICUADO, PERO HAY QUE RECONOCER QUE LA COSA MEJORÓ MUCHO LUEGO DE LA PRIVATIZACIÓN.

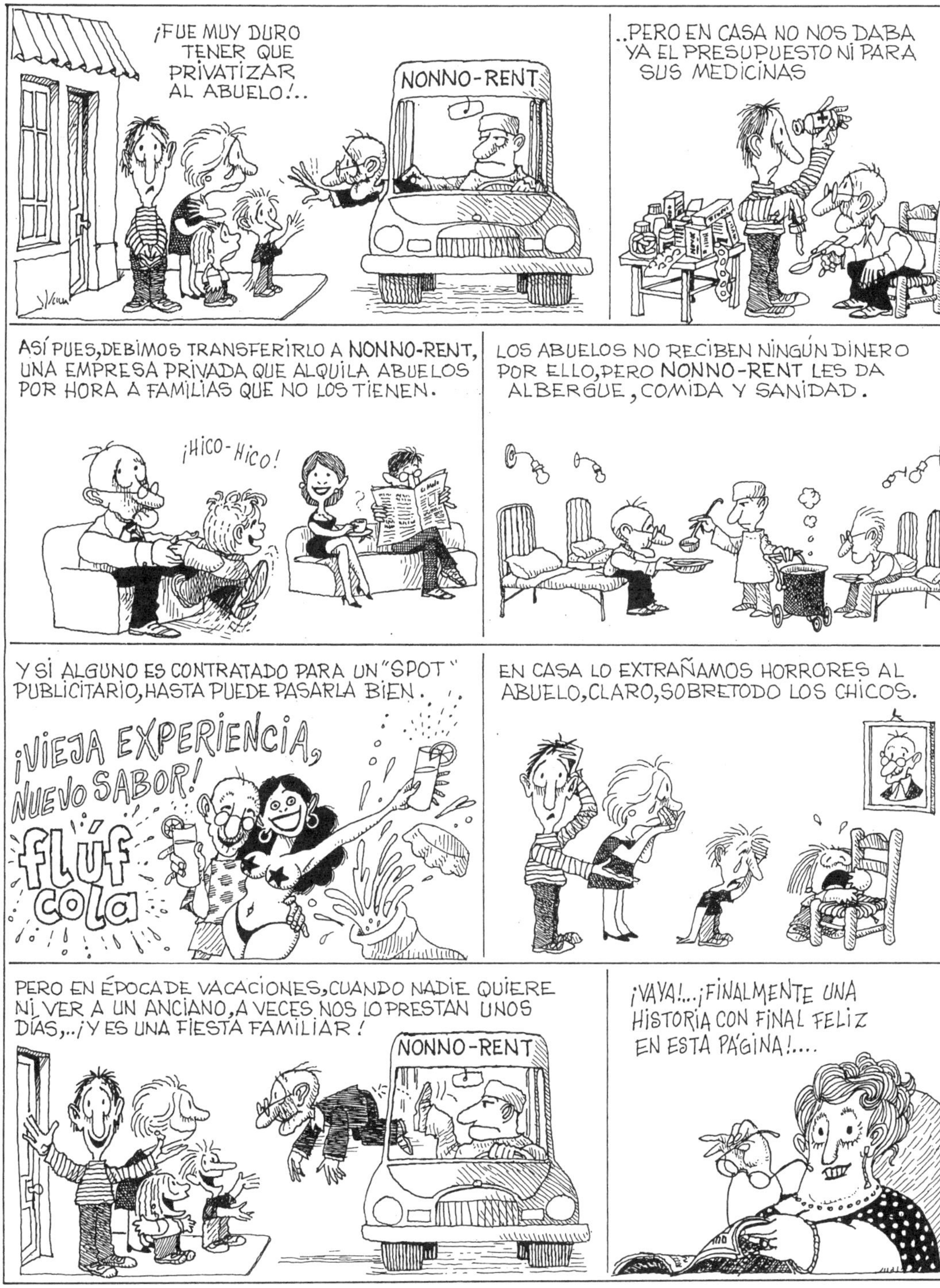

¡FUE MUY DURO TENER QUE PRIVATIZAR AL ABUELO!..
NONNO-RENT
..PERO EN CASA NO NOS DABA YA EL PRESUPUESTO NI PARA SUS MEDICINAS
ASÍ PUES, DEBIMOS TRANSFERIRLO A NONNO-RENT, UNA EMPRESA PRIVADA QUE ALQUILA ABUELOS POR HORA A FAMILIAS QUE NO LOS TIENEN.
¡HICO-HICO!
LOS ABUELOS NO RECIBEN NINGÚN DINERO POR ELLO, PERO NONNO-RENT LES DA ALBERGUE, COMIDA Y SANIDAD.
Y SI ALGUNO ES CONTRATADO PARA UN "SPOT" PUBLICITARIO, HASTA PUEDE PASARLA BIEN.
¡VIEJA EXPERIENCIA, NUEVO SABOR!
flúf cola
EN CASA LO EXTRAÑAMOS HORRORES AL ABUELO, CLARO, SOBRETODO LOS CHICOS.
PERO EN ÉPOCA DE VACACIONES, CUANDO NADIE QUIERE NI VER A UN ANCIANO, A VECES NOS LO PRESTAN UNOS DÍAS,..¡Y ES UNA FIESTA FAMILIAR!
NONNO-RENT
¡VAYA!...¡FINALMENTE UNA HISTORIA CON FINAL FELIZ EN ESTA PÁGINA!....

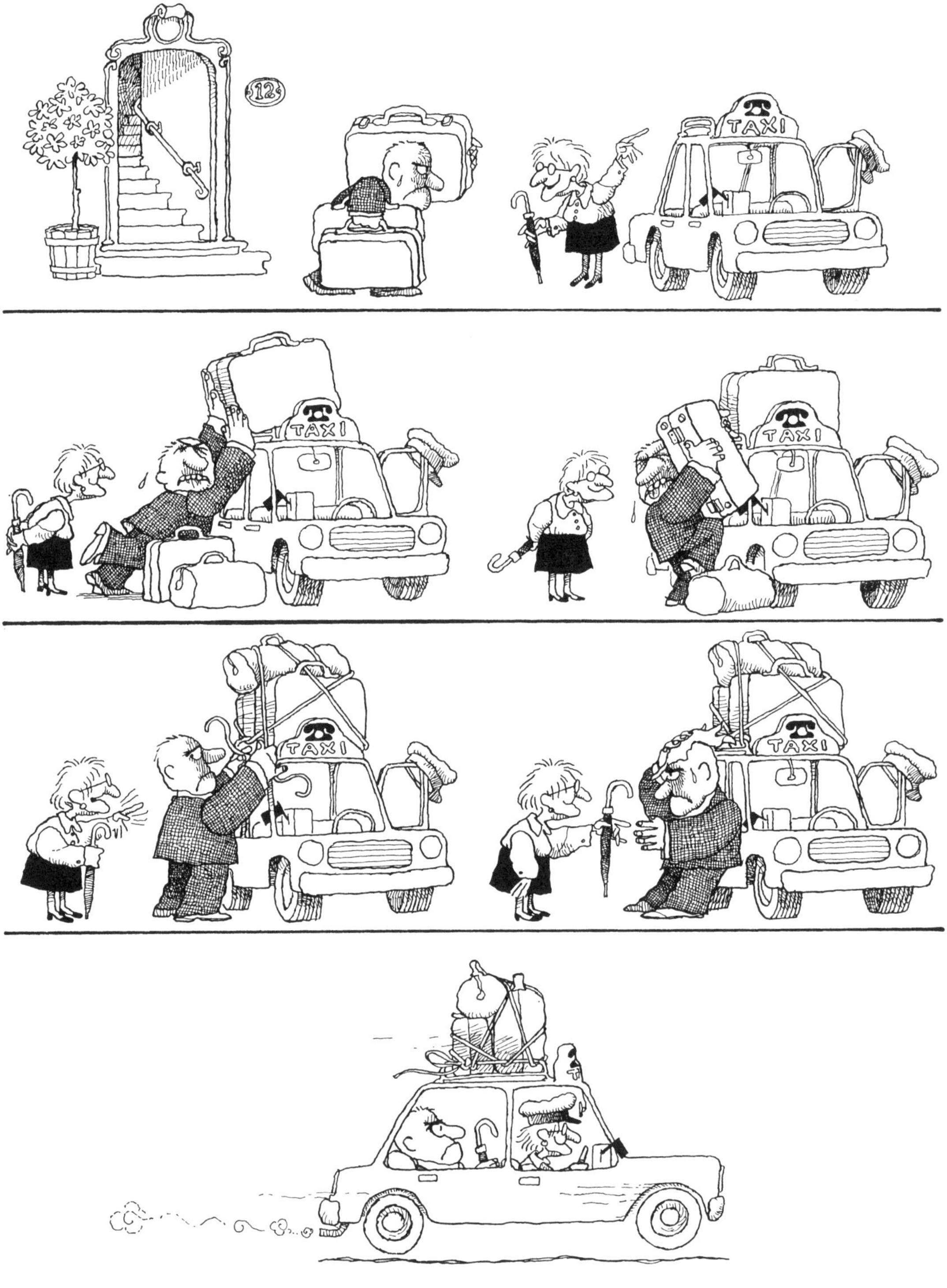
12
TAXI
TAXI
TAXI
TAXI
TAXI

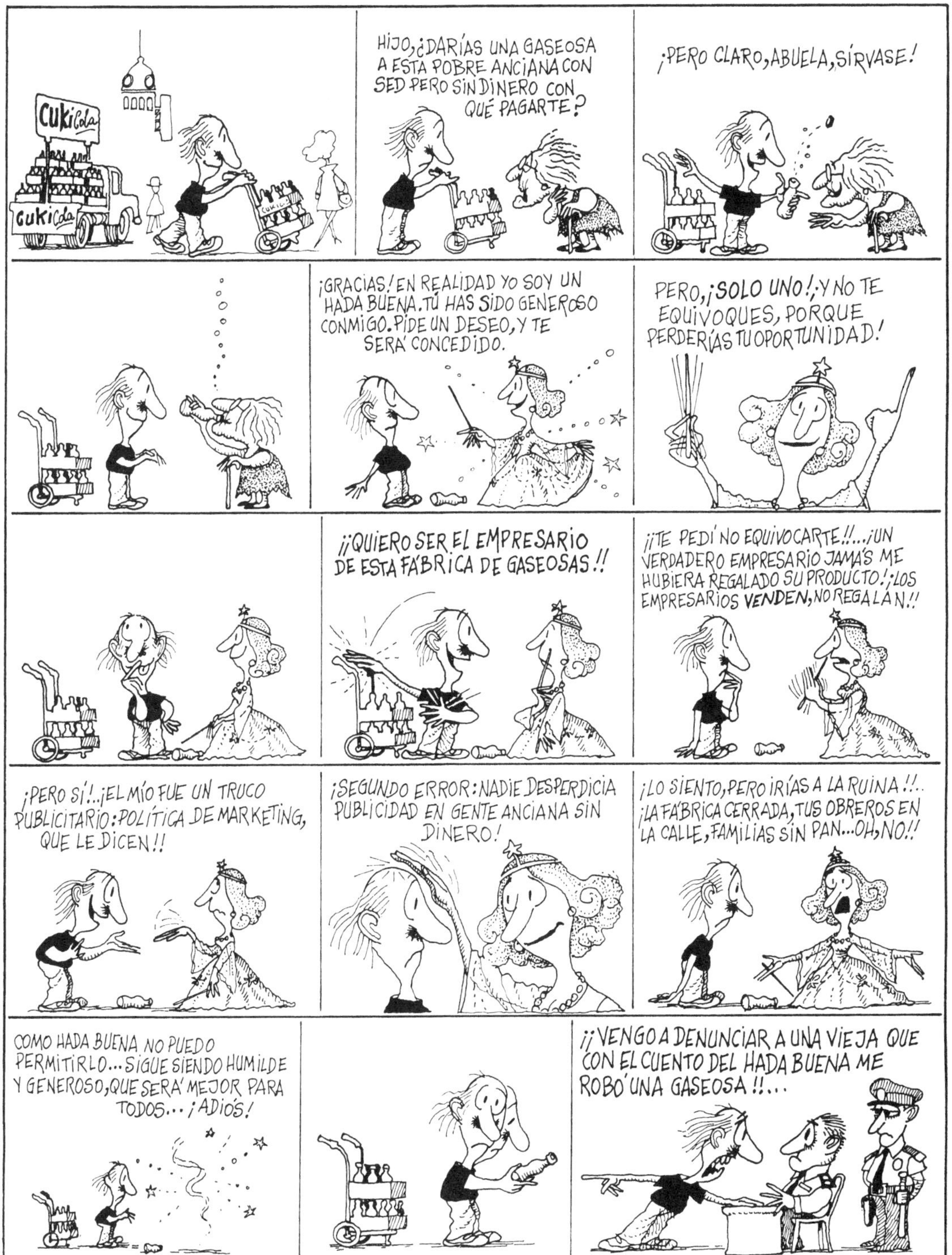
CUKiCola
CUKiCola
HIJO, ¿DARÍAS UNA GASEOSA A ESTA POBRE ANCIANA CON SED PERO SIN DINERO CON QUÉ PAGARTE?
¡PERO CLARO, ABUELA, SÍRVASE!
¡GRACIAS! EN REALIDAD YO SOY UN HADA BUENA. TÚ HAS SIDO GENEROSO CONMIGO. PIDE UN DESEO, Y TE SERÁ CONCEDIDO.
PERO, **¡SOLO UNO!**, ¡Y NO TE EQUIVOQUES, PORQUE PERDERÍAS TU OPORTUNIDAD!
¡¡QUIERO SER EL EMPRESARIO DE ESTA FÁBRICA DE GASEOSAS!!
¡¡TE PEDÍ NO EQUIVOCARTE!!... ¡UN VERDADERO EMPRESARIO JAMÁS ME HUBIERA REGALADO SU PRODUCTO! ¡LOS EMPRESARIOS **VENDEN**, NO REGALAN!!
¡PERO SÍ!.. ¡EL MÍO FUE UN TRUCO PUBLICITARIO: POLÍTICA DE MARKETING, QUE LE DICEN!!
¡SEGUNDO ERROR: NADIE DESPERDICIA PUBLICIDAD EN GENTE ANCIANA SIN DINERO!
¡LO SIENTO, PERO IRÍAS A LA RUINA!!.. ¡LA FÁBRICA CERRADA, TUS OBREROS EN LA CALLE, FAMILIAS SIN PAN...OH, NO!!
COMO HADA BUENA NO PUEDO PERMITIRLO... SIGUE SIENDO HUMILDE Y GENEROSO, QUE SERÁ MEJOR PARA TODOS... ¡ADIÓS!
¡¡VENGO A DENUNCIAR A UNA VIEJA QUE CON EL CUENTO DEL HADA BUENA ME ROBÓ UNA GASEOSA!!...

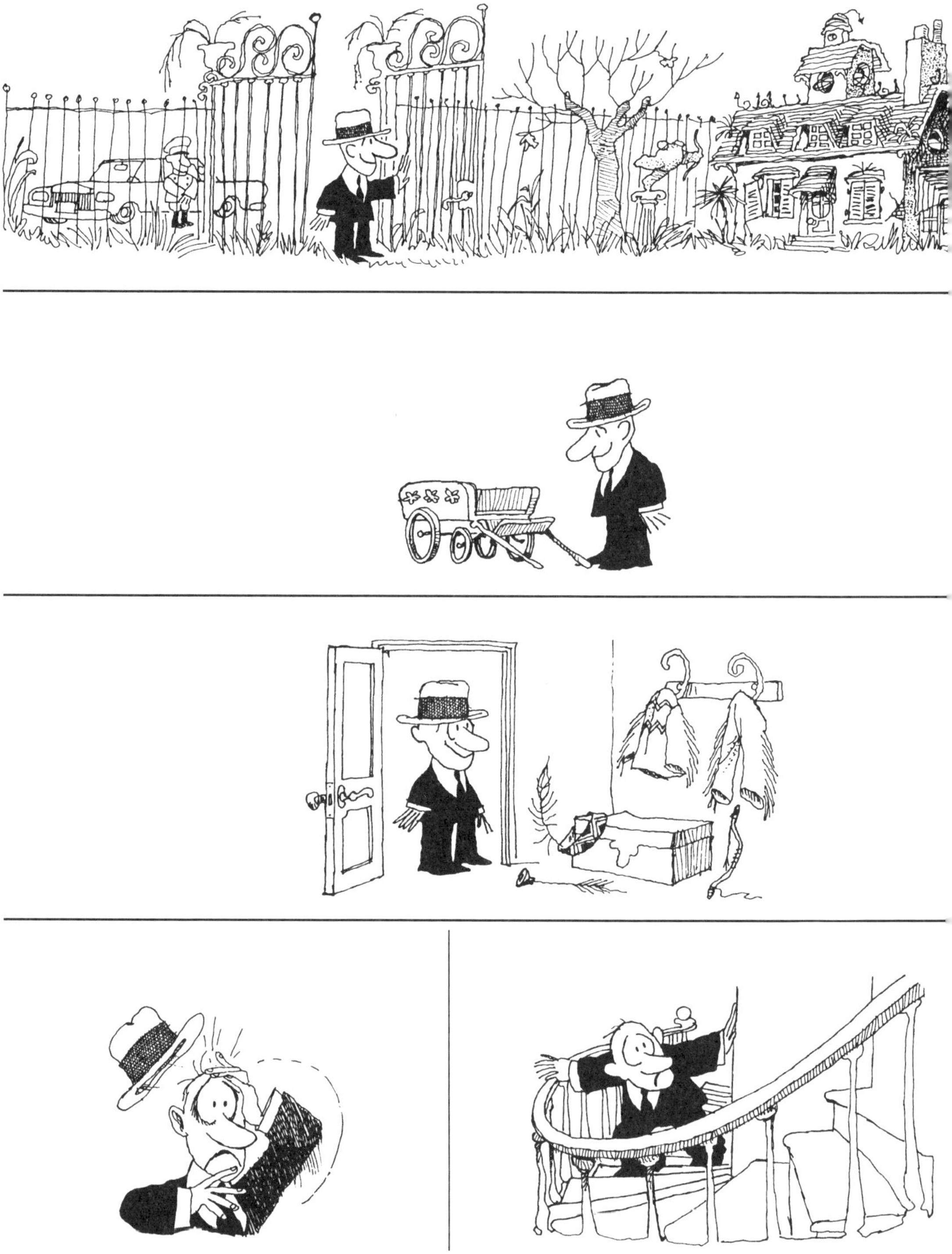

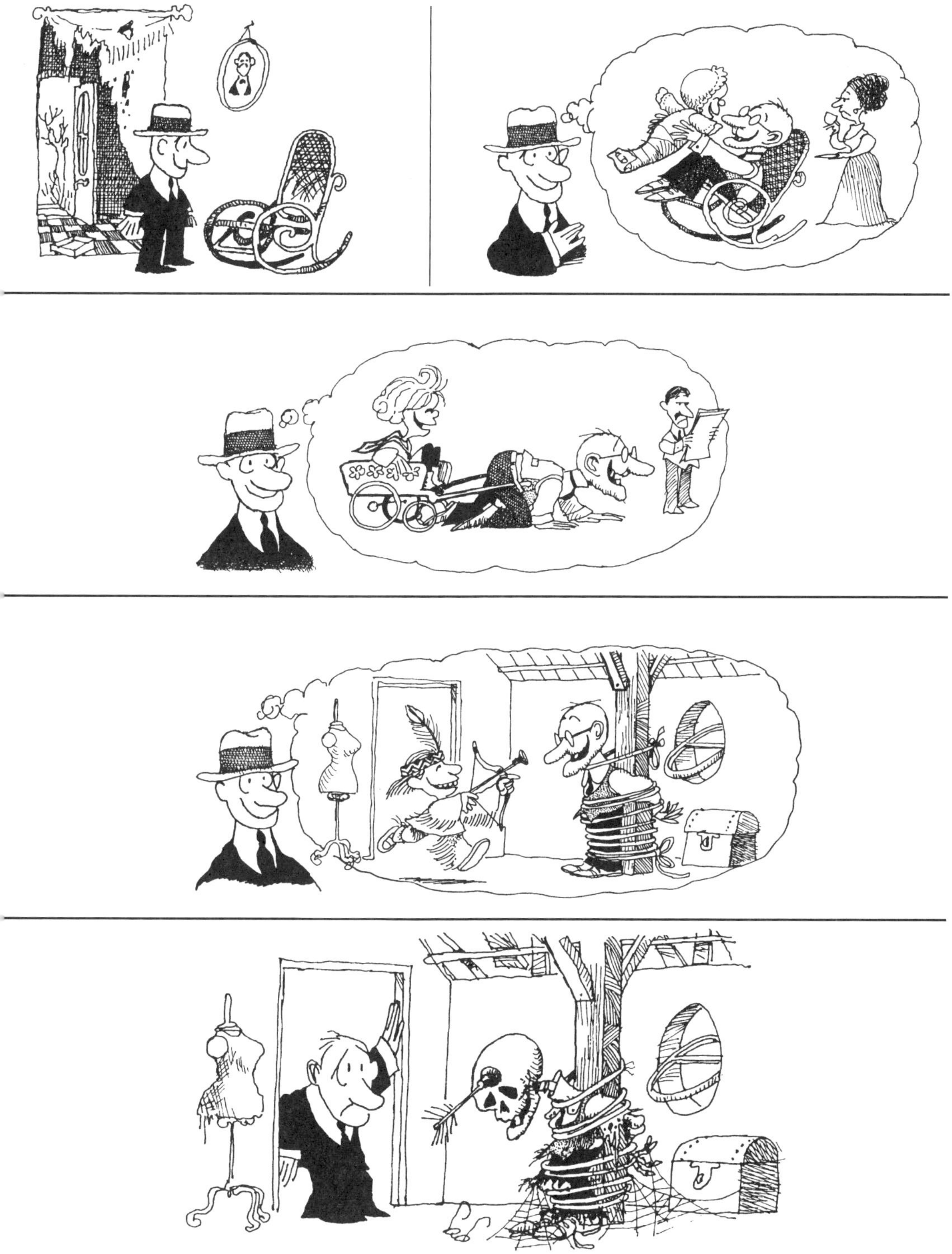

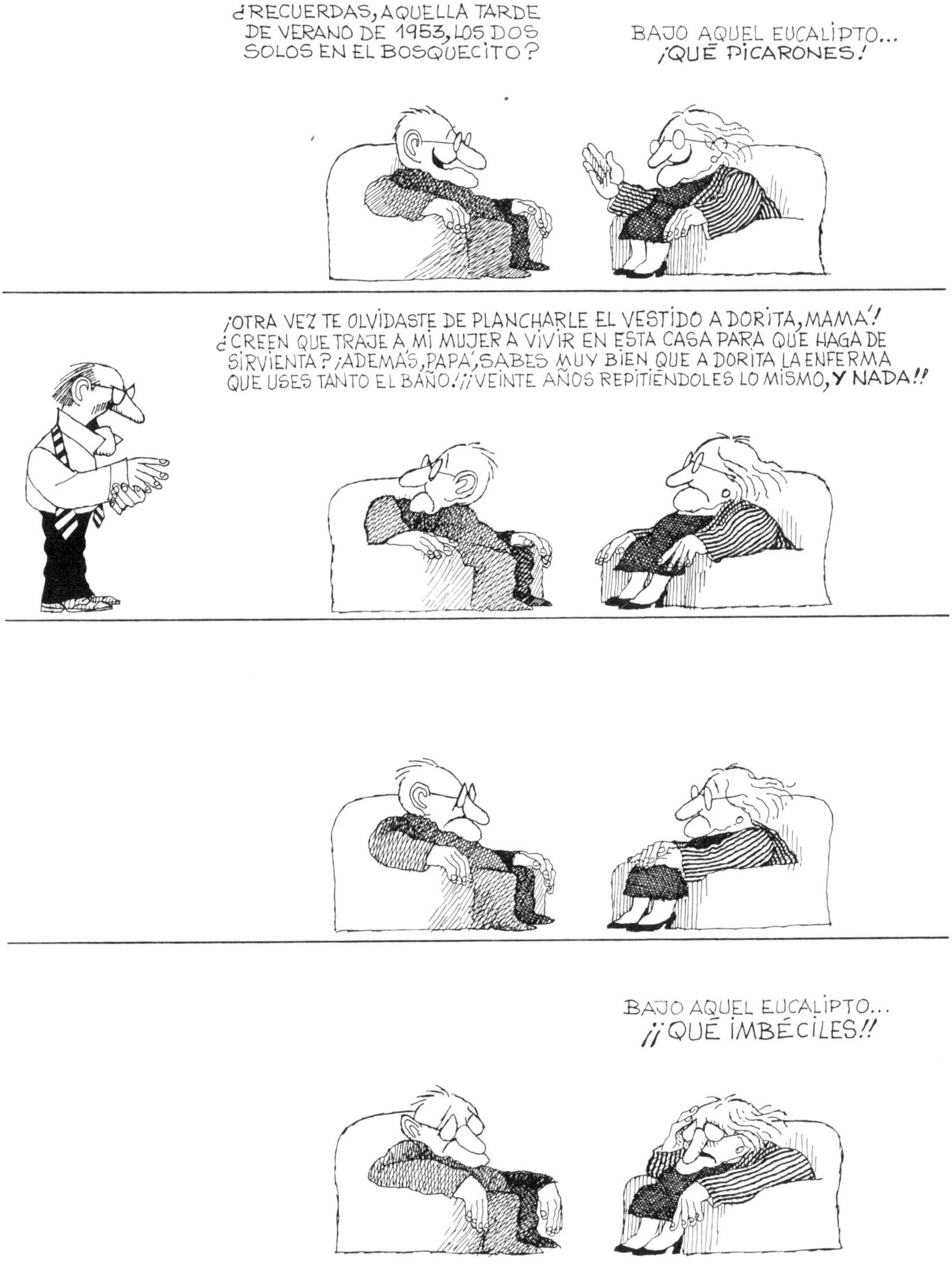

¿RECUERDAS, AQUELLA TARDE DE VERANO DE 1953, LOS DOS SOLOS EN EL BOSQUECITO?
BAJO AQUEL EUCALIPTO... ¡QUÉ PICARONES!
¡OTRA VEZ TE OLVIDASTE DE PLANCHARLE EL VESTIDO A DORITA, MAMÁ! ¿CREEN QUE TRAJE A MI MUJER A VIVIR EN ESTA CASA PARA QUE HAGA DE SIRVIENTA? ¡ADEMÁS, PAPÁ, SABES MUY BIEN QUE A DORITA LA ENFERMA QUE USES TANTO EL BAÑO! ¡¡VEINTE AÑOS REPITIÉNDOLES LO MISMO, Y NADA!!
BAJO AQUEL EUCALIPTO... ¡¡QUÉ IMBÉCILES!!

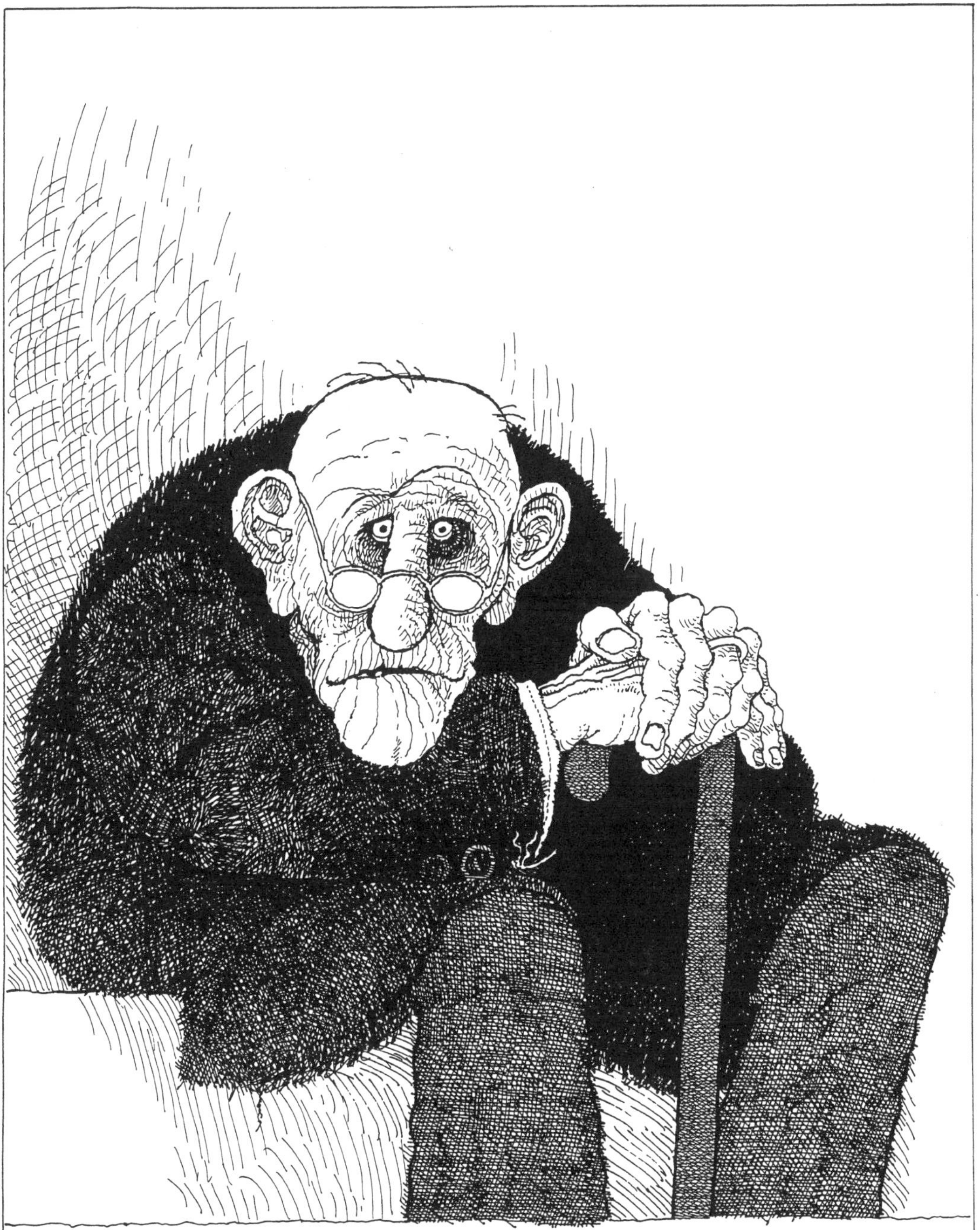

—PUES YO NO PIENSO DEJAR ESTE MUNDO SIN ANTES HACERME UN TEST DE ORIENTACIÓN VOCACIONAL PARA AVERIGUAR DE QUÉ OTRA FORMA PODRÍA HABER DESPERDICIADO MI VIDA.

Joaquín Lavado, **Quino**, nació el 17 de julio de 1932 en Mendoza, Argentina, en el seno de una familia de emigrantes andaluces. Descubrió su vocación como dibujante a los tres años. En 1954 publica su primera página de chistes en el semanario bonaerense *Esto es*. En 1964, su personaje Mafalda comienza a aparecer con regularidad en el semanario *Primera Plana*. El éxito de sus historietas le brinda la oportunidad de publicar en el diario nacional *El Mundo* y será el detonante del boom editorial que se extenderá por todos los países de lengua castellana. Tras la desaparición de *El Mundo* y un año de ausencia, Mafalda regresa a la prensa gracias al semanario *Siete Días* en 1968, y en 1970 llega a España de la mano de Esther Tusquets y de la editorial Lumen. En 1973 Mafalda y sus amigos se despiden para siempre de sus lectores. Se han instalado esculturas del personaje en Buenos Aires, Oviedo y Mendoza. Lumen ha publicado los once tomos recopilatorios de viñetas de Mafalda, numerados de 0 a 10, y también en un único volumen —*Mafalda. Todas las tiras* (2011)—, así como las viñetas que permanecían inéditas y que integran junto al resto el libro *Todo Mafalda*, publicado con ocasión del cincuenta aniversario del personaje, y las recopilaciones *Mafalda. Femenino singular* (2018), *Mafalda. En esta familia no hay jefes* (2019), *El amor según Mafalda* (2020), *La filosofía de Mafalda* (2021), *Mafalda presidenta* (2022) y *Mafalda para niñas y niños* (2023). También han aparecido en Lumen los libros de viñetas humorísticas del dibujante, entre los que destacan *Mundo Quino* (2008), *Quinoterapia* (2008), *Simplemente Quino* (2016), el volumen recopilatorio *Esto no es todo* (2008) y *Quino inédito* (2023).

Quino ha logrado tener una gran repercusión en todo el mundo, sus libros han sido traducidos a más de veinte lenguas y dialectos (los más recientes son el armenio, el búlgaro, el hebreo, el polaco y el guaraní), y ha sido galardonado con premios tan prestigiosos como el Príncipe de Asturias de Comunicación y Humanidades y el B'nai B'rith de Derechos Humanos. Quino murió en Mendoza el 30 de septiembre de 2020.

Este libro acabó de
imprimirse en Barcelona
en julio de 2024.